权威·前沿·原创

皮书系列为
"十二五""十三五"国家重点图书出版规划项目

中国社会科学院创新工程学术出版资助项目

休闲绿皮书

GREEN BOOK OF
CHINA'S LEISURE

2017~2018 年
中国休闲发展报告

ANNUAL REPORT ON CHINA'S LEISURE DEVELOPMENT
(2017-2018)

顾　问／何德旭　杜志雄　夏杰长　刘德谦
主　编／宋　瑞
副主编／金　准　李为人　吴金梅
中国社会科学院旅游研究中心

社会科学文献出版社
SOCIAL SCIENCES ACADEMIC PRESS (CHINA)

图书在版编目（CIP）数据

2017～2018 年中国休闲发展报告 / 宋瑞主编 . – – 北
京：社会科学文献出版社，2018.7
（休闲绿皮书）
ISBN 978 - 7 - 5201 - 2925 - 1

Ⅰ.①2… Ⅱ.①宋… Ⅲ.①闲暇社会学 - 研究报告
- 中国 - 2017 ~ 2018 Ⅳ.①D669.3

中国版本图书馆 CIP 数据核字（2018）第 134189 号

休闲绿皮书
2017 ~2018 年中国休闲发展报告

主　　编 / 宋　瑞
副 主 编 / 金　准　李为人　吴金梅

出 版 人 / 谢寿光
项目统筹 / 郑庆寰
责任编辑 / 郑庆寰　孙连芹

出　　版 / 社会科学文献出版社·皮书出版分社（010）59367127
　　　　　　地址：北京市北三环中路甲 29 号院华龙大厦　邮编：100029
　　　　　　网址：www. ssap. com. cn
发　　行 / 市场营销中心（010）59367081　59367018
印　　装 / 三河市龙林印务有限公司

规　　格 / 开　本：787mm × 1092mm　1/16
　　　　　　印　张：21.75　字　数：328 千字
版　　次 / 2018 年 7 月第 1 版　2018 年 7 月第 1 次印刷
书　　号 / ISBN 978 - 7 - 5201 - 2925 - 1
定　　价 / 99.00 元

皮书序列号 / PSN G - 2010 - 158 - 1/1

休闲绿皮书编委会

顾　问　何德旭　杜志雄　夏杰长　刘德谦

主　编　宋　瑞

副主编　金　准　李为人　吴金梅

编　委　(以姓氏音序排列)

陈　田　杜志雄　高舜礼　Geoffrey Godbey

金　准　李为人　刘德谦　马惠娣　宋　瑞

王诚庆　王琪延　魏小安　吴必虎　吴金梅

夏杰长　张广瑞　赵　鑫

本书编撰人员名单

总　　报　　告　　撰稿人　课题组

　　　　　　　　　执笔人　宋　瑞　金　准

专题报告撰稿人　（以专题报告出现先后为序）

　　　　　　　　　夏杰长　张颖熙　赵　鑫　贺燕青

　　　　　　　　　齐　飞　李洪波　姜　山　高立慧

　　　　　　　　　程遂营　张　月　楼嘉军　徐爱萍

　　　　　　　　　马聪玲　蒋　艳　谭建共　余翩翩

　　　　　　　　　张亮亮　廖红君　王琪延　韦佳佳

　　　　　　　　　王明康　沈　涵　王　鹏　卿前龙

　　　　　　　　　曾春燕　吴金梅　周吴雪涵　王笑宇

　　　　　　　　　魏　翔　蒋晶晶　邓昭明　孙道玮

　　　　　　　　　玄银池　李保荣

休闲绿皮书编辑部办公室　高　忻　曾　莉

主要编撰者简介

宋　瑞　产业经济学博士，中国社会科学院旅游研究中心主任，中国社会科学院财经战略研究院研究员，长期从事休闲基础理论与公共政策、旅游可持续发展等方面的研究。

金　准　管理学博士，中国社会科学院旅游研究中心秘书长，中国社会科学院财经战略研究院副研究员，长期从事旅游与休闲相关研究工作，主要关注旅游政策、城市旅游等问题。

李为人　管理学博士，中国社会科学院旅游研究中心副秘书长，中国社会科学院研究生院公共政策与管理学院副院长、副教授，近年来主要研究财税理论与政策、税收管理、旅游管理等问题。

吴金梅　管理学博士，研究员，高级经济师，中国社会科学院旅游研究中心副主任，长期从事旅游产业发展、旅游投资、旅游房地产等领域的研究与实践。

摘　要

《2017～2018年中国休闲发展报告》（"休闲绿皮书" No.6）由中国社会科学院旅游研究中心组织相关专家编写完成。本书是社会科学文献出版社"皮书系列"的重要组成部分，全书由总报告和20篇专题报告组成。

总报告指出，休闲是美好生活的重要组成部分。党的十九大报告指出，我国社会主要矛盾已经转化为人民日益增长的美好生活需要和不平衡不充分的发展之间的矛盾。在满足人民日益增长的美好生活需要成为发展要务的当下中国，休闲发展面临重要机遇，也存在各种不足，突出地表现为：休闲时间不均衡、不充分、不自由；休闲公共产品供给不足；休闲公共设施和服务存在明显区域差别和城乡差异；特殊群体的休闲需求尚未受到重视；休闲公共政策缺位等。2017～2018年，各级政府在推动休闲发展，尤其是公共休闲供给方面做出了积极努力，主要表现为：战略层面，确定人的发展为国家战略主线；法规层面，不断完善相关法律法规，颁布《中华人民共和国公共图书馆法》等；通过机构改革，为休闲发展建立新的机制；出台各项政策和规划，从多个领域推动休闲发展；低价或免费开放各类设施，完善休闲公共服务；鼓励和提供多样投资，推进多种类型的休闲供给；休闲相关领域公共服务均等化发展步伐加快；建立新的行业分类标准；通过全面深化改革，盘活生产要素，激活发展动力。总报告进一步指出，要使休闲发展在解决社会主要矛盾中发挥更大作用，未来需着力解决好如下问题：将休闲发展整体性纳入国家发展战略；建立与大部制改革相对应的休闲发展协调机制；围绕美好生活建设，建构综合性的休闲发展体系和政策体系；构建休闲发展评价和绩效考评体系；实施多部门联动，真正、全面落实带薪休假制度；加大中央财政转移支付力度，解决不发达地区和农村休闲公共设施和服务不足

休闲绿皮书

的问题；强化地方政府的休闲公共产品供给职能；重视对不同群体休闲权利的保障和休闲需求的满足；组织休闲相关产业分类、普查和统计。

其他20篇专题报告分属"核心产业篇""供给篇""需求篇""探索篇""海外借鉴篇"等五部分，涉及健康服务业、文化休闲业、体育休闲业、公共休闲服务、休闲城市建设、休闲空间、城乡居民的休闲与生活质量、休闲满意度等议题。针对城镇基本公共休闲服务均等化问题，北京、杭州等城市的休闲发展以及中产阶层、老人、儿童等群体的休闲生活所做的调查分析为本书提供了一手材料。对美国、澳大利亚、韩国等国家的案例研究也颇具启发意义。

作为国内最早一本涉及休闲发展的皮书，此书将成为政府、业界、学界和公众了解我国休闲发展前沿的重要读物。

目 录

皮书数据库阅读 使用指南

序

春风和煦，满目新绿，碧空如洗。胜春时节，"休闲绿皮书"终要付梓出版了。

自2009年酝酿国内第一本休闲发展报告至今，不觉已九年有余。其间虽有波折，但终得延续，并在"人民美好生活需要"成为发展要务的当下，迎来新的契机，承托新的使命。

休闲是美好生活不可或缺的组成部分。休闲对于个体、家庭、社区、社会、国家乃至人类的价值，不容忽视。然而遗憾的是，由于各种社会历史因素，我们不仅长期忽视了休闲的重要性，而且对其习以为常。作为国内最早关注休闲研究的学术机构，中国社会科学院于2003年将原财政与贸易经济研究所旅游研究室更名为旅游与休闲研究室。此后十余年间，我们试图在休闲研究的荒草地上，播撒一颗颗种子，并以皮书这种特殊的出版形态，集结更多力量，携手耕耘。

本年度休闲绿皮书以"解决休闲发展中的不平衡不充分问题"为主线，透过总报告和20余篇专题报告进行全面论述。总报告直面我国休闲发展中六大不平衡不充分问题，并从六个方面对2017～2018年休闲发展环境和趋势进行分析，呼吁将休闲发展整体性纳入国家发展战略，建构综合的休闲发展协调机制、发展体系和政策体系，尤其是要通过全面落实带薪休假制度、加大中央财政转移支付力度等方式解决休闲时间不充分、不自由以及欠发达地区和农村休闲公共设施和服务不足等问题。

来自国内外的30多位学者围绕健康服务业、文化休闲业、体育休闲业、公共休闲服务、休闲城市建设、休闲空间、城乡居民的休闲与生活质量、休闲满意度、城镇基本公共休闲服务均等化、北京和杭州等城市的休闲实践以

及中产阶层、老人、儿童等群体的休闲生活等议题进行了分析。另有来自美国、澳大利亚、韩国等国家的借鉴研究。感谢这些长期关注休闲研究、支持本书编撰的学者！相信他们的辛勤付出，可为国人享有更加丰富、更加平等、更加美好的休闲生活提供智力支持。

在浩瀚的人类历史长河中，不管是亚里士多德式"只有休闲的人才是幸福的"的西方论断，还是倚门望月、闲庭信步、追求逍遥之境的东方传统，先贤哲人很早就认识到了休闲的重要性。在快速发展、全面转型的当下中国，如何正确看待、引导和促进休闲发展，并继而实现人的全面发展和社会的整体进步，是既宏大高远又关乎每个个体日常生活和生命质量的命题。我们期望透过这样一本皮书，反映国民休闲生活状况，跟踪休闲相关政策，把握产业发展规律，推进休闲学术研究，借鉴国际发展经验，并从休闲的视角，记录我国社会经济发展与社会科学研究的轨迹。如能借此丰富了您的休闲生活、促进了您的幸福，便是心愿得偿了！

宋　瑞

2018 年 5 月 1 日

总 报 告

General Report

G.1

2017~2018年中国休闲发展
与未来展望

中国社会科学院旅游研究中心*

摘　要：　休闲是美好生活的重要组成部分。在满足人民日益增长的
　　　　　美好生活需要成为发展要务的当下中国，休闲发展面临重
　　　　　要机遇，也存在各种不足。2017~2018年，各级政府在推
　　　　　动休闲发展，尤其是公共休闲供给方面做出了积极努力。
　　　　　面向未来，需重点关注如下问题：将休闲发展整体性纳入
　　　　　国家发展战略；建立与大部制改革相对应的休闲发展协调
　　　　　机制；围绕美好生活建设，建构综合性的休闲发展体系和

＊　执笔人：宋瑞，中国社会科学院旅游研究中心主任，中国社会科学院财经战略研究院研究员，
　　研究方向为休闲基础理论与公共管理、旅游产业政策等；金准，中国社会科学院旅游研究中
　　心秘书长，中国社会科学院财经战略研究院副研究员，研究方向为城市旅游、旅游产业政策、
　　休闲产业。

政策体系；构建休闲发展评价和绩效考评体系；实施多部门联动，真正、全面落实带薪休假制度；加大中央财政转移支付力度，解决不发达地区和农村休闲公共设施和服务不足的问题；强化地方政府的休闲公共产品供给职能；重视对不同群体休闲权利的保障和休闲需求的满足；组织休闲相关产业分类、普查和统计。

关键词： 美好生活　休闲公共设施和服务　不平衡不充分

在人类历史长河中，对幸福的思考和追求是一个永恒命题。拥有美好生活，获得持久的幸福感，不仅是个人和家庭的努力方向，也是政党、国家和社会的奋斗目标。党的十九大指出，中国特色社会主义进入新时代，我国社会主要矛盾已经转化为人民日益增长的美好生活需要和不平衡不充分的发展之间的矛盾。解决这一矛盾，成为当前和未来很长时期我国社会经济发展的主要任务。

休闲是美好生活不可或缺的组成部分，是幸福感的重要来源。不管是亚里士多德式"只有休闲的人才是幸福的"的西方论断，还是倚门望月、闲庭信步、追求逍遥之境的东方传统，古今中外诸多学者均从哲学思辨角度论证了休闲对幸福的重要性。随着社会科学的实证化发展，大量实证研究也从不同侧面证明了恰当而充分的休闲活动，不仅能够带来个体幸福，而且对于促进家庭和谐、社会融合、文明进步、国家发展具有重要意义。①

在满足人民日益增长的美好生活需要成为发展要务的当下中国，以文化、旅游、体育等为载体的休闲得到前所未有的重视，面临空前发展机遇；

---

① 宋瑞、金准：《休闲与主观幸福感：西方研究述评》，《杭州师范大学学报》（社会科学版）2015年第6期。

与此同时，受各种社会历史因素局限，我国休闲发展依然存在诸多不平衡不充分的问题，亟待解决。

一　我国休闲发展中的不平衡与不充分

受历史等各种因素影响，我国休闲发展中存在诸多不平衡不充分问题。休闲发展上的不平衡不充分，一方面是社会经济发展不平衡与不充分的集中体现；另一方面，也加剧了社会经济发展的不平衡与不充分。总体而言，我国休闲发展中的突出问题体现在如下六个方面：居民休闲时间不充分、不均衡、不自由；休闲公共供给总体不足；不同区域之间、城乡之间休闲公共设施和服务存在显著差别；特殊群体的休闲需求未能得到充分重视和满足；休闲资源管理与休闲需求不匹配；休闲公共政策总体缺位。

（一）休闲时间不充分、不均衡、不自由

中央电视台、国家统计局等联合发起的"中国经济生活大调查"结果显示，除去工作和睡觉，2017年中国人每天平均休闲时间为2.27小时，较三年前（2.55小时）有所减少；其中，深圳、广州、上海、北京居民每天休闲时间更少，分别是1.94、2.04、2.14和2.25小时。相比而言，美国、德国、英国等国家国民每天平均休闲时间约为5小时，为中国人的两倍。

除了休闲时间不充分之外，由于带薪休假制度尚未全面落实，我国居民休闲时间也不均衡、不自由。中国社会科学院旅游研究中心对全国2552名在业者进行的一项调查显示，40.1%的受访者表示"没有带薪年休假"，4.1%"有带薪年休假，但不能休"，18.8%"有带薪年休假，可以休，但不能自己安排"，而"有带薪年休假，可以休，且可自主安排"的仅占31.3%。[1] 由于带

---

[1]　宋瑞：《带薪假期的国际经验与中国现实——基于全国调查的研究》，《中国社会科学院研究生院学报》2015年第4期。

薪年休假制度长期没有得到有效落实，人们休假和出游的时间高度集中于法定节假日，尤其是"十一"等长假期。以 2016 年为例，29 天的节假日中，全国接待游客量约占全年国内旅游接待人次的 32%，旅游收入约占全年旅游收入的 40%。根据王琪延等人（2018）的调查研究，北京市居民有业群体周休制度、法定节假日制度、带薪休假制度完全落实率分别为 79.2%、59.2%、62.9%，三类休假制度均能完全享受的群体仅占 34.2%。[①]

（二）休闲公共产品供给不足，满意度有所下降

长期以来，受"重生产、轻生活""重发展、轻享受"等观念影响，整个社会对休闲缺乏重视，休闲公共产品供给不足。近年来，随着重视民生、重视人的全面发展、重视人民生活需要等理念的兴起和相关政策的落实，中央及地方财政对文化、体育、旅游等涉及休闲发展的资金投入略有增长，但是总体而言，占财政总支出的比例仍然较小。与中央相比，地方政府作为休闲公共产品的直接供给者和主要供给者，在文化、体育与旅游等方面的财政支出力度略大，且呈增长态势，但总体而言，与城乡居民快速增长的公共休闲需求仍不匹配。以体育设施为例，根据第六次体育场地普查，我国人均大型体育场馆数量仅为每 119 万人一座[②]，而美国平均 15 万人一座，我国仅为美国的约 1/8。体育设施总体数量、面积偏少，人均占有的公共体育场地数量和面积偏低的状况未有明显改变。

根据程遂营、张月的研究，除海南省以外，全国大多数地区的公共休闲服务综合指数集中分布于区间 2~4，总体不高。从地区公共休闲服务综合评价、供给实力、基础服务功能、资源配置等各项具体指标值来看，我国城镇公共休闲服务整体处于较低水平，各方面均存在较大提升空间。[③]《中国城市基本公共服务力评价（2017）》显示，尽管文化体育方面的得分

---

① 详见本书《北京市民"大中小休"满意度研究》一文。
② 国家体育总局，http：//www.sport.gov.cn/pucha/index.html。
③ 详见本书《中国城镇基本公共休闲服务均等化现状、问题与趋势》一文。

比其他几项基本公共服务要素略高，但是纵向比较，得分近年有所下降（见表1）。

表1 2011～2017年九项基本公共服务要素满意度得分

单位：分

基本公共服务要素	2011年	2012年	2013年	2014年	2015年	2016年	2017年	均值
公共交通	65.34	56.07	57.88	56.07	58.18	58.06	61.33	58.99
公共安全	49.70	55.49	58.08	59.72	66.91	66.22	68.07	60.60
公共住房	49.79	59.16	53.61	50.48	53.83	55.72	58.18	54.40
基础教育	49.02	56.41	58.31	56.31	54.69	62.66	62.32	57.11
社保就业	40.94	59.49	60.07	60.49	60.57	63.41	64.90	58.55
医疗卫生	63.17	64.32	60.48	58.24	58.22	63.04	64.69	61.74
环境保护	64.23	61.39	63.65	60.01	60.52	62.05	64.25	62.30
文化体育	75.89	64.26	61.91	58.01	58.74	62.51	64.26	63.65
公职服务	60.35	60.52	57.27	57.49	58.52	61.89	64.61	60.09

资料来源：钟君等主编《中国城市基本公共服务力评价（2017）》，社会科学文献出版社，2018，第35～36页。

（三）休闲公共设施和服务存在显著的区域差别和城乡差异

休闲公共设施和服务的供给与经济发展程度高度相关。根据楼嘉军、徐爱萍的研究，我国休闲公共设施和服务供给实力得分较高的省份集中于东部沿海地区。四大经济区域间的公共休闲服务不均等现象非常明显，公共休闲服务的综合评价、供给实力、基础设施以及资源配置等方面差异化明显，东部地区各项指标均值远高于其他地区。[①] 不管是公共文化设施还是体育健身工程，东部地区在总体规模、覆盖率、完成量、在建量、建设内容、服务人口、资金投入等方面均好于西部和中部地区。楼嘉军等人的研究显示，我国公共休闲设施和服务的供给呈现由东向西依次递减的"斜条"状，与地区

① 详见本书《中国休闲城市建设的现状分析与提升路径》一文。

的经济社会发展水平和城市化进程吻合，符合"胡焕庸线"的发展规律。从城市的休闲化程度来看，西北城市的休闲化水平较低，基本处于第Ⅳ、Ⅴ梯度，而东南城市的休闲化水平较高。以长江为界，"胡焕庸线"东南的城市休闲化也存在明显差异，长江以北城市（除北京外）的休闲化水平略低，而长江以南的城市又呈现由外向里递减的"圈层"结构，外围的城市休闲化水平较高，其次是湖北、湖南、福建和云南，而内层的安徽、江西、贵州和广西的城市休闲化水平则较低。①

根据《中国城市基本公共服务力评价（2017）》，全国38个主要城市文化体育公共服务满意度存在较大差异，得分最高的珠海为76.43分，得分最低的郑州为57.91分（见表2）。

表2　2017年38个主要城市文化体育要素满意度总体排名

城市	得分	排名	城市	得分	排名
珠海	76.43	1	西安	64.74	16
厦门	74.82	2	成都	64.04	17
武汉	71.30	3	长春	63.97	18
青岛	69.55	4	沈阳	63.92	19
杭州	68.97	5	拉萨	63.88	20
西宁	67.24	6	北京	63.05	21
大连	67.18	7	深圳	62.93	22
长沙	67.03	8	天津	62.79	23
海口	66.98	9	兰州	62.69	24
重庆	66.66	10	昆明	62.59	25
济南	66.40	11	南京	62.49	26
福州	65.48	12	合肥	62.12	27
广州	65.42	13	银川	61.84	28
宁波	65.07	14	汕头	61.39	29
上海	65.01	15	南宁	61.37	30

---

① 楼嘉军、刘松、李丽梅：《中国城市休闲化的发展水平及其空间差异》，《城市问题》2016年第11期。

城市	得分	排名	城市	得分	排名
贵阳	61.33	31	南昌	59.30	35
太原	59.94	32	石家庄	58.84	36
乌鲁木齐	59.64	33	呼和浩特	58.06	37
哈尔滨	59.37	34	郑州	57.91	38
全国要素满意度	64.26				

与区域差别相比，我国城乡之间在休闲公共设施和服务上的差异更为显著。城乡二元结构不仅造成城乡社会经济发展的巨大差距，也造成休闲发展上的不平等。根据第六次全国体育场地普查数据，城镇的体育场地占总量的60%，场地面积占68.61%，而分布在乡村的体育场地数目和面积仅占40%和31.39%。[1]郑传锋等人的研究显示，西安市大多数的公共体育场地、设施设置在主城区中，城市居民的人均体育场地面积为1.54平方米，而农村地区的人均体育场地面积则仅为0.87平方米，农村与城市的体育公共场地、设施配置存在巨大差距。[2]除休闲设施外，休闲服务也存在明显的城乡差距。相比而言，城市拥有较为完善的城区公共体育服务组织管理网络体系，而大部分乡镇及行政村缺乏体育组织和社会体育指导员，只有部分农村建立了乡镇体育总会、农民体育协会等。综合来看，我国农村人口占全国人口50%以上，农村占地面积为国土面积的83.5%，而城市与农村的社会体育指导员数量之比为9∶1。

（四）特殊群体的休闲需求尚未得到充分重视和满足

我国休闲公共设施和服务的不平衡不充分还体现在面向不同群体的设施和服务存在差距，其中最为突出的是面向老人、残疾人和留守儿童的休闲设施和服务不足。

首先，面向老人的休闲公共设施不足。我国已步入老龄化社会。截至

---

[1] 国家体育总局，http：//www.sport.gov.cn/pucha/index.html。

[2] 郑传锋、梁茹霞、雷敏：《探讨我国体育公共服务均等化问题——以西安市为例》，《体育科技》2016年第1期。

2015 年，我国 65 岁及以上人口已达 1.4 亿人（见图 1），到 2020 年，我国 60 岁以上人口占总人口的比重将达到 17.2%（见图 2）。老年人有充足的自由时间和旺盛的休闲需求，然而，相应的休闲活动场所和设施却不足。近年来，不少城市频繁出现因老人跳广场舞而引发纠纷的现象。一方面，公园、广场、绿地少，特别是县市一级更少，小区内的公共休闲娱乐设施不足或失于维护，农村就更为缺乏；另一方面，适合老年人需要或为老人所专用的公共休闲娱乐设施稀缺。人数不断增加、休闲需求高涨的老年群体，却没有适合的休闲空间，已成为各地普遍存在的问题。

图 1　我国 65 岁及以上人口变化趋势（2005～2015 年）

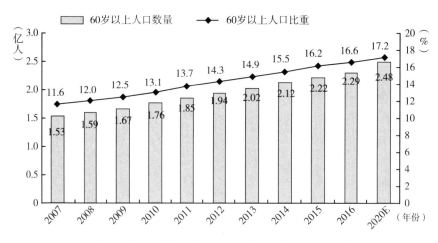

图 2　2007～2020 年我国 60 岁以上人口数量及比重

其次，残疾人的休闲需求尚未得到重视。尽管2008年颁布的《残疾人保障法》规定，"国家保障残疾人享有平等参与文化生活的权利。各级人民政府和有关部门鼓励、帮助残疾人参加各种文化、体育、娱乐活动，积极创造条件，丰富残疾人精神文化生活"，但是现实中，残疾人在出行以及参与各种文化、体育、娱乐、旅游活动中仍然普遍存在各种不便。即使是在城市，很多城市道路的盲道、人行道交通信号、公共建筑的升降梯以及残疾人厕位等无障碍设施的建设和管理维护情况都欠佳，可供残疾人使用的体育、文化和旅游公共设施很少。中国青少年研究中心发布的《7～15岁残疾青少年发展状况与需求研究报告》显示，残疾青少年的休闲娱乐多局限于家中，以看电影电视（64.9%）、一个人发呆（38.9%）和上网（20.6%）为主，体育运动（6.9%）、看演出（2.4%）、旅游（2.3%）、参观展览和博物馆（1.3%）等户外活动参与率低。[1] 另一份研究报告显示，城镇残疾人社区文化、体育休闲活动的参与率不足11%。[2]

最后，留守儿童的休闲、文化生活尚未受到重视。伴随快速的城市化发展进程，大量农村青壮年劳动力涌入城市，形成了特定时代下的弱势群体——"留守儿童"。他们由爷爷奶奶或者其他的亲戚抚养长大，与父母相伴的时间微乎其微。由于农村文化和体育等基础设施缺乏，课余生活单调，尤其是暑假期间，留守儿童有大量的空闲时间，却缺乏相应的文化、娱乐和休闲设施和服务来满足其需求。很多地方没有图书馆和体育设施，却有不少电子游戏室、录像厅、网吧等，加之缺少监管，导致留守儿童的课外生活单调甚至低俗，不仅不利于留守儿童的健康成长，也会形成一定的社会隐患。

（五）需求的复合性与供给的分割性不相匹配

休闲活动涉及内容非常丰富，而且很多情况下是复合性的。这种复合性包含多层含义。一是服务对象是复合的，既包括本地居民，也包括外来游客。例如知名

---

① 唐慧：《残疾青少年休闲娱乐生活不可忽视》，光明网，2015年1月5日。
② 陈功、吕庆喆、陈新：《2013年度残疾人状况及小康进程监测报告》，《残疾人研究》2014年第2期。

的博物馆、美术馆、展览馆、公园等。二是活动内容是复合的。人们在旅游休闲时,可能去博物馆、艺术馆,也可能会观看体育赛事、参加户外运动;在跑步、健身时,可能会同时听音乐;各种康养活动,既包含养生、医疗、保健,也包含体育运动等。三是设施用途是复合的。例如,大型体育场馆可用于演唱会、文艺表演等。

与休闲活动的复合性相对应,各类休闲资源尤其是休闲公共设施和服务却是分散化的。例如,博物馆、美术馆、文化馆、文化遗产由文化部门管理,体育场馆分别属于教育系统、体育系统、军队系统和其他单位。不管是服务于当地居民,还是服务于外来游客,这些设施都难以最大限度地发挥其效用。尽管近年来文化和旅游、体育和旅游等管理部门之间通过各种方式加强融合,但仍然难以从根本上解决资源分散、分别管理、缺乏整合等问题。

(六)休闲发展缺乏顶层设计和配套制度

政府在休闲发展中发挥着重要作用,而且涉及面非常广,从公共政策的制定、管理机构及其职能的设置到公共休闲设施和服务的供给再到公民的休闲教育。近年来,在基本公共服务均等化的背景下,围绕幸福产业、旅游、文化、养老等领域发展,从中央到地方,均出台了不少政策。不过,令人遗憾的是,尽管这些政策的具体内容覆盖或针对城乡居民的休闲需求和休闲活动,但是均不涉及休闲发展整体。我国至今没有专门针对休闲生活和休闲发展的顶层设计。有关部门在制定相关政策时呈现如下特征:一是局部的,只对应人们的一部分休闲活动(如体育休闲、旅游休闲、文化休闲)和相关供给,没有哪项政策和法规是直接针对休闲发展整体的;二是分散的,不同政策相互分散,彼此之间的关联性、衔接性不强;三是间接的,这些政策,其名称不仅没有"休闲"二字,其着力点也不直接或主要针对休闲,更多地体现为间接性推动;四是就供给而谈供给,主要关注增加供给数量、改善供给结构、提升供给质量,不涉及对休闲需求的摸底、引导和激发;五是重政策制定而轻实施评估。[1]

---

① 宋瑞:《中国休闲相关政策与法规的新进展》,载《2016～2017年中国休闲发展报告》,社会科学文献出版社,2017。

二 2017~2018年我国休闲发展环境全面优化

(一)时代判断:社会主要矛盾发生转化

1981 年十一届六中全会以来,我国社会主要矛盾一直是"人民日益增长的物质文化需要同落后的社会生产之间的矛盾"。十九大报告指出,"中国特色社会主义进入新时代,我国社会主要矛盾已经转化为人民日益增长的美好生活需要和不平衡不充分的发展之间的矛盾"。这一重大政治论断为制定党和国家大政方针、长远战略提供了重要依据,也为社会经济各领域的发展指明了目标。

在社会主要矛盾转化过程中,最核心的推动力之一就是人民的生活需求发生了变化。当前和今后一段时期,人民美好生活需要更加广泛,不仅对物质文化生活提出更高要求,而且在民生、法治、公平、正义、安全、环境等方面的要求日益增长。因此,必须以人民为中心的新发展理念统筹发展全局,从满足人民美好生活需要、提升人民生活质量、提高幸福指数的角度审视并解决社会经济发展中的各种不平衡不充分问题。

(二)经济发展:中高速增长,结构优化,消费凸显

2017 年,我国经济社会保持良好发展势头。国民经济保持中高速增长,产业结构进一步优化,城乡居民收入增速继续快于经济增速,社会消费作为经济主要驱动力继续发挥重要作用。具体来看:全年国内生产总值(GDP)较上年增长6.9%;第一、第二、第三产业分别增长3.9%、6.1%和8.0%,占国内生产总值的比重分别为7.9%、40.5%和51.6%;全年最终消费支出对GDP增长的贡献率为58.8%,资本形成总额、货物和服务净出口贡献率分别为32.1%和9.1%;全年全国居民人均可支配收入为25974元,较上年增长9.0%。扣除价格因素,过去五年间,全国居民人均可支配收入实现了8.1%、8.0%、7.4%、6.3%和7.3%的实际增速(见图3)。2017 年,全国居民人均消费支出为18322元,较上年增长7.1%,扣除价格因素,实际增长5.4%。其中,教育文化

娱乐消费占比为11.4%，在八大类消费中位列第四（见图4）。居民收入和消费的增长，为其享受休闲活动提供了重要的经济支撑。

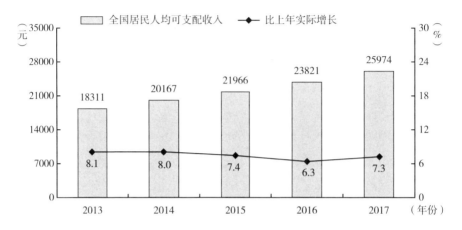

图3　2013～2017年全国居民人均可支配收入及增速

资料来源：国家统计局。

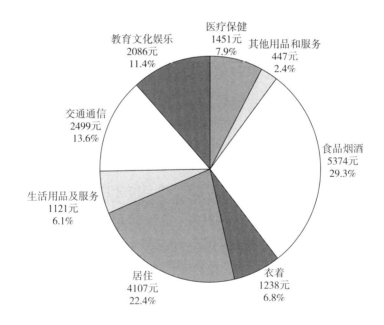

图4　2017年全国居民人均消费支出及构成

资料来源：国家统计局。

（三）社会发展：民生备受关注，社会保障全面提升

2017年，我国各级财政支出持续向民生和社会发展倾斜，社会保障覆盖范围继续扩大，且待遇水平不断提高。财政部《关于2017年中央和地方预算执行情况与2018年中央和地方预算草案的报告》显示，2017年，全国一般公共预算支出中，医疗卫生与计划生育支出占7.2%；中央一般公共预算支出中，医疗卫生与计划生育支出为108亿元。2017年，1亿多名退休人员基本养老金水平总体上调5.5%左右，养老金实现"十三连增"。职工医疗保险、居民医疗保险、失业保险等各类社保水平均稳步提高。2018年，一般公共预算支出安排中，医疗卫生与计划生育支出提高到7.3%；中央一般公共预算支出安排中，医疗卫生与计划生育支出将达到209亿元；对地方一般性转移支付增长10.9%，其中，城乡居民医疗保险转移支付增长11.8%，医疗救助补助资金增长56.7%，主要支持深度贫困地区。社会保障水平的普遍提高充分发挥了社会政策的托底作用。①

（四）公共投入：国家财政在文化、体育等领域的投入力度持续加大

近年来，国家财政在文化、体育、传媒等各方面的倾斜和扶持大幅增加。2017年，文化、体育与传媒方面的财政支出达到3367亿元，同比增长6.4%（见图5）。

（五）休闲需求：生活品质成为最大追求，旅游、保健养生等消费意愿持续增强

中央电视台、国家统计局等联合发布的《中国经济生活大调查（2018）》显示，在回答"您努力工作主要是为了什么"这一问题上，"追求更高品质的生活"成为首选（见图6）；而在消费意愿中，旅游、保健养生等方面的需求较为旺盛（见图7）。

---

① http：//www.gov.cn/xinwen/2018－03/23/content_ 5276945. htm.

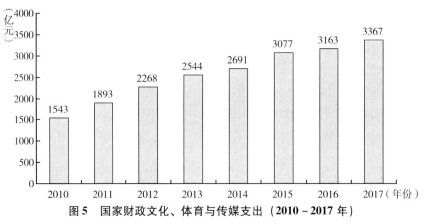

图5 国家财政文化、体育与传媒支出（2010～2017年）

资料来源：根据2011～2017年《中国统计年鉴》和财政部2017年统计整理而成。

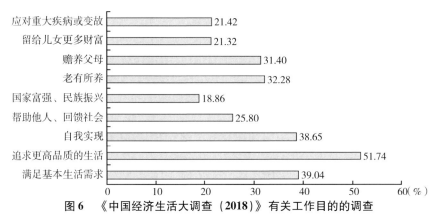

图6 《中国经济生活大调查（2018）》有关工作目的的调查

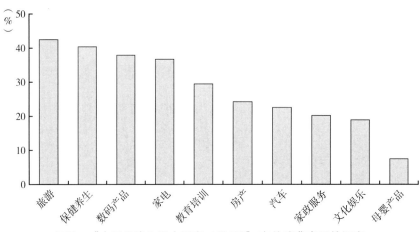

图7 《中国经济生活大调查（2018）》有关消费意愿的调查

三 2017～2018年弥补休闲发展鸿沟的九大努力

（一）战略层面：确定人的发展为国家战略主线

党的十九大报告从认识新矛盾、解决新矛盾角度为休闲发展提出了新的战略诉求，明确了休闲发展的战略图景、战略路径和战略重点，为弥补休闲发展鸿沟提供了重要指引。

其一，强调以人民为中心的发展思想，为休闲发展提供重要指引。十九大报告指出，"新时代中国特色社会主义思想，必须坚持以人民为中心的发展思想"，"使人民获得感、幸福感、安全感更加充实、更有保障、更可持续"。围绕以人民为中心的发展思想，党和国家提出了一系列具体目标和发展领域，包括社会公平正义，幼有所育、学有所教、劳有所得、病有所医、老有所养、住有所居，人民获得感，人的全面发展，等等。这些都为人们享受更加美好的休闲生活提供了重要保障。

其二，面向新时代新矛盾，赋予休闲新的战略意义。十九大报告明确指出，"中国特色社会主义进入新时代，我国社会主要矛盾已经转化为人民日益增长的美好生活需要和不平衡不充分的发展之间的矛盾"。在此新阶段，"我国稳定解决了十几亿人的温饱问题，总体上实现小康，不久将全面建成小康社会，人民美好生活需要日益广泛，不仅对物质文化生活提出了更高要求，而且在民主、法治、公平、正义、安全、环境等方面的要求日益增长"。休闲发展作为比物质文化生活具有更高要求的层面，成为国家发展战略诉求中必不可少的组成部分，其核心任务在于解决人民日益增长的美好生活需要和不平衡不充分的发展之间的矛盾，且与民主、法治、公平、正义、安全、环境等方面紧密相连。

其三，社会发展新目标，为休闲发展提供重要保障。十九大报告提出"三步走"战略目标，并指出，解决人民温饱问题、人民生活总体上达到小康水平这两个目标已提前实现，在此基础上，到建党一百年时要

建成经济更加发展、民主更加健全、科教更加进步、文化更加繁荣、社会更加和谐、人民生活更加殷实的小康社会。文化更加繁荣、社会更加和谐、人民生活更加殷实不仅是小康社会的主要标志，也是休闲发展的重要保障。

其四，相关领域新部署，为休闲发展提供重要支撑。十九大报告围绕建设社会主义文化强国、体育强国等做出了积极部署，同时提出，积极应对人口老龄化，推进医养结合，加快老龄事业和产业发展；2018 年国务院政府工作报告明确，要支持社会力量增加医疗、养老、教育、文化、体育等服务供给，创建全域旅游示范区，降低重点国有景区门票价格；国务院关于落实《政府工作报告》重点工作部门分工的意见（国发〔2017〕22 号）提出，要开展新一轮服务业综合改革试点，支持社会力量提供教育、文化、养老、医疗等服务。这些都为休闲发展提供了重要支撑。

（二）法规层面：不断完善相关法律法规

继 2016 年颁布《中华人民共和国公共文化服务保障法》《中华人民共和国电影产业促进法》并修订《中华人民共和国旅游法》《中华人民共和国体育法》之后，2017 年我国又制定了《中华人民共和国公共图书馆法》。《中华人民共和国公共文化服务保障法》明确规定，"县级以上人民政府应将公共文化服务纳入本级国民经济和社会发展规划"。该法还打破行政隶属界限，明确将科技馆、体育场馆、工人文化宫、青少年宫、妇女儿童活动中心等纳入公共文化设施范畴。《中华人民共和国公共图书馆法》提出，"县级以上人民政府应当将公共图书馆事业纳入本级国民经济和社会发展规划，将公共图书馆建设纳入城乡规划和土地利用总体规划，加大对政府设立的公共图书馆的投入，将所需经费列入本级政府预算，并及时、足额拨付"，"县级以上地方人民政府应当根据本行政区域内人口数量、人口分布、环境和交通条件等因素，因地制宜确定公共图书馆的数量、规模、结构和分布"。

（三）机构改革：形成休闲发展新机制

2018年3月13日，国务院机构改革方案提请十三届全国人大一次会议审议。根据该方案，改革后，除国务院办公厅外，国务院设置组成部门26个。其中与休闲发展相关的重大变化有四个：一是将文化部、国家旅游局的职责整合，组建文化和旅游部；二是在国家新闻出版广电总局广播电视管理职责的基础上组建国家广播电视总局；三是组建自然资源部，整合国土资源部的职责（涉及世界地质公园和国家地质公园），国家发改委组织编制主体功能区规划的职责，住房和城乡建设部的城乡规划管理职责以及水、林业、湿地、草原等资源的调查和确权登记职责，国家海洋局（涉及海洋资源管理）的职责；四是将国家林业局的职责，农业部的草原监督管理职责，以及国土资源部、住房和城乡建设部、水利部、农业部、国家海洋局等部门的自然保护区、风景名胜区、自然遗产、地质公园等管理职责整合，组建国家林业和草原局，由自然资源部管理。国家林业和草原局加挂国家公园管理局牌子。

不管是文化部门和旅游部门的合并，还是自然资源部的组建以及国家公园管理局的设立，都将在一定程度上解决以往休闲资源管理和休闲发展促进分散化的问题。尤其是文化和旅游部的成立，将有助于形成"用文化的理念发展旅游，用旅游的方式传播文化"，文化事业和文化产业、旅游事业和旅游产业共同发展、相互促进的良好格局。

（四）政策规划：多领域推动休闲发展

2017～2018年，围绕文化、旅游和体育领域，出台了一系列的法规、政策、文件、规划，从多个角度构建休闲发展的综合性框架。

例如，《"十三五"推进基本公共服务均等化规划》对基本公共教育、基本社会服务、基本公共文化体育等制定了量化发展指标，并从"学有所教、劳有所得、老有所养、病有所医、困有所帮、住有所居、文体有获、残有所助"等八个方面提出了国家基本公共服务制度框架。伴随《国家"十

三五"时期文化发展改革规划纲要》的出台，文化产业、文物事业、文化旅游、文化科技、群众文艺、文化扶贫、文物科技、公共图书馆事业、公共数字文化、古籍保护、新闻出版广播影视、版权工作等各细分领域均有相应规划出台。中办和国办联合印发《关于实施中华传统优秀文化传承发展工程的意见》《建立国家公园体制总体方案》等重要文件。国家发展改革委等14部门联合印发《促进乡村旅游发展提质升级行动方案（2017年）》。国家发改委、国土资源部、住房和城乡建设部等联合印发《关于规范推进特色小镇和特色小城镇建设的若干意见》。2018年3月，《国务院办公厅关于促进全域旅游发展的指导意见》（国办发〔2018〕15号）提出，要"着力推动旅游业从门票经济向产业经济转变，从粗放低效方式向精细高效方式转变，从封闭的旅游自循环向开放的'旅游＋'转变，从企业单打独享向社会共建共享转变，从景区内部管理向全面依法治理转变，从部门行为向政府统筹推进转变，从单一景点景区建设向综合目的地服务转变"。

（五）公共供给：低价或免费开放各类设施

美术馆、公共图书馆、文化馆（站）等各类公共文化设施，大型体育场馆等各类公共体育设施免费或低价开放，以及依托公共资源建设的景点门票降价成为近年的热点。

在公共文化设施和服务方面，根据文化部、财政部《关于推进全国美术馆、公共图书馆、文化馆（站）免费开放工作的意见》（文财务发〔2011〕5号），中央和各级政府近年来持续加大公共文化场馆开放力度。不仅实施美术馆、公共图书馆、文化馆（站）、博物馆等公共空间设施场地免费开放政策，也免费提供基本公共文化服务。以安徽省为例，2017年，全省17个美术馆、122个公共图书馆、122个文化馆、1437个综合文化站全部免费开放。博物馆、纪念馆免费开放，按照免费开放运行情况、接待参观人次、服务质量等因素确定补助标准。省级财政安排省图书馆、文化馆、博物馆老馆免费开放补助经费；市级美术馆、公共图书馆、文化馆（站）（含辖区）免费开放补助经费，中央财政按补助标准负担50％，市级财政负担50％；县级美术馆、公共图书馆、文化馆（站）（含县改区）免费开放补助经费，中央财政按补助标准负担50%，其余部分省级财政负担50%，县级财政负担50%。2018年，我国还将推动修订《中央补助地方博物馆、纪念馆免费开放专项资金管理暂行办法》，完善博物馆免费开放政策，增加资金总量，扩大补助范围，调整分级分档补助标准，以政府购买服务方式支持非国有博物馆发展。

在体育场馆方面，根据2014年国家体育总局、财政部联合发布的《关于推进大型体育场馆免费低收费开放的通知》，要求体育部门所属大型体育场馆向社会免费、低收费开放。2017年，教育部、国家体育总局联合印发《关于推进学校体育场馆向社会开放的实施意见》，明确了学校体育场馆开放的范围和时间，即学校应当在课余时间和节假日向学生开放体育场馆，公办学校要积极创造条件向社会开放体育场馆，鼓励民办学校向社会开放体育场馆。国家法定节假日和学校寒暑假期间，学校体育场馆应适当延长开放时间。在此之前，浙江、陕西、安徽等多个省份已出台相关文件鼓励学校体育场馆向社会开放。

针对社会广泛关注的景区门票价格问题，2015年，国家发改委、国家旅游局联合发布《关于开展景区门票价格专项整治工作的通知》，开展为期一年的门票价格专项整治工作，对实行政府定价、政府指导价的景区，原则上不出台新的上调门票价格方案。两部门还联合建立景区质量等级评定与门票价格水平惩戒联动机制，把"全国旅游价格信得过景区"承诺作为景区质量等级评定和复核的考核指标。很多省份依据这些法规并结合本省的情况出台了相关的管理办法。国务院总理李克强在2018年政府工作报告中明确提出要"降低重点国有景区门票价格"，国家发改委等部门正在制订相应的落实方案。重点国有景区门票降价在一定程度上会带动我国景区门票价格管理乃至景区管理体制的改革。

（六）多样投资：供给侧推进，提供多种类型的休闲供给

近年来，围绕文化、旅游、体育等领域的各类投资力度不断加大。

文化领域的投资，既有公共与私人部门共同推动的文创产业投入，也包括文化扶边扶贫以及 PPP、文化产业基金等多种形式。数据显示，2012～2016 年，我国文化产业基金只数和募集规模呈现总体上涨趋势，文化产业投资基金总规模已破千亿元（见图 8）。2017 年，青海省人民政府和中国民生投资集团合作设立 20 亿元文化产业发展投资基金；海南设立第一只省级政府参股设立的产业投资基金，省财政部门从省创投引导基金预算中安排出资 5000 万元，吸引社会资本 3 亿元，合作设立规模为 3.5 亿元的海南省文化体育产业发展基金，通过股权投资方式，将资金的 60% 以上投向游戏、动漫、影视制作、体育等产业。

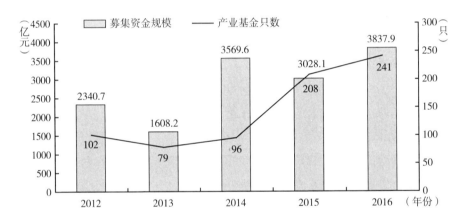

图 8　2012～2016 年我国文化产业基金只数与募集资金规模

旅游成为社会投资热点和最具潜力的投资领域之一。2015 年，全国旅游直接投资突破万亿元，2016 年达到 12997 亿元，同比增长 29.03%（高出全国固定资产投资增速 20 个百分点），2017 年超过 1.5 万亿元（见图 9）。旅游地产、旅游特色小镇、在线旅游、自驾车与房车营地、民宿、旅游演艺等诸多细分行业吸引了各路资本。各地也加大力度吸引旅游投资。例如，2017 年，河北省重点推进 100 个旅游综合体、旅游新业态、旅游小镇、休闲度假项目，确保年内完成旅游项目投资 800 亿元以上；安徽省推出旅游转型升级项目工程包，全年计划完成投资 2000 亿元；江西省面向港澳推出总投资额超千亿元旅游招商项目；重庆签约 43 个旅游项目，投资超 1700 亿元；青海省计划三年投资 3000 亿元于旅游；2017 年有 36 个旅游项目落地武汉，总规模超千亿元。

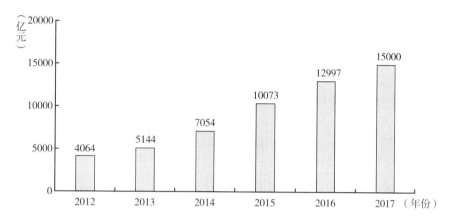

图 9　2012～2017 年我国旅游直接投资规模

近几年，体育行业也吸引了大量的资本。一方面，随着"互联网＋体育"概念的走热，大量资金进入体育行业，发展线上业务；另一方面，越来越多的人认识到，体育行业是消费升级的热点，开始投资体育培训、场馆建设等。除了各类健身休闲服务外，体育装备、饮食、康复、赛事组织、传媒等也得到快速发展。与此同时，在消费升级的大背景下，体育与饮食、生活、时尚、旅游、文化等领域之间的融合越来越广泛。

（七）公共服务：休闲相关领域均等化发展步伐加快

公共服务是休闲均等化、普惠化的基础。2017 年，我国大力推进文化、旅游、体育等休闲领域的公共服务规划和建设。

文化休闲领域的公共服务建设，坚持政府主导、社会参与、重心下移、共建共享，以基本公共文化服务标准化均等化为突破口，立足人民群众基本文化需求，构建体现时代发展趋势、符合文化发展规律、具有中国特色的现代公共文化服务体系。2017 年，文化领域实施了国家级文化设施建设工程、

贫困地区公共文化服务体系建设项目、基层综合性文化服务中心建设项目、公共数字文化建设项目、全民文化艺术普及项目、特殊群体文化产品扶持计划、全国文化志愿服务行动计划、边境地区文化建设工程等。旅游领域积极推进"厕所革命"，同时加强旅游集散中心、游客服务中心等的建设，推动构建互联智慧旅游体系，构建防控并重旅游安全体系和综合高效旅游监管体系。体育方面，围绕"构建便民利民的新型公共服务体系"、将全民健身纳入各地健康中国和全面建成小康社会考核体系等方面的公共服务也在不断加强。其中，完善群众身边的体育组织、完善群众身边的体育设施、丰富群众身边的健身活动、支持群众身边的健身赛事、开展群众身边的健身指导、讲好群众身边的健身故事的"六边工程"尤为突出。

（八）产业统计：建立新的行业分类标准

2017年6月，新的《国民经济行业分类》（GB/T 4754—2017）正式颁布。作为派生产业统计分类标准，《国家旅游及相关产业统计分类（2018）》和《文化及相关产业分类（2018）》先后于2018年4月发布。前者延续《国家旅游及相关产业统计分类（2015）》分类原则、方法和结构框架，仅根据新旧国民经济行业的对应关系，进行了行业结构的对应调整和行业编码的对应转换；后者保留《文化及相关产业分类（2012）》的原有定义和分类原则，充分考虑到以"互联网＋"为依托的文化新业态的发展，增加了符合文化及相关产业定义的活动小类，同时调整了分类方法和类别结构。与此同时，我国还将建立以旅游、养老、健康等为主的幸福产业统计监测制度。

（九）全面深化改革：盘活生产要素，激活发展动力

过去一年中，文化、旅游、体育等相关领域均展开了全方位的改革探索，在一定程度上盘活了生产要素，形成了新的机制。

2017年以来，文化领域一方面简政放权，另一方面实施各类工程，建

立新的机制，盘活各种资源，激发新的活力。例如，废止了《文化科技工作管理办法》等部门规章；不断探索和调整对文化领域新兴业态的监管模式，对点播影院和点播院线行业、网络文学出版、网络试听节目以及迷你KTV等各种新兴业态加以规范和管理；在艺术创作生产领域、文物保护利用、非物质文化遗产保护传承、促进文化消费、建设现代文化市场体系等方面做出全方位的努力。旅游领域，以"全域旅游"为主线，在旅游治理体系建设、旅游行政管理和市场监管体制机制改革、旅游市场主体（旅行社、导游、景区、国有企业等）管理体制改革、旅游改革创新试点和边境旅游试验区与跨境旅游合作区"两区"建设、以"厕所革命"为代表的旅游公共服务体系建设、旅游精准扶贫长效机制和典型模式等方面大胆创新。体育领域，一方面，依托国家体育产业基地、体育产业示范单位（包含制造业、场馆运营及体育旅游等）、体育产业示范项目等加强体育产业建设；另一方面，构建便民利民的新型公共服务体系，加强"六边工程"，建立地方政府全民健身联席会议，将全民健身纳入各地健康中国和全面建成小康社会考核体系，纳入地方财政年度预算、年度计划。

四 我国休闲发展前瞻与建议

2018年是我国改革开放40周年。历经40年发展，我国实现了从计划经济到市场经济、从农业社会向工业社会、从封闭型社会到开放型社会、从普遍贫困向全面小康、从单位化社会到社区性社会、从成年型人口社会到老龄化人口社会的重大转型。[1] 如何满足人民美好生活需要，成为当前和未来一段时期的工作重点。

满足人民日益增长的美好生活需要，是休闲发展的战略目标，休闲的价值也正在社会大生产和社会大生活各个领域中得以凸显。重视休闲发展，尤

---

[1] 李培林、陈光金、张翼主编《2018年中国社会形势分析与预测》，社会科学文献出版社，2018，第2页。

其是加强休闲公共设施和服务的有效供给，成为解决人民日益增长的美好生活需要和不平衡不充分的发展之间矛盾的重要手段。从这一视角出发，当前和未来一段时期，要着力解决好如下几个问题。

（一）战略层面：将休闲发展整体性纳入国家发展战略

长期以来，我国社会对休闲选择忽视甚至存在一定的偏见。作为美好生活的重要组成部分，休闲对于促进个体身心健康、融洽家庭关系、增进文化交流、促进社会和谐、推动社会进步、经济结构调整具有不可替代的作用。因此，应充分重视休闲的多重价值，从人民美好生活需要和中华民族伟大复兴的角度看待休闲，给予其应有的正名、清晰的界定和整体的考虑，将休闲发展整体性地纳入国家发展战略和公共政策体系当中，从顶层设计层面解决休闲发展中的各种不平衡和不充分问题。未来一段时期，国民休闲将在此前实现"从无到有"转变的基础上，跨入"从有到好"的新阶段。休闲的发展程度和国民休闲满意度，将成为小康社会实现程度的主要标志。

（二）体制机制：建立与大部制改革相对应的休闲发展协调机制

2018 年，新一轮党和国家机构改革以加强党的全面领导为统领，以国家治理体系和治理能力现代化为导向，以推进党和国家机构职能优化协同高效为着力点，改革机构设置，优化职能配置。文化和旅游部、自然资源部、国家广播电视总局、国家林业和草原局的组建以及国家公园管理局的成立，将对我国休闲资源的配置、管理和利用产生深远影响。这些新组建的部门，牵涉与休闲发展相关的资源、规划、环境、生态、依托、渠道、产业、体制等多个方面。新的大部制改革，改变了以往休闲发展的对应机构，也改变了休闲发展的体制格局。未来，针对国民休闲和生活品质，如何形成新的发展格局和协调机制，各类自然资源和文化资源如何更好地服务于人民的美好生活需要，如何让更广泛的民众通过休闲活动，拥有更多获得感、公平感和幸福感，值得关注。

（三）发展体系：围绕美好生活建设，建立综合性的休闲发展体系和政策体系

在新的目标和机制下，休闲发展的视域，应从窄到宽、从小到大、从简到复地加以丰富和拓展。休闲发展的各个维度，均与美好生活建设相关；美好生活建设的要求，也扩大了休闲发展的维度。为此，休闲发展要深入融合到美好生活建设的方方面面，形成综合性的发展体系。其中，首先要厘清美好生活建设的体系和层次，建立与休闲发展对应的框架和系统，再研究这个框架和系统中各条各块的发展障碍与问题，形成综合化的解决方案。近年来，我国出台了不少与休闲相关的政策。这些政策出发点、侧重点和目标任务各有不同，其主要内容和具体措施也不一样。未来要在明确国家休闲发展总体思路和顶层设计的基础上，对所有涉及休闲发展的政策进行必要的梳理，强化政策之间的衔接性。

（四）发展动力：形成休闲发展的社会化拉动

十九大报告再一次明确，要努力使市场在资源配置中起决定性作用，坚持社会主义市场经济改革方向，推动经济持续健康发展，经济体制改革必须以完善产权制度和要素市场化配置为重点，实现产权有效激励、要素自由流动、价格反应灵活、竞争公平有序、企业优胜劣汰。新的休闲事业和休闲产业的发展，离不开社会和市场的双重拉动，要依托有活力的社会和有活力的市场来弥合不平衡不充分的各个方面，要建立复合化的社会拉动机制，推动文化、旅游、体育、养老等休闲各个领域的发展，令休闲从社会中来，到生活中去。

（五）工作重点：针对休闲发展不平衡不充分的主要方面精准施策

在工作上，应充分认识到休闲发展不平衡不充分的主要方面，重点解决休闲时间不均衡、不充分、不自由，休闲公共产品供给不足，休闲公共设施和服务存在明显区域差别和城乡差异，弱势群体的休闲需求不能得到满足，

需求的综合性与供给的分割性不匹配，休闲公共政策缺位六大问题，在工作上要有补缺性的思维，也要有重点性的思维，查缺补漏，逐项推进。

其一，实施多部门联动，真正、全面落实带薪休假制度。时间是休闲发生的基础条件。目前制约我国民众享受休闲生活的首要因素是时间，而其中又以带薪休假制度的落实不力最受关注。对于带薪年休假这项提出已有20多年且要在"2020年之前全面落实"的法律权利，任何以"客观条件不具备""社会经济发展阶段决定论"等为借口的说法和做法，不仅无益于问题的根本解决，还会有损法律和政府的公信力。为此，建议中央成立跨部门工作委员会，将休假制度与税收、财政、劳动保障、民生等结合在一起予以综合调控；建议人力资源和社会保障部等尽快组织开展全国性调查，并提出详细解决方案；建议各地建立工商、税务、劳动、人事等部门联动机制，将用人单位签署劳动合同、执行带薪年休假情况等与其履行纳税等法律义务同等对待；劳动监管部门应按照主动执法的原则，常态化地开展带薪年休假执行情况的暗访和抽查工作；将职工带薪年休假执行情况纳入各地、各部门年度目标责任考核，纳入文明单位评选等。[1]

其二，加大中央财政转移支付力度，解决不发达地区和农村休闲公共设施和服务不足的问题。财政转移支付制度是实现公共服务均等化的重要手段。公共文化服务体系目前有专项资金用于基本公共文化服务项目、公共文化体育设施维修和设备购置、基层公共文化服务人才队伍建设以及基本公共文化服务其他项目，具体支出范围包括读书看报、收听广播、观看电视、观赏电影、送地方戏、设施开放服务以及开展文体活动等，重点向革命老区、民族地区、边疆地区、贫困地区倾斜。公共体育服务一般性转移支付存在数量少、不协同、无考核等问题。未来，要使每位公民都能均等地享受由地方政府提供的无差别、数量相当、质量相近、可及性大致相同的基本公共休闲服务，应对现有的财政转移支付体系加以优化，并加大对休闲公共设施和服务的支持力度，在落后地区和农村营造公共休闲环境、构建公共休闲空间、

---

① 宋瑞:《休闲乃幸福之源——何以可能?》,《财经智库》2018年第2期。

完善公共休闲设施、开展各类休闲教育及提供直面公众的休闲服务。

其三，强调地方政府休闲管理职能，纳入规划。地方政府在休闲的公共管理，特别是供给方面扮演重要角色。要推动休闲发展，就必须充分调动各级地方政府的积极性。为此建议，可以按照"三纳入"的要求，将休闲发展纳入各级地方政府的经济和社会发展规划、财政预算和年度工作报告，来促使其对休闲相关产业发展、居民休闲需求的满足给予更高重视。在有条件的地方，甚至可以考虑推行"六纳入"的做法，将休闲发展纳入政府实事工程、政府部门目标管理体系和文明城市指标体系。

其四，高度重视对不同群体休闲权利的保障和休闲需求的满足。1948年联合国大会通过并颁布的《世界人权宣言》指出，"休闲是人的基本权利"。在我国经济快速发展、综合国力持续增强的今天，让更多老百姓享受到休闲的乐趣，并以休闲这种润物无声的方式来消解社会矛盾，实现包容性增长的目标，已经成为时代所提出的必然命题。将休闲作为一项基本权利，就要全方位地评估、分析和满足不同群体的休闲需求，要对广大民众的休闲需求进行更加细致的分析，并针对不同人群的休闲消费需求，提供相应的服务供给，从而最终形成覆盖大部分群体、满足不同消费需求的完善的休闲供给体系。尤其要重视满足老人、残障人士、青少年、留守儿童、农民工等群体的休闲需求。

（六）产业统计：开展全国范围的休闲相关产业分类、普查和统计

要对休闲相关产业进行准确判断和科学引导，了解其基本现状是最重要的前提。为改变缺乏官方统计数据、休闲发展家底不清的现状，建议借鉴国内外经验，尽快立项研究并构建休闲及相关产业分类和统计体系，最终形成一个法规性的文件。这不仅可以为政府部门制定相关产业发展政策提供重要依据，也能使有关政府部门明确自己应行使职权的范围，为政府实施科学、规范的管理提供参考。同时在此基础上，对我国休闲相关产业进行普查，全面了解我国休闲相关产业发展状况、市场结构，并对其未来发展做出科学、系统规划。

参考文献

李培林、陈光金、张翼主编《2018 年中国社会形势分析与预测》，社会科学文献出版社，2018。

楼嘉军、刘松、李丽梅：《中国城市休闲化的发展水平及其空间差异》，《城市问题》2016 年第 11 期。

宋瑞主编《2016~2017 年中国休闲发展报告》，社会科学文献出版社，2017。

宋瑞、金准：《休闲与主观幸福感：西方研究述评》，《杭州师范大学学报》（社会科学版）2015 年第 6 期。

宋瑞：《带薪假期的国际经验与中国现实——基于全国调查的研究》，《中国社会科学院研究生院学报》2015 年第 4 期。

宋瑞：《休闲乃幸福之源——何以可能?》，《财经智库》2018 年第 2 期。

郑传锋、梁茹霞、雷敏：《探讨我国体育公共服务均等化问题——以西安市为例》，《体育科技》2016 年第 1 期。

钟君等主编《中国城市基本公共服务力评价（2017）》，社会科学文献出版社，2018。

核心产业篇
Core Industry Reports

G . 2
开创健康服务业发展新时代*

夏杰长　张颖熙**

摘　要：　健康是人人所需，关系一个国家和民族发展的根本。健康服务业不仅关乎经济发展和民生福祉，而且代表一个国家和民族的发展水平与文明程度。健康服务业是典型的"幸福产业"，是满足人民美好生活需要的重要源泉，也是最具有发展潜力和最不可能被替代的行业。本文在总结中国健康服务业发展现状和问题基础上，从人口结构、慢性病管理、消费升级、医疗体制改革和互联网技术的普及与运用等方面，深入剖析了未来促进我国健康产业发展的主要驱动因素。新时期，

　*　国家社会科学基金重大项目"扩大我国服务业对外开放的路径与战略研究"（项目号：14ZDA084）；国家社会科学基金青年项目"新型城镇化背景下扩大服务消费的制度联动研究"（项目号：13CJL046）。
**　夏杰长，中国社会科学院财经战略研究院副院长、研究员；张颖熙，中国社会科学院财经战略研究院副研究员。

我国健康服务业发展的重点领域主要是规模化运营的专科民营医院和医生集团、高端医疗服务、移动医疗和智慧养老等。实现跨越式发展，要在"构建完善的全生命周期健康服务体系、支持民营健康服务机构做大做强和增强政策合力"三个方面实现突破。

关键词： 新时代　健康服务业　幸福产业　医疗体制改革

党的十九大报告指出："中国特色社会主义进入新时代，我国社会主要矛盾已经转化为人民日益增长的美好生活需要和不平衡不充分的发展之间的矛盾。"健康是人人所需，关系到一个国家和民族发展的根本。健康服务业不仅关乎经济发展和民生福祉，而且代表一个国家和民族的发展水平与文明程度。健康服务业是典型的"幸福产业"，是满足人民美好生活需要的重要源泉，也是最具有发展潜力和最不可能被替代的行业。十九大报告提出："实施健康中国战略。要完善国民健康政策，为人民群众提供全方位全周期健康服务。"这是以习近平同志为核心的党中央从长远发展和时代前沿出发，坚持和发展新时代中国特色社会主义的一项重要制度安排，是发展谋划"健康中国"的重要战略部署，是新时代健康服务业发展的重要指导，为我们加快健康服务业大发展明确了任务和方向。

一　健康服务业：最具发展潜力的幸福产业

（一）身心健康是幸福之源泉

德国哲学家叔本华曾经说过："在一切幸福中，人的健康其实胜过其他幸福，我们可以说一个健康的乞丐要比疾病缠身的国王幸福得多。"我国著名教育家陶行知也说过："健康是人生的一个重要目的，也是学问的一个重要目的；我深信健康是生活的出发点，也是教育的出发点。"健康是生命中一个永恒的主题。健康是生命力的源泉，是生活质量的基础，是生命存在的最佳状态。一个人如果没有了健康，则生趣索然，效率锐减，生命因此暗淡。只有保持健康，生命才会光彩夺目，生活才会幸福。

近年，在经济学界，"幸福"这一词语出现得日益频繁。2010 年，英国首相卡梅伦宣布计划将幸福作为国民生产总值之外衡量国家发展的重要指数之一。他认为，"生活的意义不只是金钱。现在不仅要重视 GDP，同时还要重视 GWB（General Well-being）——国民幸福"。如何寻找幸福，如何建设幸福产业，已经成为当前政府和社会关注的热点问题。2016 年，李克强总理出席夏季达沃斯论坛在开幕式上发表致辞时首次提出把"旅游、文化、体育、健康、养老"作为五大幸福产业。同年，《关于进一步扩大旅游文化体育健康养老教育培训等领域消费的意见》（国办发〔2016〕85 号）明确提出，要着力推进幸福产业，要推动服务消费提质扩容。在这个文件中，健康产业被认定为幸福产业的最重要内容之一，其地位之高前所未有。因为健康是人人所需，关乎一个国家和民族发展的根本，健康服务业关系到经济发展和民生福祉，是所有幸福之源泉。

（二）健康服务业已上升为国家战略

近年来，党和政府对健康产业的重视程度越来越高。2016 年以来，党中央、国务院制定印发了《"健康中国 2030"规划纲要》，国务院制定、实施《"十三五"卫生与健康规划》和《"十三五"深化医药卫生体制改革规划》。这"一纲要、两规划"标志着"健康中国"建设，从指导思想到发展战略，从纲领到行动的国家战略基本形成。2017 年 3 月，国务院办公厅印发了《关于进一步激发社会领域投资活力的意见》，针对"扎实有效放宽行业准入"和"进一步扩大投融资渠道"做了明确指示。该意见对医疗 PPP 模式给予肯定，无疑为社会资本进入健康产业注入了一针强心剂，将有助于社会企业以更低的成本接触到更多优质的医疗健康资源。特别是党的十九大报告，在第八部分"提高保障和改善民生水平，加强和创

新社会治理"用了大量篇幅阐述"实施健康中国战略",详细地阐释了"为人民群众提供全方位全周期健康服务。深化医药卫生体制改革,全面建立中国特色基本医疗卫生制度、医疗保障制度和优质高效的医疗卫生服务体系"等重要方略,为健康服务业发展创造了积极的政策环境,并提供了战略指导。

(三)健康服务业的产业带动力强,对国民经济贡献率不断提升

《国务院关于促进健康服务业发展的若干意见》(国发〔2013〕40号)中对健康服务业做了明确的界定,即健康服务业是以维护和促进人民群众身心健康为目标,主要包括医疗服务、健康管理与健康保险以及相关服务,涉及药品、医疗器械、保健用品、保健食品、健身产品等支撑产业,覆盖面广,产业链长。[①] 健康服务业是维护健康、修复健康、促进健康的产品生产、服务提供及信息传播等活动的总和,是融"医、药、养、游"为一体的关联性、融合性、渗透性较强的产业,具有极强的产业带动力。

保罗·皮尔泽在《财富第五波》[②]中指出,健康产业将是引发全球财富的第五波明星产业。部分发达国家的发展经验表明,由于在国民经济中的地位体现了社会经济发展的先进程度,健康产业在世界国民经济中所占比重呈现持续增加态势,成为信息化产业后下一个规模最大的新兴行业。目前部分发达国家的健康产业增长速度几乎超过了其GDP的增速。健康产业的行业周期性较弱,具有较强的应对经济变化的能力,因此,经济危机时期健康产业仍然能够保持较高的增长速度。

学术界在研究一个国家或地区的健康医疗投入时,经常采用一个指标,即"卫生总费用"。卫生总费用是指一个国家或地区在一定时期内(通常是一年)用于医疗卫生服务所消耗的资金总额。从人均卫生费用指标看,据世界卫生组织统计,自20世纪90年代以来,大多数国家(除低收入和中低

---

① 参见郭清主编《中国健康服务业发展报告(2013)》,人民卫生出版社,2014。
② 参见保罗·皮尔泽《财富第五波》,中国社会科学出版社,2011。

收入国家之外）人均医疗卫生费用呈现明显的上涨趋势，尤其是发达国家，从 1995 年的 1784 美元上涨到 2014 年的 4608.3 美元，增长趋势非常迅猛（见图 1）。医疗卫生费用的不断上涨导致其占国内生产总值（GDP）的比例不断上升，在发达国家，这一比例从 1995 年的 9.2% 上涨到 2014 年的 12%，尤其是美国的医疗卫生费用占 GDP 比重达 17%，居全球之首（见图 2）。从全球水平来看，中国人均卫生费用增长趋势相对平稳，人均水平远低于中高收入国家。中国卫生费用的占比基本为美国的 1/3，德国、加拿大和日本的 1/2。医疗卫生支出水平的悬殊说明中国老百姓普遍享有的医疗资源和服务水平还不高，但也间接反映出我国医疗健康产业的发展空间还是非常广阔的。

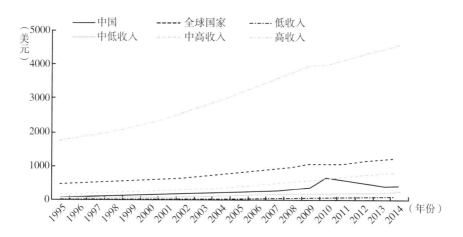

图 1　1995～2014 年不同发展阶段国家人均医疗卫生费用

注：人均医疗卫生费用用购买力平价（PPP）表示。

资料来源：根据世界卫生组织统计数据库相关数据整理而成，http://apps.who.int/gho/data。

（四）健康服务业：成长空间巨大的幸福产业

1. 总体判断

目前，我国健康产业规模为 2 万亿～3 万亿元，假定 2020 年我国用

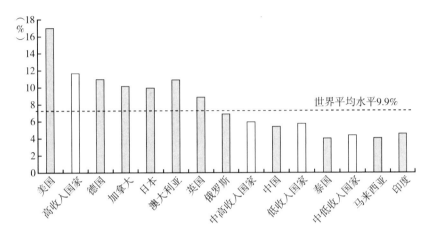

图 2 2014 年不同发展阶段代表性国家全部卫生费用占 GDP 比重

资料来源：根据世界卫生组织统计数据库相关数据整理而成，http：//
apps. who. int/gho/data。

于医疗卫生相关服务业支出占 GDP 比重达到世界水平 10%，那么中国健康产业的规模将达到 8 万亿元。这意味着中长期健康产业年均复合增速约为21%。① 健康服务业作为健康产业的核心，从产值构成看，2012 年，我国健康、社保服务业增加值占 GDP 比重为 1.6%，远超药品制造业0.9 个百分点；从就业构成看，我国健康、社会保障部门从业人员占全部城镇就业人员的比重约为 4.7%。相比较而言，药品医疗设备等制造业领域吸纳就业非常有限，如美国健康服务业从业人员占全部就业人数的比重高达 11%，药品制造业仅为0.2%。② 因此，无论是从产业规模看，还是从就业吸纳能力看，健康服务业都是中国未来成长空间最大的一个行业。

2. 从国际比较看中国健康服务业发展的巨大潜力

（1）医疗服务

医疗服务是健康服务业的关键环节和核心内容。截至 2016 年 11 月

---

① 参见中信证券《健康产业：下一个规模最大的产业》，2014 年 9 月 2 日。
② 参见中信证券《健康产业：下一个规模最大的产业》，2014 年 9 月 2 日。

底，全国医疗卫生机构数达99.2万个，其中：医院2.9万个，基层医疗卫生机构93.0万个，专业公共卫生机构3.0万个，其他机构0.3万个。[①]尽管在过去的几年里，我国医疗基础设施不断完善，但仍然存在医疗服务比重偏低以及人均医疗服务供给明显不足等问题。具体体现在以下几点。

第一，医疗服务占医疗产业的比重偏低。根据日本内阁府的数据，2010年全世界医疗行业市场规模为4.4亿美元，其中医疗服务、药品和医疗器械的市场规模分别占医疗行业市场规模的82.6%、13.4%和3.8%，医疗服务市场规模是药品的6倍左右。[②]但是，中国2013年健康服务市场规模为2万多亿元，而药品为11463亿元人民币，也就是说医疗服务市场规模仅是制药板块的2倍，远低于世界平均的6~7倍水平。

第二，医疗设施和医务人员严重不足。由于人口老龄化、精神压力、医保普及率提高等，国内医疗需求持续增长。2000年以来，我国年诊疗人次增长超2倍，增速也一直保持在8%~10%。虽然医疗基础设施在持续完善，但依然跟不上日益上涨的医疗需求。从每千人拥有的医务人员数量看，2015年，我国每千人拥有执业医师2.21人，每千人口拥有注册护士2.36人。我国执业医师和护理人员的配备与先进国家有着明显的差距（见图3和图4）。

第三，基层医疗服务能力不足。优质医师和护理资源绝大部分分布于公立三级医院，造成我国医疗服务资源过度集中于经济发达地区，基层医疗卫生机构服务能力和诊疗水平较低。三级医院以2%的机构数量承担着19%的诊疗任务，而基层医疗机构（包括社区卫生服务中心、乡镇卫生院、村卫生室和诊所）数量占全部医疗卫生机构的94%，但其承担的诊疗人次却不足60%（见图5），这导致城市大医院负担过重，而且部分真正有需要的患者不能及时治疗。2014年，国家卫计委宣布正在起草分级诊疗制度相关文

---

① 参见国家卫生计生委统计信息中心，http://www.moh.gov.cn/mohwsbwstjxxzx/new_index.shtml。

② 参见安信国际《医疗服务，把握行业变革的机遇》，2014年12月24日。

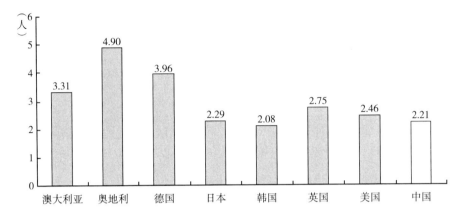

图3　代表性国家每千人拥有医师数量比较

资料来源：《2015年我国卫生和计划生育事业发展统计公报》。其他国家数据为2012年，来源于世界卫生组织统计数据库。

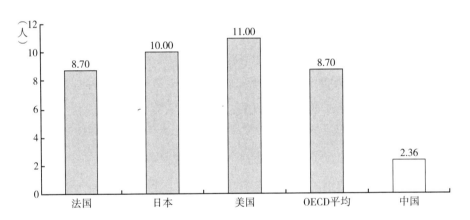

图4　代表性国家及OECD国家每千人拥有护士数量比较

资料来源：《2015年我国卫生和计划生育事业发展统计公报》。其他国家数据为2012年，来源于世界卫生组织统计数据库。

件，各省将至少挑选一个公立医院改革城市，先进行试点分级诊疗制度。通过这种制度，将目前由大中型医院承担的一般门诊、康复和护理等任务疏散到基层医疗机构。

第四，国内民营医疗行业资源不足。近几年，国内民营医疗机构数目不

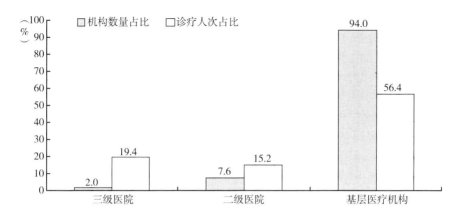

图5　各级别医疗机构数量和诊疗人次占比

资料来源：根据《2015年我国卫生和计划生育事业发展统计公报》相关数据整理。

断增长，已经接近半数，但是受到医保没有在民营医院普及、资金和设备资源有限、医师多点执业尚未全面推行等因素的影响，民营医院在与公立医院的竞争中完全处于劣势。特别是在单点执业的情况下，大中型公立医院的医师无法去私立医院注册，导致私立医院只能请到一些退休医生或者初级卫生员，技术水平有限，医师资源严重匮乏。因此，接近半数的民营医疗机构只承担了10%的医疗服务量。

（2）健康管理

健康管理包括"健康检测、健康评估和健康干预"三大板块。健康体检是目前我国健康管理服务最主要的投资领域，体系也最为成熟。2000年以来，我国健康体检机构每年以25%的速度增长。[1] 我国健康体检行业尚处于快速发展期，属于朝阳行业，特别是民营体检拥有巨大成长空间。由于工作压力、环境污染、生活习惯差等，近年来我国心血管慢性病和癌症患者显著增加，尤其是肺癌、乳腺癌、胃癌等癌症正严重威胁国人的生命。但是，实际上这些疾病很多是可以通过体检发现并及早预防的，因此随着健康意识的提高，人们对体检行业的需求将显著提升。相对于公立医院和民营医院而

---

[1]　参见郭涛主编《中国健康服务业发展报告（2013）》，人民卫生出版社，2014。

言，民营体检医疗机构在市场运作和经营体制方面比较灵活，服务质量略高，因而其成长空间更加广阔。

（3）健康保险

从医疗体系发达国家的经验看，健康保险业是各国医疗筹资体系中的一个重要组成部分。Wind 数据显示，在同样施行法定国民医保体制的德国与荷兰，它们的商业健康险保费占比均超过了 30%。2012 年，我国商业健康保险赔付支出占国家医疗卫生总支出的比例为 1.07%，而发达国家这个数字在 10% 左右，美国在 33% 左右。[1] 自 2014 年以来，商业健康保险政策红利持续释放。2014 年，《国务院关于加快发展现代保险服务业的若干意见》（国发〔2014〕29 号）提出，将商业健康保险定位于社会保障体系的重要支柱、个人和家庭商业保障计划的主要承担者、企事业单位发起的健康保障计划的重要提供者、社会保险市场化运作的主要参与者。该意见从深化医药卫生体制改革、发展健康服务业、促进经济提质增效升级的高度定位商业健康保险的功能作用，为我国健康保险发展带来了巨大政策机遇和改革红利。[2]

（4）健康 IT 产业

伴随互联网技术的发展和应用，健康产业与互联网技术的融合成为健康产业发展的一个重要分支领域。首先，从发达国家的经验看，信息技术已渗透到健康产业的药品生产、销售以及医疗服务等多个环节和领域。据国外机构研究，全球健康产业 IT 年复合增速超过 16%，美国超过 24%。[3] 2009年，《中共中央国务院关于深化医药卫生体制改革的意见》将医疗信息化作为支撑新医改的"四梁八柱"之一，并将其分为医院信息化、公共卫生信息化、医疗保障体系信息化几个建设重点。但是，由于基础数据积累不够和各机构数据尚未打通，目前健康信息化发展还处于初级阶段（仅实现了医

① 参见《2014 年我国商业健康保险市场发展概况及产业面临的主要问题分析》，中国产业信息网，http://www.chyxx.com/industry/201411/294986.html。
② 参见冯鹏程《2016 商业健康险：保障能力持续提升》，《中国保险报》2017 年 2 月 8 日。
③ 参见广发证券《医疗信息化（下）——移动医疗与健康管理》，2015 年 3 月 3 日。

院管理系统的信息化）。未来，若能突破这两大瓶颈，我国健康 IT 产业必将实现跨越式发展。

二 我国健康服务业快速成长的驱动因素

"十三五"时期，中国健康产业发展必将受益于人口老龄化、消费升级、社会资本、医疗体制改革和"互联网＋"等利好因素，呈现爆发性增长态势。

（一）人口老龄化加速，医疗服务需求上升

我国社会老龄化趋势不可遏制，人口老龄化问题成为我国未来医疗卫生改革深化和医疗服务需求增长的主要推动力。截止到 2015 年底，我国 60 岁以上的人口占到总人口的 16.1%；据预测，2050 年我国 65 岁以上人口比例将高达 25%。卫生部调查数据显示，65 岁以上人口患病率高达 46.7%，是 25～34 岁年龄段（7.5%）的 6 倍。[1] 人口结构是影响健康产业发展的最主要的因素。中国社会的快速老龄化无疑将促进医疗行业的整体快速发展。因为随着年龄的增长，老年人用于医疗健康和护理的支出会逐步增加。以美国为例，2012 年 75 岁以上老年人医疗健康支出占其总支出的 16% 左右，是 55～64 岁老年人支出的 2 倍左右。[2] 我国人口结构的老龄化趋势必将推动健康产业刚性增长。

（二）病患群体基数庞大，加重医疗支出负担

中国人口众多，对应的病患群体基数庞大，尤其是以心脏病和脑血管病为代表的心血管病，患病群体最多。国家心血管疾病中心发布的《中国心血管报告》指出，我国心血管病患病率处于持续上升阶段，大约

---

[1] 参见天星资本《资产证券化大潮中的医疗服务业：从专科医院到综合医院》，2016 年 7 月 5 日。

[2] 参见世界卫生组织统计数据库，http://apps.who.int/gho/data。

每 5 个成人中就有 1 个人患心血管病。心血管病防治最突出的是高血压问题。① 根据中国疾病预防控制中心近期研究结果，中国成年人中高血压患病率高达 33.5%，据此估计患病总人数已突破 3.3 亿，同时每年有 350 万的人口死于心血管病，这些死亡的人一半以上跟高血压密切相关。另一个值得高度关注的慢性病是糖尿病。我国成人糖尿病患病率已从 2002 年的 2.6% 上升到目前的 11.6%，患病人数高达 1.1 亿。② 三亿高血压、一亿糖尿病、数千万的心血管病和脑血管病已经构筑起了我国庞大的患者基数。慢性病患者数量的增加导致医疗费用的支出也随之增加。据世界卫生组织预计，慢性病防治占中国医疗费用的 80%，2015 年，中国慢性病直接医疗费用超过 5000 亿美元。因此，随着人口老龄化加重和居民健康意识的提高，必将促进以健康养老、慢性病管理为代表的健康产业快速发展。

（三）消费结构升级，驱动医疗服务市场迅速扩容

经济发展和人均收入水平的提高推动了消费结构升级，而消费升级又催生出人们对医疗服务多元化的需求。在满足基本的医疗需求外，人们希望得到更多的服务项目和更好的服务体验。比如看病难、看病贵的问题，从服务业的角度来看，其本身源于医疗体制的不完善和医疗服务不到位；比如"三长一短"（即挂号、候诊、收费队伍长，看病时间短）问题，体现出医院资源分布不均和运作效率低下，这些都是给患者造成较差服务体验的因素。随着中高收入人群在中国的崛起，人们不再仅仅满足于基本医疗的保障，还迫切需要适合自身的防病健身、延年益寿、接触心理障碍的知识传播和相关服务，传统的医疗机构及其所提供的医疗服务已远远不能满足现代人们多样化、个性化的健康需求。从统计上分析，医疗保健消费是消费结构升级中提升空间最大的一项消费支出。国际经验表明，随着收入

---

① 国家心血管病中心：《中国心血管病报告 2015》，2016。
② 央广网：《中国成年人糖尿病现井喷态势，总患病率高达 11.6%》，2015 年 9 月 18 日。

水平的提升，居民消费结构中以享受型、发展型消费为代表的服务消费也会趋于上升。[①] 其中，医疗健康消费是最具增长潜力的一项服务消费。从美国居民消费结构变化来看，1960～2016 年，其服务消费比重由 40% 提高到 65%，提高了 25 个百分点；医疗保健消费支出占总消费的比重由 1995 年的 14.5% 提高到 17.1%。[②]

我国居民消费升级正在由基本生存消费转向服务消费阶段。据统计，我国居民用于医疗健康消费支出的比例虽有所提高，但仍显著低于很多发达国家和地区。比如，1995～2014 年，我国城镇居民医疗支出占总消费的比重由 3.1% 提高到 6.5%，农村居民医疗支出比重由 3.2% 上升至 10%[③]，但仍低于发达国家和地区的水平。随着居民收入提升、医改推进以及健康意识的提升，预计未来我国居民医疗健康支出占消费支出比重也会趋于提升。这对健康产业链相关产业是重大利好，包括医药医疗器械制造业、医药批发零售流通和健康医疗护理服务业。

（四）互联网技术的应用与普及，推动产业跨界融合发展

随着以大数据、云计算、人工智能为代表的新技术崛起，新技术与新商业模式快速渗透到健康的各个细分领域，预防、诊断、治疗、康复、养老都将全面开启一个智能化的时代。例如，互联网医疗可以有效地分配医患信息和资源，解决医患之间信息不对称的巨大困扰，使患者可以快速地实现有效的"对症咨询"；人工智能应用于影像诊断，可以极大提高医生的诊断效率和准确率。互联网医疗已经成为一个时代命题，互联网革命必将促进健康与养老、旅游、文化等领域的融合，催生健康产业的新业态和新模式。据统计，2015 年中国互联网医疗市场规模已达 157.3 亿元，增长率为 37.98%，

---

① 参见张颖熙、夏杰长《服务消费结构升级的国际经验及其启示》，《重庆社会科学》2011 年第 11 期。
② 数据来源于万得资讯 Wind "全球宏观数据库"。
③ 数据来源于《中国统计年鉴 2015》。

其中，移动医疗市场规模达 42.7 亿元，增长率为 44.7%。[1]

因此，笔者认为，人口结构必然带来对健康服务的刚性需求，消费结构升级进一步助推产业加速升级，"互联网＋"将进一步促进健康产业业态创新，进而打开行业的成长空间。

三　把握健康服务业发展的重点领域

（一）规模化运营的专科民营医院和医生集团

专科医院是当前社会办医发展中商业模式最成熟、经验最丰富的领域。从盈利水平看，据统计，2012 年，美容、眼科和口腔科的净利润率居前，分别达到 16.9%、16.5% 和 11.9%。[2] 私立专科连锁和规模化运营将会是未来民营医院长期发展的主旋律，标准化运营、品牌管理、医护人才培养将成为民营医院差异化竞争的战略方向。未来，技术壁垒较高的专科领域将有机会得到进一步发展，如肿瘤科、儿科、脑科。

医生集团即为团体执业，由多个医生团队组成的联盟或者组织机构，一般是独立法人机构，以股份形式运作。医生资源具有难复制、培育周期长的属性。目前国内 95% 以上的医生属于固定执业，公立医院尤其是三甲医院拥有较多优质医生资源，而缺乏优秀医护人才是基层医疗机构、民营医院的发展瓶颈。医生集团有助于打破医疗资源分布的不平衡，实现优质医疗人才从公立医院向民营医院、从三级医院向基层医疗机构的优化配置，快速提升民营医院、基层医疗机构的医疗能力。目前医生集团多数为轻资产运作，通过医生集团与民营医院等医院平台的结合，逐步进入实体医疗业务，医生集团未来有望发展为大型连锁医疗集团，成为我国卫生医疗体系的重要存在。

---

[1]　宫晓冬：《中国互联网医疗发展报告（2016）》，社会科学文献出版社，2016。
[2]　参见齐鲁证券《新三板医疗服务专题报告——星星之火可以燎原》，2015 年 7 月 16 日。

（二）高端医疗服务

随着我国社会经济的发展，中高收入人群迅速崛起。麦肯锡的预测显示，到2022年将有54%的家庭迈入上层中产阶级（上层中产阶级年收入16000~34000美元）。[①] 富裕人群健康意识增强，注重医疗服务质量，对服务价格相对不敏感，催生了我国对高端医疗的需求。公立医院主要为保障国民基本医疗需求，而高端医疗需求市场化成为民营医院发展的重要增长点。据预测，未来五年我国每年有3000万~4000万的人群需要高端医疗服务。[②] 未来高端医疗服务主要集中在两大领域。一是高端社区医疗。高端社区医疗服务进驻高端小区，面向高收入人群，是预防保健、基本医疗、健康教育、疾病控制等社区卫生服务的主体。探索建立社区首诊、双向转诊的多级医疗机制，改善医疗资源分布不均现象也是我国医改的重要内容之一。二是治疗型向消费型延伸的高端医疗。由高端医疗向中端和消费领域延伸的医疗服务机构较易通过获得较大的客流量，实现客户群规模的扩大和盈利空间的提升（消费领域的价格敏感度相对于医疗服务较低）。比如妇婴医院向月子中心的拓展，综合医疗机构向体检中心的延伸。

（三）移动医疗

移动医疗正在全世界范围内迅猛发展。世界卫生组织对全球114个国家的调研发现，许多国家已经推出了移动医疗健康服务计划，其中最常见的是建立健康呼叫中心为患者提供咨询服务，其次是短信预约提醒、远程医疗、访问患者病历、跟踪治疗效果、提高医疗健康意识、检测患者状况和为医生提供决策支撑。[③] 在移动医疗方面，发达国家和发展中国家存在明显的差

---

① 参见天星资本《资产证券化大潮中的医疗服务业——从专科医院到综合医院》，2016年7月5日。

② 参见天星资本《资产证券化大潮中的医疗服务业——从专科医院到综合医院》，2016年7月5日。

③ World Health Organization, "mHealth: New Horizons for Health through Mobile Technologies," *Global Observatory for eHealth Series*, volume 2, 2011.

休闲绿皮书

距。当前，我国医疗互联网呈现"医疗信息化—在线医疗—移动医疗"的发展趋势。医疗信息化已基本完成，在线医疗发展较快，且逐步向移动医疗大趋势转变。移动医疗第三方应用程序（App）是移动医疗模式的重要载体和用户窗口。随着4G时代的来临以及云计算设施的完善与技术的成熟，我国移动医疗将会有更广阔的发展空间。

（四）智慧养老

2015年，国家发改委、民政部、财政部、卫计委等十部委联合发布《鼓励民间资本参与养老服务业发展政策意见》，从医养结合、医疗资源对接、明确政府领导以及支付主体、投融资政策与税收优惠四大领域为社区养老与健康管理O2O奠定政策基础。老年人健康管理是整个养老服务当中不可或缺的环节。老年人对于各种服务与健康管理的需求具有三大特点：一是对于健康、养老服务需求持续，具有高度社区黏性（社区是老年人集中居住的场所）；二是对于健康医疗资源的需求层次清晰，需要紧密的浅层次的医疗健康咨询与反馈，同时需要与后端医疗资源进行密切对接；三是渴望快捷及时的支持与帮助，这对互联网信息化提出了强烈需求。由此，社区智慧养老服务平台将是最有发展前景的领域，它可通过对接移动App、健康管理智能硬件等手段有效连接社区内的老龄人与后端基层医疗资源，并与当地后端医疗机构完成有效对接，形成转诊机制。与此同时，未来智慧养老与健康管理对接还需要医疗保险、养老保险、商业健康保险等支付主体充分对接，才能实现跨越式发展。

（五）心理健康服务

在发达国家以心理咨询和心理治疗为代表的心理健康服务在20世纪早期就已出现，至今整个体系已经很完善。美国是世界上心理咨询行业发展最充分的发达国家，并为保障心理咨询行业发展建立了完善的制度架构。在美国，心理治疗还被纳入医保体系，费用可以报销。美国建立如此完善的机构和制度保障，正是源于国民对心理咨询有着普遍的需求。据统计，美国

044

1000 人中就有一个心理咨询师，许多家庭还有自己的私人心理医生；30%的人定期看心理医生，80% 的人会不定期去心理诊所。[①] 当然，对心理健康的关注程度与一个国家或地区经济发展有着直接联系。当前，我国人均GDP 超过 8000 美元，特别是以北上广深为代表的一线城市人均 GDP 超过 1万美元。这标志着我国经济社会发展已经进入了一个新的阶段。人们在关注物质富裕程度的同时，对精神和情感层面的需求将会更多、更高。受益于互联网技术的普及，近两年中国心理咨询行业突飞猛进。据调查，2014 年国内基于互联网的心理咨询移动产品只有 1 家，到 2016 年已达到 64 家；取得国家二、三级心理咨询师资格证人数由 2009 年的 16 万人，增长到 2016 年的 95 万人。[②] 与此同时，自 2001 年以来，国家针对心理咨询方面的政策频频出台。2016 年 8 月，在全国卫生与健康大会上，习近平总书记强调，要加强心理健康知识和心理疾病科普工作，规范发展心理治疗、心理咨询等心理健康服务。未来，随着市场需求扩大和国家政策鼓励，有关心理咨询与情感疏导方面的健康服务将会成为健康产业领域的一个新的亮点与增长点。

四 政策建议

健康服务业具有双重属性。就经济属性而言，它是服务产业的重要内容；就社会事业属性而言，它是社会保障体系的重要组成部分。通过对中国健康服务业驱动因素和重点领域的总结与剖析，笔者认为，新时期我国健康服务业实现跨越式发展要重点在"构建完善的全生命周期健康服务体系、支持民营健康服务机构做大做强和增强政策合力"三个方面实现突破。

---

① Runners 团队：《中国心理咨询行业发展报告摘录》，《社会心理科学》2015 年第 3~4 期。
② 北京大学心理咨询与治疗中心研究报告：《心理健康认知度与心理咨询行业调查报告》，2016。

（一）建立完善的全生命周期健康服务体系

习近平总书记在全国卫生与健康大会上强调，要坚持防治结合、联防联控、群防群控，努力为人民群众提供全生命周期的卫生与健康服务。这是我国第一次把全生命周期健康提升到国家战略高度。全生命周期是指人的生命从生殖细胞的结合开始一直到生命的最后终止，其中包括孕育期、成长期、成熟期、衰老期直至死亡整个过程。全生命周期健康已经上升到国家战略地位，它反映出我国决策者高瞻远瞩，尊重和顺应生命科学和医学的内在规律，体现出顶层设计和策略制定的全局性、整体性和连续性。全方位、全生命周期的健康服务意味着必须将健康的关口前移到未病、预防环节。因此，在深化医改的同时，要统筹、整合各类卫生计生要素资源，深化优质服务、拓展服务功能、扩大服务内涵、提升服务质量，将优质服务融入生命周期每个环节，构建并完善备孕、怀孕、生产、青春、育龄、养老的覆盖居民全生命周期服务体系，较好地满足居民多层次、多样化的健康需求。

（二）支持民营健康服务机构做大做强

2013年以来，国家陆续发布了若干鼓励社会办医的重要文件，社会办医的氛围越来越好。十九大报告中明确提出，在实施健康中国战略中要"支持社会办医、发展健康产业"。这向我们释放了两大信号：一是国家对社会办医的态度由"鼓励"转变为"支持"，说明国家政策要给予非公立医疗机构实实在在的帮助；二是社会办医已经不局限于投资运营医院等医疗机构，而是要涵盖养老、健康管理、康复等全产业链。中国是人口大国，前面分析提到，随着老龄化程度和疾病负担的日益加重以及多样化、差异化、个性化健康需求持续增长，单纯依靠政府投入和公立医院一种模式无法解决健康服务供给与需求的深层次矛盾，必须辅以规范化的市场机制和多元化的资本投入，形成公共和私人健康服务产品共同供给的局面。在一定程度上讲，社会办医的开放程度，决定了健康服务业的规模和水平。因此，支持社会办医、投资健康产业，还要在土地、财税金融、保险、审批、人才等方面，给民营医院创造和公立医院平等的政策环境，积极探索公私合作（PPP）健康模式，充分发挥市场在资源配置中的决定性作用，促进我国健康服务业做大做强。

（三）增强发展健康服务业的政策合力

《"健康中国 2030"规划纲要》提出了"将健康融入所有政策"（Health in All Policies，HiAP）、"政府多部门深度参与"的几个重大理念。"将健康融入所有政策"现已成为国际共识。其基本观点是：引起健康问题的因素与多种社会经济因素有关，仅靠卫生部门无法管控，要求政府各部门（如社会服务、住房、交通、教育、就业、消费者保护与环境）、私人部门和民间团体开展协同合作以解决复杂的卫生问题。健康服务业发展涉及卫生、医保、养老、就业、相关产业等诸多方面，需要政策的互补联动。为此，要建立政府领导下的协调制度，加强政府各部门的联合意识，以调动各部门"将健康融入所有政策"的主动性。建立贯穿政策全过程的健康影响评价体系，以避免政策制定融入健康，而政策执行和政策终结未严格执行初始政策的情况。

参考文献

保罗·皮尔泽：《财富第五波》，中国社会科学出版社，2011。

郭清主编《中国健康服务业发展报告 2013》，人民卫生出版社，2014。

张颖熙、夏杰长：《服务消费结构升级的国际经验及其启示》，《重庆社会科学》2011 年第 11 期。

宫晓冬主编《中国互联网医疗发展报告（2016）》，社会科学文献出版社，2016。

邢伟：《健康服务业发展的实践探索和政策思考》，《宏观经济管理》2014 年第 6 期。

任欢：《中国学者对健康服务业研究概况综述》，《经济研究导刊》2014 年第 36 期。

罗力：《特大型城市发展高端健康服务业的政策分析》，《中国卫生政策研究》2009 年第 11 期。

王禅等：《美国健康产业发展及对我国的启示》，《中国卫生经济》2014 年第 2 期。

Runners 团队：《中国心理咨询行业发展报告摘录》，《社会心理科学》2015 年第3 ~ 4 期。

北京大学心理咨询与治疗中心研究报告：《心理健康认知度与心理咨询行业调查报告》，2016。

中信证券：《健康产业：下一个规模最大的产业》，2014 年 9 月 2 日。

安信国际：《医疗服务，把握行业变革的机遇》，2014 年 12 月 24 日。

东方证券：《互联网医疗：一场移动互联网带来的医疗健康革命》，2014 年 8 月 28 日。

齐鲁证券：《新三板医疗服务专题报告——星星之火可成燎原之势》，2015 年 7 月 16 日。

德勤：《产业投资促进系列报告——2016 年中国医药健康产业投资促进报告》，2017 年 1 月 24 日。

广发证券：《医疗信息化（下）——移动医疗与健康管理》，2015 年 3 月 3 日。

天星资本：《资产证券化大潮中的医疗服务业；从专科医院到综合医院》，2016 年 7 月 5 日。

民生证券：《大健康产业投资蓝宝书》，2016 年 2 月 19 日。

平安证券：《移动医疗在医改中发挥先锋作用》，2014 年 12 月 12 日。

World Health Organization, "mHealth：New Horizons for Health through Mobile Technologies," *Global Observatory for eHealth Series*, volume 2, 2011.

GSMA, "Touching Lives Through Mobile Health Assessment of the Global Market Opportunity", 2012.

G.3
中国文化休闲业发展分析与展望

赵 鑫 贺燕青*

摘 要: 近年来文化休闲产业的发展受到各界的广泛关注。文化休闲
产业发展环境不断优化，居民收入持续增长以及消费结构向
文化休闲转型，公共服务水平持续提升，居民休闲意识普及，
国家财政和社会资本大力支持都为文化休闲产业发展奠定坚
实基础。总体来看，文化休闲宏观产业规模不断壮大，微观
企业释放活力。具体来看，公共文化服务体系建设稳健推进，
传统文化休闲产业平稳发展，新兴文化休闲产业发展势头良
好。在有效监管下，文化休闲产业的蓬勃发展不仅有助于提
升文化自信，还能在落实乡村振兴国家战略中扮演重要角色，
让产业发展的未来更加值得期待。

关键词: 文化休闲业 休闲意识 公共文化服务

一 中国文化休闲业发展环境

（一）居民收入快速增长，消费结构不断优化

全国居民人均可支配收入近年持续增长，而且增速显著快于同期GDP，
实现居民增收与经济增长互促共进，使居民在经济发展中有更多获得感和幸

---

* 赵鑫，中国社会科学院研究生院金融学博士，中国社会科学院旅游研究中心特约研究员，主
要关注国际金融与投资、旅游产业与服务经济；贺燕青，中信建投证券研究所副总裁，旅游
首席分析师，主要关注旅游及相关产业研究。

福感。如图1，截至2017年，人均可支配收入达到25974元，同比增长9.0%。其中，城镇居民可支配收入36396元，同比增长8.3%，农村居民人均可支配收入13432元，同比增长8.6%。在总体收入持续快速增长的同时，城乡经济二元化结构不断改善，收入分配结构呈现向好趋势，城乡居民收入差距逐渐缩小。一方面，如图2所示，自2013年以来，农村居民人均可支配收入增长率连续4年高于城镇居民人均可支配收入增长率；另一方面，城乡居民人均可支配收入比值不断缩小，2017年为2.71∶1，比2013年下降0.1。

当下我国经济已由高速增长阶段转向高质量发展阶段，经济增长的动能发生转变，消费对经济的引领作用日益凸显，2017年最终消费对GDP贡献率为58.8%，继续保持第一驱动力的作用。波士顿咨询（BCG）在《2017年中国消费趋势报告》中指出，中国的消费结构已经从生存型向文化休闲型转变。过往中国消费结构的前三次升级分别是基本生活用品消费、彩电和冰箱消费、汽车和住房。现阶段人民日益增长的美好生活需要和不平衡不充分发展之间的矛盾，促使第四次消费升级势在必行，旅游、教育、娱乐等文化休闲类消费、体验式消费将成为新的经济增长点。

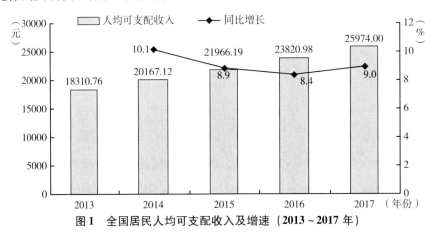

图1　全国居民人均可支配收入及增速（2013～2017年）

注：从2013年起，国家统计局开展了城乡一体化住户收支与生活状况调查，2013年及以后数据源于此项调查。与2013年前的分城镇和农村住户调查的调查范围、调查方法、指标口径有所不同。

资料来源：2011～2017年《中国统计年鉴》和《2017年国民经济和社会发展统计公报》。

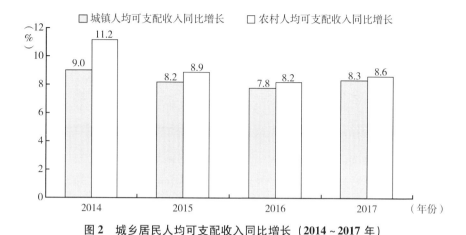

图2 城乡居民人均可支配收入同比增长（2014～2017年）

资料来源：2011～2017年《中国统计年鉴》和《2017年国民经济和社会发展统计公报》。

（二）公共服务水平持续提升

我国基本公共服务均等化建设取得积极成效，均等化状况得到有效改善，涉及社会保险、医疗卫生、文化体育、基础设施建设等方面。随着城镇居民养老保险和新型农村养老保险合并为统一的城乡居民基本养老保险制度，基本实现制度层面全覆盖；公立医院综合改革全面推开，医改综合改革试点取得进展，城镇职工、城镇居民基本医保和新型农村合作医疗三项基本医保参保（合）人数超过13亿，参保率稳定在95%以上①，国民健康水平进一步提高；公共文化服务体系不断完善，文化馆、图书馆、科技馆等公共文化设施向社会免费开放力度加大，优质文化资源进一步向城乡基层倾斜，文化产业快速增长，文化市场繁荣活跃，人民群众文化生活日益丰富、多样；"四通"覆盖面不断扩大，通路、通电、通电话、通有线电视基本实现全覆盖，尤其是旅游大交通的贯穿，景区与景区以及景区内"毛细血管"互联互通，提高了居民旅游休闲的便利度、通达度和舒适度。同时，网络化普及速度加快，截至2017年12月，我国网民规模达7.72亿人，普及率达

---

① 数据来源于《人力资源和社会保障事业发展"十三五"规划纲要》。

到 55.8%，超过全球平均水平（51.7%）4.1 个百分点，超过亚洲平均水平（46.7%）9.1 个百分点。① 进一步而言，互联网及相关平台的优化带来休闲体验的提升不言而喻，对旅游、餐饮、阅读、影视传媒等产生了积极影响。总体来看，基本公共服务均等化状况得到改善，服务能力进一步加强，休闲体验得到提升。

（三）休闲意识逐渐普及

从琴棋书画到茶道酒道，从游历山水到隐士养生，古代的文人雅士不乏对休闲有自己的理解和体验。然而，这也无非是少数人的生活，对于寻常百姓显得过于奢侈。20 世纪 90 年代，国家陆续实施 5 日工作日，春节、五一、十一法定节假日的确立，使人们从工作中解放出来，国民休闲意识从无到有，休闲逐渐成为生活中的一部分。2009 年，休闲被正式纳入行政管理范畴，"引导休闲度假"被正式确定为国家旅游局的职能。其后，国务院 41 号文件、44 号文件、《文化产业振兴规划》以及《全民健身条例》的颁布，不仅为休闲相关产业的发展提供了有效指引，更引起了全社会对旅游休闲、文化休闲、体育休闲的关注。"国民休闲计划"的深入落实，不仅培育了相关消费市场，更加唤醒了国民休闲意识，休闲正由过去长期的边缘化偶态向一般化常态过渡。居民休闲活动越发丰富，涉及养生、文化、社交、教育等方方面面。休闲空间不断延展，从居家休闲向异地旅游休闲拓展，2017 年人均出游次数达到 3.7次，出境旅游市场规模继续增长。休闲时间凸显个性化，拼假、错峰休假增加了居民休闲的灵活性和自主性，也折射出居民对于休闲需求的渴望。

（四）国家、社会资金大力支持

国家财政在文化方面的倾斜和扶持力度不断加大，文化、体育与传媒方面的财政支出逐年递增，2017 年达到 3367 亿元，同比增长 6.4%。自十八

① 中国互联网络信息中心（CNNIC）发布的第 41 次《中国互联网络发展状况统计报告》。全球及亚洲互联网普及率源于 http://www.internetworldstats.com/stats.htm。

大以来，我国对现代公共文化服务体系建设高度重视，《关于加快构建现代公共文化服务体系的意见》《国家基本公共文化服务指导标准》等一系列重要政策文件的出台，为公共文化建设提供了政策指导和有力保障。根据国家统计局公布的数据，十八大以来全国文化事业费增速每年都超过 10.0%，2016 年全国文化事业费为 770.69 亿元，占国家财政总支出的比重达到 0.41%。另外，财政部的数据显示，在 2017 年中央本级支出预算中，中央文化产业发展专项资金增加。

除政府财政加大投入力度外，在市场热点和消费需求等多重因素影响下，文化休闲产业引起多方资本关注，其中民营资本也极其活跃。民营资本中以 BAT 互联网巨头和房地产名企为主：腾讯积极构建基于游戏、动漫、文学等方面的泛娱乐生态；阿里在影视、音乐、科技媒体等领域广泛投资；苏宁成立苏宁环球文化产业集团，并且入股 PPTV、Redrover 等境内外娱乐企业；恒大形成金融、健康为两翼，文化旅游为龙头的发展模式，组建恒大文化产业集团挂牌新三板；万达也将文化产业作为转型重要方向，在海内外积极布局，形成涵盖电影制作、发行、院线，舞台演艺，主题乐园等多个行业的文化产业板块。与此同时，国外资本也通过合资、合作的方式逐步深入我国文化休闲领域。如迪士尼与上海文广、腾讯公司等开展合作，推进动漫研发、电影制片等方面的业务，日本独立唱片公司艾回集团购入橙天娱乐股份，分享中国文化休闲市场的发展成果。

二　中国文化休闲业发展现状

（一）市场主体壮大，企业活力释放

如图 3 所示，在政策引导和市场充分参与的背景之下，我国文化及相关产业总量及占 GDP 比重平稳持续增长，从 2010 年破万亿元到 2016 年增加到 3 万亿元，占比从 2.75% 增加到 4.14%，说明在经济新常态下文化及相关产业在优化经济结构、促进产业升级转型中发挥重要作用，也朝着国民经

济支柱产业的方向迈出新的步伐。国家统计局数据显示，2017 年全国规模以上文化及相关产业企业实现营业收入 9.19 万亿元，同比增长 10.8%，增速提高 3.3 个百分点，继续保持较快增长。从行业划分看，文化及相关产业营业收入均实现增长。其中，文化信息传输服务业营业收入增速最快，高达 34.6%，文化艺术服务业、文化休闲娱乐服务业、文化用品的生产紧随其后，增速均达到两位数，其他文化相关产业营业收入也有不同程度的增长。分区域来看，东部地区规模以上文化及相关产业企业实现营业收入 6.87 万亿元，占全国的 74.7%，其次分别为中部、西部和东北地区。

图 3　文化产业及相关产业增加值及占 GDP 比重（2010~2016 年）

资料来源：2011~2017 年《中国统计年鉴》。

在市场主体日益壮大的背景下，随着文化改革向纵深推进，企业活力被激发。第一，部分文化领域企业对资源整合的要求强烈，力图通过并购实现文化产业的战略再布局，提高市场占有率，保持核心竞争力；第二，其他领域企业试图寻找转型契机，培育新的利润增长点，选择文化产业既符合政策导向，又符合企业的未来长远转型需求；第三，资本的天性是逐利的，当某一领域投资回报显著较高时会吸引大量资本流入，文化领域投资回收期短、回报率高等特点自然吸引大量逐利资本，如表 1 所示，2017 年文化及相关领域企业并购极为活跃；第四，文化体制的改革和简政放权的推进，促进了文化休闲产业调整、资源配置，产业运行更有效率，企业运营更有活力。

表1 2017 年文化及相关领域企业并购情况

时间	并购方	被并购方	所属行业	金额(人民币)	涉及股权
2017 年 1 月 18 日	印纪时代	印纪传媒	广告创意	36.81 亿元	10.5%
2017 年 2 月 25 日	浙报控股	钱江报系	新闻出版	19.96 亿元	21 家公司股权
2017 年 3 月 1 日	天神娱乐	合润德堂	广告创意	7.42 亿元	96.36%
2017 年 3 月 2 日	思美传媒	观达影视	影视制作及发行	9.17 亿元	99.99%
2017 年 3 月 10 日	梦舟股份	梦幻工厂	电影制作及发行	8.75 亿元	70%
2017 年 3 月 24 日	完美世界	嘉行传媒	影视传媒	5.00 亿元	10%
2017 年 4 月 1 日	利欧股份	上海漫酷	动漫娱乐	1.31 亿元	15%
2017 年 4 月 21 日	科达股份	爱创天杰	文化传播	8.09 亿元	85%
2017 年 5 月 26 日	新华发集团	华影文轩	广告传媒	1.15 亿元	85%
2017 年 6 月 1 日	猫眼文化	捷通无限	互联网服务	1.31 亿元	68.55%
2017 年 7 月 26 日	南方传媒	新华发行	出版业	11.88 亿元	45.19%
2017 年 8 月 5 日	祥源控股	万家文化	电影娱乐	16.74 亿元	部分股权
2017 年 8 月 11 日	中文在线	晨之科	互联网服务	14.73 亿元	80%
2017 年 8 月 31 日	融创中国	乐视影业	影视制作及发行	10.5 亿元	15%
2017 年 9 月 1 日	光线传媒	猫眼文化	电影娱乐	9.99 亿元	11.11%
2017 年 11 月 2 日	云麦投资	联创互联	广告传媒	5.61 亿元	5%
2017 年 11 月 4 日	文广集团	国际广告	广告传媒	3.88 亿元	100%
2017 年 11 月 9 日	当代东方	河北当代	电影娱乐	2.94 亿元	49%
2017 年 12 月 9 日	长城影视	淄博长城	电影娱乐	1.58 亿元	83.34%

资料来源：Wind。

（二）公共文化服务稳健推进

公共文化服务体系建设法律制度框架初步建立。《公共文化服务保障法》《公共图书馆法》相继实施，这两部法律是文化领域极具指导性的法律基石，不仅明确了各级政府在公共文化服务中的主导地位，而且为构建现代公共文化服务体系提供了法制保障。此外，制定《文化志愿服务管理办法》《文化馆管理办法》《各级公共图书馆业务规范》《各级文化馆业务规范》《关于推进县级文化馆、图书馆总分馆制建设的指导意见》一系列规范和管理办法，不断提升公共文化服务能力和水平。

公共文化服务标准化、均等化在各级政府和文化部门推动下得到进一步落实，使公共文化服务建设迈入新阶段。如表2所示，截至2016年底，全国拥有博物馆4109个，总参观人次达到8.5亿，居民对博物馆等公共文化休闲设施和场所的利用率不断提高；公共图书馆资源进一步丰富，共计3153个，服务能力进一步提高，图书流通人次达到6.6亿，群众文化活动真正服务于民，服务机构44497个，全年组织群众文艺活动106.5万次。随着文化部牵头颁布的《关于推进县级文化馆图书馆总分馆制建设的指导意见》的落实，总体格局上，基本形成了覆盖城乡的国家、省、市、县、乡、村（社区）六级公共文化服务网络，尤其在县级以下，安排建设乡镇文化站，对公共文化服务体系的建设形成有力支撑。各地在落实推广的过程中也形成了不同的经验和模式，如浙江嘉兴、江苏张家港等地图书馆、文化馆，采用总分馆体系建设，以此积极输送优质公共文化服务资源到乡村。上海利用云计算等技术，形成公共文化服务大数据，打造"文化上海云"。重庆市通过全市集中配置公共文化服务资源、活动、产品，构建了"公共文化物联网"，实现全市资源的共享和优化配置。北京、大连、惠州、合肥等地发行"文化惠民卡"。青岛、焦作、成都等城市创新"订单式"服务，以文化超市的形式满足群众的多元化、个性化的文化休闲需求。

表2 博物馆、公共图书馆、群众文化服务机构发展及活动情况

年份	2010	2011	2012	2013	2014	2015	2016
博物馆机构数（个）	2435	2650	3069	3473	3658	3852	4109
博物馆参观人次（万人次）	40679.3	47050.7	56401.1	63776.0	71773.8	78111.7	85061.0
公共图书馆机构数（个）	2884	2952	3076	3112	3117	3139	3153
公共图书馆图书流通人次（万人次）	32823	38151	43437	49232	53036	58892	66037
群众文化服务业机构数（个）	43382	43675	43876	44260	44423	44291	44497
群众文化机构组织文艺活动（次）	576799	620586	688482	740611	1472004	959900	1065287

资料来源：2011～2017年《中国统计年鉴》。

与此同时，针对"老少边穷"地区基本文化需求不能得到有效满足、文化供需失衡等问题，国家通过专项政策和专项行动实行定向补给。文化部等部门先后组织"流动文化车配备项目""百县万村综合性文化服务中心示范工程"等项目，推动建立村级综合性文化服务中心和配备相关设置，使贫困地区的公共文化服务体系实现了从无到有、从有到优的转变。

（三）传统文化休闲业平稳发展

全国各级文化艺术机构坚持把社会效益放在首位，面向基层，面向群众开展创作演出展览，给人民群众提供了丰富多彩的艺术盛宴。截至2016年底，全国总计艺术表演团12301个，演出场次230.6万，服务国内观众11.81亿人次（见表3）。总体来看，艺术演出市场稳定发展，重大艺术活动发挥了巨大示范作用，文化部主办的第十一届中国艺术节、"2016年国家艺术院团演出季"，开展的"名家传戏——当代戏曲名家收徒传艺"工程等取得不错的反响。积极开拓农村市场，走进农村生活，让广大基层群众共享艺术发展的成果，赴农村演出151.60万场，增长9.0%。

表3 我国艺术表演团情况

年份	2010	2011	2012	2013	2014	2015	2016
机构数（个）	6864	7055	7321	8180	8769	10787	12301
从业人数（人）	220653	226599	242047	260865	262887	301878	332920
收入（万元）	342696	526745	641480	735532	757028	939310	1308591
演出场次（万场次）	137.15	154.72	135.02	165.11	173.91	210.78	230.6
国内演出观众人次（千人次）	884558	745851	828051	900643	910197	957990	1181377

资料来源：2011～2017年《中国统计年鉴》。

经历过2015年的狂欢和2016年的失意，中国电影市场一方面不断消化泡沫，另一方面在消费升级和市场下沉中不断挖掘需求。综合看来，以 BAT 为代表的互联网公司、基金信托跨界投资电影行业带来优质资源的整合，而《电影产业促进法》正式实施进一步为电影发展保驾护航。此外，在一线城市票房趋于饱和的情况下，三、四线城市消费潜力不断释放，促使 2017 年电影市场有亮眼表现。2017 年，全年上映新片300 部，过亿元的影片有 92 部，其中，国产电影 51 部，国产与进口之争仍在继续。如图 4 所示，我国全年票房达到 559 亿元，同比增长13.45%，观影人次达到 16.2 亿，同比增长 18%。口碑成为票房的保证，《战狼 2》以 56.8 亿元票房创影史新高，《摔跤吧，爸爸》《寻梦环游记》备受好评。

2017 年，综艺市场竞争激烈，综艺节目数量井喷。综观全年综艺，电视收视率、网络播放量排名靠前的仍然以音乐类、喜剧类、真人秀以及文艺类节目为主，这些节目中不乏亮眼之作，《中国诗词大会》《最强大脑》《朗读者》等一大批文化类、公益类创新节目火爆荧屏……

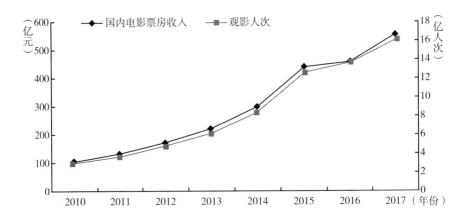

图 4　国内电影票房收入及观影人次（2010～2017 年）

资料来源：Wind。

中国目前正处于传统出版与数字化出版相互结合、相互交叉和相互促进的转型期，互联网、电子屏阅读习惯正在部分替代纸质阅读习惯。因此，出版市场的发展走势各不相同，呈现"一增两降"，图书出版稳定增长，期刊和报纸出版出现不同程度的下降。2016 年，我国图书出版 499884 种，印刷 90.37 亿册；期刊达 10084 种，印刷 26.97 亿册；报纸达 1894 种，印刷 390.07 亿册（见表 4）。根据北京开卷信息技术有限公司和京东图书文娱发布的《2016 年中国图书零售市场报告》，图书出版延续了 2015 年的增长态势，少儿类图书销售成为市场增长的最主要推动力，贡献了图书市场增长的一半力量，同比增长 28.84%，首次超过社科类图书。

表 4 中国出版市场发展情况

年份	图书		期刊		报纸	
	种数（种）	总印数（亿册）	种数（种）	总印数（亿册）	种数（种）	总印数（亿册）
2010	328387	71.71	9884	32.15	1939	452.14
2011	369523	77.00	9849	32.90	1928	467.40
2012	414005	79.20	9867	33.50	1918	482.30
2013	444427	83.10	9877	32.70	1915	482.40
2014	448431	81.80	9966	30.90	1912	463.90
2015	475768	86.60	10014	28.80	1906	430.10
2016	499884	90.37	10084	26.97	1894	390.07

资料来源：2011～2017 年《中国统计年鉴》。

（四）新兴文化休闲产业发展势头良好

互联网是见证奇迹的地方，也是孕育、孵化新兴文化休闲产业的摇篮。同样，"互联网＋"也在引领文化、休闲、娱乐等文化服务消费。2017 年，全国网民规模达 7.72 亿，同比增长 5.6%，规模上基本趋于稳定。手机网民规模达 7.53 亿，网民手机上网比例攀升至 97.5%，网民手机上网比例继续攀升。[①] 随着互联网的普及，"互联网＋休闲"已经渗透到居民休闲的方方面面，例如，及时掌握新闻资讯，听一首舒缓的音乐，来一场刺激的竞技游戏，开启一次说走就走的旅行，大众的消费习惯正在被网络改变和重塑。

① 中国互联网络信息中心（CNNIC）发布的第 41 次《中国互联网络发展状况统计报告》。

网络直播、网上订餐、移动电竞、VR/AR + 文化、内容付费等吸引了足够的眼球，也成为资本追逐的风口。

根据中国互联网络信息中心发布的报告，如表 5 所示，中国网民在 2017 年网络应用的各个方面较 2016 年都有不同程度的增长。网络游戏方面，PC 端营收增长已接近停滞状态，移动游戏成为营收支柱，而且行业马太效应也逐渐明显；网络文学受益于版权环境的改善和知识产权保护意识的增强，步入良性发展通道，商业模式开始由一次性售卖转向对内容的长线、深度挖掘，并吸引越来越多的跨界资本合作；网络视频行业整体朝着健康、有序的方向发展，以网络视频为核心的生态圈辐射游戏、社交、商城等多种服务，为消费者提供一站式的体验和服务，带动整个数字娱乐市场上下游产业的繁荣；网络音乐中 PC 端用户加速向移动端转移，得益于用户付费意愿的提升与整个行业版权意识的形成，网络音乐营收进入高速增长期，市场内形成腾讯、阿里巴巴、百度和网易云音乐四分天下的格局；网络直播服务在资本力量的推动下持续发展，其中，游戏直播的用户使用率增幅最高，同时对游戏和真人秀类直播中的乱象整顿监管力度不断加大。

表 5   中国网民对网络应用的使用率

应用	2016 年		2017 年		
	用户规模（万）	网民使用率（%）	用户规模（万）	网民使用率（%）	年增长率（%）
网络新闻	61390	84.0	64689	83.8	5.4
网络音乐	50313	68.8	54809	71.0	8.9
网络视频	54455	74.5	57892	75.0	6.3
网络游戏	41704	57.0	44161	57.2	5.9
即时通信	66628	91.1	72023	93.3	8.1
网络购物	46670	63.8	53332	69.1	12.9
网络文学	33319	45.6	37774	48.9	12.3
网上支付	47450	64.9	53110	68.8	11.9
旅行预订	29922	40.9	37578	48.7	25.6

续表

	2016 年		2017 年		
应用	用户规模（万）	网民使用率（%）	用户规模（万）	网民使用率（%）	年增长率（%）
网上外卖	20856	28.5	34338	44.5	64.6
网络直播	34431	47.1	42209	54.7	22.6
网约出租	22463	30.7	28651	37.1	27.5
地图查询	46166	63.1	49247	63.8	6.7

资料来源：中国互联网络信息中心（CNNIC）第 41 次《中国互联网络发展状况统计报告》。

三　新时代下，中国文化休闲业发展展望

（一）弘扬中华文化，提升对外影响力

中国近代文化休闲产业发展至今，从形式到内涵，不仅有国际化的趋势，还回归到本土文化休闲深度挖掘，这也是文化自信的表现。传统文化、历史文化、民族文化在文艺活动和文艺节目中的展示和弘扬，养生文化、茶文化、陶瓷文化在国民日常娱乐休闲中备受追捧都是生动例证。党的十九大提出"文化自信，推动社会主义文化繁荣兴盛"，在人民群众的文化需求更加丰富、文化获得感显著提升的同时，进一步加强中外文化交流，兼收并蓄，向世界展示中国文化，塑造真实、立体、全面的中国，提高国家文化对外影响力。

随着"一带一路"国家倡议的推进和改革开放的深化，文化交流应坚持政府统筹、官民并举、社会参与、市场运作的原则，努力构建全方位、宽领域、多层次、高效率的格局。首先，积极配合"一带一路"倡议，依托国际剧院、博物馆、艺术节联盟等平台将传统中华文化休闲整合到文化交流合作中；其次，借助品牌活动，如举办"文化年""欢乐春节"文化活动，讲好中国故事，形成品牌效应，打造一批具有世界影响力的项目；再次，加快海外文化中心布局，推进建成政府与民间多层次的交流平台。

（二）以文化休闲助推乡村振兴战略

《中共中央国务院关于实施乡村振兴战略的意见》明确提出"健全乡村公共文化服务体系""公共文化资源要重点向乡村倾斜""引导社会各界人士投身乡村文化建设"等。推动文化休闲满足广大农民对美好生活的需求，以更优质的公共文化服务开启新时代新农村的新篇章。

文化蕴含一个国家的历史底蕴，休闲承载着一个民族的文化血脉。文化休闲的发展关系到乡村文化繁荣兴盛，关系到全面建成小康社会的战略落实。长期以来，城乡二元结构的发展差距不仅体现在经济发展上，更体现在公共文化服务上，把发展休闲文化产业与振兴乡村相结合，是解决城乡二元结构的重要抓手，因此，通过丰富边远地区、沿边地区、贫困地区农村的文化生活，保障农村居民的休闲权利，对于协调城乡之间"不平衡不充分发展"意义非凡。

推动文化休闲是农村建成小康社会的必然选择。将文化休闲产业与农业现代化相结合，促进产业融合，实现传统农业向创意农业、现代化农业转型，建设农业、文化、休闲"三位一体"的特色小镇。通过挖掘乡村生态旅游、休闲度假庄园、田园综合体，把田园生活方式、地域特色、民俗文化、历史记忆等融为一体。完善基础设施和公共服务，实现农村现代化，拓宽农民收入渠道，增加农民获得感和幸福感。

（三）积极应对新形势，提高监管执法水平

文化休闲及相关产业的快速发展，给市场监管带来极大的挑战。为此，国家相关部门相继颁布了法律法规和管理办法，如《关于进一步深化文化市场综合执法改革的意见》《文化部关于推动文化娱乐行业转型升级的意见》等，意在规范市场健康、有序发展，推动相关产业转型升级，实现业态丰富、内容健康、服务规范的目标。在新形势下，首先，加强制度设计，构建文化市场信用体系，通过黑名单、警示名单和红名单制度，以及守信激励、失信惩戒机制，提升自我监管水平；其次，做到重点领域重点监管，网

络游戏、网络直播、网络动漫等乱象丛生，应建立长效监管机制，实行常态化、高效化、精准化监管；再次，积极发挥相关行业组织的作用，厘清文化行政机关与行业协会的职能边界，使行业协会在行业自律和管理方面发挥更加重要的作用；最后，应进一步完善文化市场监管体制，建立执法协作机制，将全国文化市场管理工作联席会议制度落到实处，充分发挥"统筹、协调、指导"作用，推动各地区、各部门共同履行执法责任，建立跨部门跨区域执法协作联动机制，推动跨部门、跨行业综合执法，建设现代文化市场体系。

参考文献

中华人民共和国国家统计局：2011～2017年《中国统计年鉴》，中国统计出版社。

中华人民共和国国家统计局：《2017年国民经济和社会发展统计公报》。

中华人民共和国文化部：《中华人民共和国文化部2016年文化发展统计公报》。

宋瑞：《2016～2017年中国休闲发展报告》，社会科学文献出版社，2017。

G.4

中国城市居民体育休闲的
发展现状与趋势

齐 飞*

摘　要：　在需求与供给的双重推动下，体育休闲日渐发展成城市居民
的重要生活方式，日常健身、体育旅游、户外休闲等活动广
泛开展。不足的是，消费增速放缓、基本消费比重较高、体
育休闲观念狭隘、场地建设不足等因素依然约束着城市居民
体育休闲的发展与转型升级。未来应以体育产业供给侧结构
性改革为契机与方向，以利好制度安排、设施利用效率、企
业创新能力等作为切入点，提振并释放城市居民的体育休闲
需求。

关键词：　城市居民　体育休闲　供给侧改革

一　引言

随着大众休闲时代下休闲城市建设的不断推进，中国城市居民的休闲方
式日益多元化，而随着人们对健康关注程度的不断提高，体育开始走进城市
居民的日常生活，并逐渐发展成一种积极、健康的休闲方式，体育休闲应运
而生。作为体育走向大众化和休闲功能多元化的重要产业形态，体育休闲是

---

* 齐飞，北京体育大学体育休闲与旅游学院讲师，研究重点是休闲体育、体育旅游。

体育与休闲相融合的产物。事实上，中国也已出台了多项政策，为两者的融合发展及体育休闲消费群体的培育创造了利好条件。《全民健身条例》及各阶段全民健身计划的颁布不仅为中国群众体育的发展提供了指导性思路，还为大众体育休闲的实现提供了基础性保障。2016 年，国务院发布了《关于加快发展健身休闲产业的指导意见》，旨在部署推动健身休闲产业的全面健康可持续发展，同年，国家体育总局等 9 部门联合发布了关于水上运动、山地户外运动和航空运动的发展规划，旨在带动体育休闲相关产业及产业链的发展。在中国大力倡导积极健康休闲的背景下，加快推进城市居民体育休闲的发展不仅是深入贯彻习总书记"健康中国"战略的具体体现，也是推进五大幸福产业联动发展、促进人民生活水平提升的有力举措，对引导人们培育文明健康的休闲方式、促进社会和谐发展、全面建成小康社会具有积极的推动作用与现实意义。

二 中国体育产业与体育休闲业态发展的宏观态势

20 世纪 80 年代后期，中国体育界对西方语言中"以休闲为目的的体育活动"对应翻译和使用时，出现了"余暇体育""闲暇体育""运动休闲""休闲体育""体育休闲"等多种称谓并存的现象。① 在"体育休闲"的界定中，诸多学者围绕各个称谓的语义展开辨析，总体来看，体育休闲是指借助体育手段实现休闲目的的活动形式，其概念的主体和逻辑起点均为休闲，休闲是体育的目的，体育是实现休闲的手段。从活动类型看，体育休闲的活动分类又与体育活动有着密不可分的关系。众所周知，体育是一种多面性的活动，体育活动范畴的不断扩大也就意味着体育产业边界的不断延伸。体育产业不仅包括容易界定和观察的体育活动（如现场观看观赏性运动的活

---

① 陈玉忠：《论休闲体育与体育休闲》，《上海体育学院学报》2010 年第 1 期。

动），而且包括其他活动类型①，而活动形式的多样性直接表明了体育休闲业态的丰富性。简而言之，在不同的标准下，可以产生不同的体育休闲活动划分类别，如自然环境、活动目的、活动的规则性与竞争性、活动的身体表现形式（肢体或心智）等。

为了对体育休闲业态发展的宏观态势有更好的认识，本文依据的是国家统计局对中国体育产业的分类（见图1）。实际上，体育产业的多个部门与城市居民的体育休闲活动有密切的联系，如"体育健身休闲活动"、"体育场馆服务"中的体育场馆及其他各类型的体育场地服务、"体育中介服务"中的体育赛事票务服务、"其他与体育相关服务"中的体育旅游等。从体育产业发展整体看，2016年中国体育产业增加值为6475亿元，同比增长17.85%，占GDP的比重达0.9%。体育产业规模的不断扩大为体育休闲业态的利好发展提供了良好的宏观环境，同年，体育健身休闲活动的总产值和增加值分别为276.9亿元和172.9亿元，分别较上年增长24.9%和25.2%。②体育休闲相关产业的不断发展得益于多元业态的快速成长，不断推动着各地区体育休闲业态的成长。例如，多地积极响应政策号召，在城市社区建设15分钟健身圈；深圳观澜湖高尔夫度假中心以高尔夫运动为核心，将自身打造成集"运动＋休闲度假＋商务会议"于一体的顶级运动度假综合体；内蒙古依靠地区资源优势，开发了草原定向越野、草原赛马、草原斗鸡、草地排球、沙漠越野等体育休闲活动；京津冀在体育产业协同发展中，将着力打造草原、山地、湿地水库、滨海、冰雪、航空六条特色休闲产业带。整体来看，在当前发展环境大幅改善的现实背景下，中国体育产业规模不断扩大，体育休闲业态更加丰富多元。

---

① 布拉德·R.汉弗莱斯、简·E.鲁赛斯基：《美国体育产业的规模》，载布拉德·汉弗莱斯、丹尼斯·霍华德主编《体育经济学（第一卷）》，邓亚萍等译，格致出版社，2012，第8页。

② 《2016年国家体育产业总规模与增加值数据公告》。

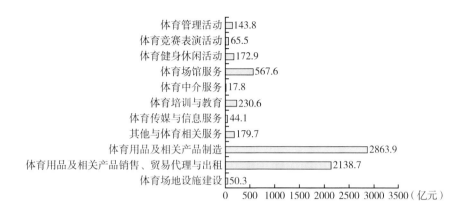

图 1   2016 年中国体育产业分类别增加值

资料来源：《2016 年国家体育产业总规模与增加值数据公告》。

三   城市居民体育休闲发展现状：
基于供求视角的分析

（一）城镇居民收入不断提高，高体验性参与式消费需求增加

收入既决定着居民消费的数量，也决定着消费的结构。改革开放以来，尤其是随着劳动要素资源的市场化配置，中国居民可支配收入在不断提升。2017 年，全国城镇居民人均可支配收入达 36396 元，扣除价格因素，实际增长 6.5%[①]；与此同时，中国城镇居民的恩格尔系数已经从 1994 年的 50%下降到 2017 年的 28.6%[②]，进入联合国划分的 20% ~30% 的富足区间内。收入的大幅上升和恩格尔系数的下降意味着中国城镇居民的消费需求已经出现实质性的结构变化，而结合马斯洛需求层次理论，这一需求即是由生存型需求向发展型需求演进，体验性休闲需求将逐渐成为消费篮子里的重要构成

---

① 《中华人民共和国 2017 年国民经济和社会发展统计公报》。
② 《中国统计年鉴（1995）》《中华人民共和国 2017 年国民经济和社会发展统计公报》。

部分。体育休闲作为具有强身健体、疏解压力功能的高体验性参与式休闲活动，正是迎合了当前城市居民更加注重休闲、更加关注健康的生活品位要求，城市居民的体育休闲消费需求得以不断释放。按照收入弹性系数的测算方法，本报告以城镇居民"人均教育、文化和娱乐支出"作为体育休闲消费的替代变量来测算城镇居民的体育休闲消费收入弹性系数，结果显示，1994～2016年，中国城镇居民体育休闲消费收入弹性系数均值为1.83%，意味着过去23年，中国城镇居民家庭可支配收入每增加1%，对应的体育休闲消费支出则增加1.83%。从图2来看，2010年以来（除2014年），中国体育休闲支出同比增速均高于城镇居民人均可支配收入同比增速，这也从侧面显示出中国城镇居民体育休闲消费的热情日渐高涨。

图2 1994～2016年中国城镇居民家庭恩格尔系数、人均可支配收入与消费结构变动情况

资料来源：1995～2017年《中国统计年鉴》。

（二）城市日常健身休闲活动蓬勃发展，体育旅游、户外休闲需求大量激发

随着人们对健康生活方式的越发重视，一系列日常健身休闲活动已覆盖

到城市居民的日常生活，如健走、跑步、骑行、游泳、跳舞及羽毛球、乒乓球、网球等各项球类运动。截至 2014 年底，全国经常参加体育锻炼的人数比例达到 33.9%。[①] 除锻炼人数的激增外，日常健身休闲活动的蓬勃发展还体现在以下三个方面。一是健身活动日渐成为新兴大众社交媒体的重要交流话题，如微信、微博的晒步数、晒路线、好友点赞等，情景与信息的一体化通过提升用户的互动感提高了大众的参与热情。二是健身软件、智能可穿戴式设备及体育休闲用品市场的火热，如近些年，咕咚、Keep、健身猫等单一或复合功能的健身软件在中国迅速兴起，而截至 2017 年 8 月，Keep 健身软件已实现注册用户数突破 1 亿人[②]；从运动手环来看，据前瞻产业研究院数据统计，2015 年中国国内智能手环市场规模达到 45 亿元，2016 年市场规模更是提升到 56 亿元；根据国家统计局发布的 2017 年经济运行数据，在消费升级类商品中，体育娱乐用品零售额较上年增长了 15.6%，增长率大于通信器材和化妆品[③]。三是从近年来的健身活动形式来看，城市居民参与的健身休闲活动更为丰富多样，既有三五成群的"广场舞"，又有成百上千的自行车骑行大军；既有围绕城市公园绿地、空置场所、街心公园、住宅社区以及办公区周边的"十分钟""半小时"健身圈，又有环绕城市环路、跨街区、长达数十公里的马拉松项目。整体来看，围绕着健身休闲，不同群体的人们正在以不同的活动形式积极参与其中，并使其成为个人积极改善生活品质的重要组成部分。

相比于日常健身休闲活动的灵活性，越来越多的城市居民也在不断尝试体育休闲中更凸显参与性与挑战性的活动类型，而这直接激发了体育旅游及户外休闲等多层面需求的快速增长。从体育旅游来看，主动参与式体育旅游人数大量增加，赛事观赏型体育旅游市场持续火爆，怀旧型体育旅游（如

---

① 《体育发展"十三五"规划》。

② 搜狐体育：《注册用户数突破亿 keep 如何把用户转化成价值?》，http://sports.sohu.com/20170815/n506789157.shtml，最后访问日期：2018 年 3 月 30 日。

③ 《国新办举行 2017 年国民经济运行情况发布会》，http://www.scio.gov.cn/xwfbh/xwbfbh/wqfbh/37601/37783/index.htm? from = groupmessage&isappinstalled = 0，最后访问日期：2018 年 3 月 30 日。

参观鸟巢）方兴未艾。携程发布的《体育旅游报告》显示，2016 年上半年通过携程旅游预订体育旅游线路的人数环比增长 400%。根据原国家旅游局测算，中国体育旅游产业目前正以 30%~40% 的年均速度增长。与此同时，随着城市生活节奏的加快，越来越多的人对后现代生活方式的需求不断增强，而户外运动以其使人们远离城市喧嚣生活、尽享大自然独特魅力及产生强烈归属感等优势而得到了越来越多人的青睐，在此背景下，滑雪、马拉松、自行车、滑翔、漂流、山地户外等项目兴起。如据相关数据统计，2017 年，中国滑雪参与者高达 1750 万人次[①]；中国各类规模马拉松赛事场次达 1102 场，共计 498 万人次参与[②]。徒步项目以 40.75% 的占比成为最受欢迎户外运动项目之首。[③] 据京东大数据平台分析，运动爱好者也已将注意力从传统体育转向以徒步旅行、骑自行车、露营、攀岩以及皮划艇等为主的户外体育上，新生代户外运动消费热潮兴起；2016 年上半年，垂钓用品、骑行运动消费额增速均超过 75%。[④]

（三）城市积极加强体育休闲发展规划与引导，多渠道加快服务设施与产品供给

城市加快推进体育休闲发展规划与引导是现实的必然要求，一方面从市场需求来看，随着健康休闲逐渐成为中国居民的生活方式，满足居民不断增长的体育休闲需求就成为政府的职责所在；另一方面则是中国体育事业改革发展趋势的逻辑必然。自十八大以来，中国明确提出要大力发展群众体育，增强全民健康素质，围绕群众体育发展的政策意见陆续出台，自然也推动着

① 伍斌、魏庆华：《2017 年度中国滑雪产业白皮书》，http：//www. 8264. com/viewnews - 128844 - page - 1. html，最后访问日期：2018 年 3 月 20 日。
② 厦门果动体育科技有限公司、中国田径协会：《2017 中国马拉松大数据分析报告》，http：// sports. ifeng. com/a/20180125/55462768_ 0. shtml，最后访问日期：2018 年 3 月 20 日。
③ 8264 平台：《2015~2016 年中国户外旅行用户行为分析报告》，http：//www. 8264. com/viewnews - 115496 - page - 1. html，最后访问日期：2018 年 3 月 30 日。
④ 21 世纪经济研究院、京东：《2016 中国体育消费生态报告》，http：//www. useit. com. cn/ thread - 13121 - 1 - 1. html，最后访问日期：2018 年 3 月 20 日。

各级政府积极发展本地区的体育事业和体育产业。与此同时，在大力推进经济增长方式转型的大背景下，体育休闲产业关联性强、就业效应明显、增加值可期的发展前景也在很大程度上激励着不同市场主体积极加强在相关领域的投资布局，使整个社会形成了不断以居民体育休闲消费需求满足为导向的供给侧革命。

从各地实践来看，不同地区基于各地不同的体育休闲发展实际和居民需求，选择了不同的供给思路。上海崇明区以 2018 年世界铁人三项赛和摇滚马拉松两项国际赛事花落崇明区为契机，提出要大力发展户外体育，为市民提供丰富多样的体育产品，不断满足新时代人民群众体育健身新需要。根据《崇明世界级生态岛发展"十三五"规划》，"十三五"期间，崇明区要在"提升现代服务业功能品质"方面优化整合体育产业资源布局，大力发展自行车、路跑、足球、水上运动、房车露营等户外健身休闲项目，打造国内外知名的崇明户外运动休闲品牌。不同于上海崇明区更加注重户外体育休闲发展的思路，河北省石家庄市则更注重满足居民日常健身需求。2017 年，石家庄市出台《关于加快发展健康休闲产业的实施意见》，围绕着普及日常健身理念的中心议题，提出要科学规划健身休闲项目的空间布局，重点建设一批便民利民的社区健身休闲设施，形成城市 10 分钟健身圈，并推广适合公众广泛参与的健身休闲项目。与此同时，不同于规划新建体育休闲设施的供给思路，近年来，随着体育休闲活动增多，体育休闲设施的免费开放也成为许多城市便利居民体育休闲的重要举措。以深圳罗湖区为例，在土地稀缺、公益性公共体育场地缺乏的情况下，为了利用有限资源，解决区内运动休闲场地不足问题，罗湖区政府提出了投资建设以非营利为目的的公益性项目——罗湖体育休闲公园，并以基本免费的形式向广大市民开放。

体育休闲设施的供给增加，必然带来投资规模的大幅提升，从休闲健身活动的固定资产投资完成额情况来看，2012 年投资规模为 332.8 亿元，到 2016 年规模则达到 701.3 亿元，增长 2.11 倍，年均增速超过20%。从投资构成来看，其中设备采购规模也在大幅提升，2012 年投资

完成额为 24.8 亿元，到 2016 年达到 79 亿元，增长 3.2 倍，年均增速达到33.6%。① 由此看来，十八大以来在健康中国和全民健身重要发展战略指引下，中国体育休闲设施供给能力明显大幅提升。从投资业态的分布来看，作为体育休闲的重要活动内容，体育旅游也成为健身休闲的重点发展领域，其占旅游业投资结构比重由 2015 年的 4.4% 提升到 2016 年的 4.5%。②

四 城市居民体育休闲消费的影响因素

（一）中国城镇居民消费增速明显放缓，基本消费支出仍占较高比重

根据对国家统计局相关数据的计算，从消费支出情况来看，2011～2016 年，农村居民消费支出增速高于同期 GDP 增速，年均增速保持在9.8%；城镇居民消费支出年均增速保持在 6.2%，增速相比农村居民明显放缓。从历史视角看，除特定年份之外，中国的城镇居民消费增速均快于农村居民，但金融危机以来在国家大力提升农村居民收入和刺激农村居民消费等扩大内需政策的积极支持下，农村居民消费增速明显快于城镇居民，两者之间增速分化的趋势也逐步显现（见图 3）。2011 年城镇居民消费增速比农村居民消费增速小 4.71 个百分点，除 2012 年增速差额在 2 个百分点以下之外，此后一直到 2017 年，增速差额均保持在 2.5 个百分点以上。从 2016 年城镇居民消费结构来看，涵盖衣食住的基本消费支持比重仍较高，其他服务性产品消费比重依然较低，其中教育文化娱乐、医疗保健支出占居民消费支出的比重分别为 7.85% 和 4.85%，两者加总占居民消费支出的比重仍不足 15%。为了反映当前中国城镇居民体育休闲消费的实际情况，本文结合周边国家或地区休闲与文化消费情况来进行分析。由于各国均没有针对体育休闲消费的统

---

① 万得（Wind）数据库。
② 《2016 年全国旅游业投资报告》。

计分项数据，本文只能用近似的统计指标来替代，其中韩国、泰国和中国台湾地区均用"休闲与文化消费支出"来表示，而中国大陆仍以前述的"教育、文化与娱乐服务支出"替代，从占居民消费支出的比重来看，中国大陆城镇居民的这一支出比重低于韩国和中国台湾地区所有居民的水平，而且从趋势上看，中国城镇居民体育休闲消费占比具有明显的波动性（见表1）。

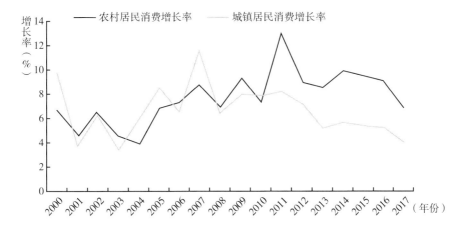

图3　2000～2017年城镇居民和农村居民消费支出增长情况

资料来源：2001～2017年《中国统计年鉴》《中华人民共和国2017年国民经济和社会发展统计公报》。

表1　中国城镇居民与周边国家或地区居民休闲与文化消费支出比重情况

单位：%

年份	中国（城镇居民）	韩国（居民）	泰国（居民）	中国台湾（居民）
2012	8.28	8.76	4.03	8.72
2013	8.51	8.82	4.35	8.82
2014	7.29	9.07	4.14	9.12
2015	7.49	9.17	4.41	9.31
2016	7.84	9.22	5.23	—
2017	—	9.24	5.70	—

资料来源：Wind数据。

（二）体育休闲观念仍较狭隘，场地不足等因素依然约束体育休闲消费转型升级

就中国整体来看，中国居民体育观念依然相对滞后，人们更多地将上网、看电视、逛街购物、社交聚会视为日常休闲的方式，这使城市居民体育休闲体现出以下特征。一是体育休闲活动多为偶发性的活动，造成活动频率较低。根据《全民健身计划（2011～2015年)》的效果评估数据，截至2014年底，全国经常参加体育锻炼的人数比例达到33.9%，全国16岁以上（不含在校学生）经常参加体育锻炼的城市居民为19.8%。[①] 此外，结合体育休闲消费的动机来看，大量运动参与者只是把体育休闲作为减肥塑形的一种途径，具有明显的季节性和不可持续性，自然也就影响了体育休闲生活方式的培育和消费的持久性。二是体育休闲观念的受众范围依然较为集中，使体育休闲消费人群具有明显的集中分布特点。尼尔森研究发现，体育人群相对来说具有高学历、高收入、高职位的特点，其家庭月收入达到10699元，比非体育人群高出36%；67%持有本科以上学历；接近三成是企业管理层人员。该研究还进一步指出了体育休闲观念与消费发生的直接关系，具体而言就是参与体育休闲运动的人中80%以上也是体育赛事观众，其中足球（63%)、篮球（61%）和游泳（61%）是观看比例最高的体育赛事，另有超过半数受访消费者表示过去一年内观看过羽毛球比赛（53%)。[②]

与此同时，客观因素的制约也使体育休闲需求难以充分释放。一是运动场地的制约。这主要体现在三方面，首先，相比于中国城市人口的快速增长，城市用地紧张的形势明显加剧，与此同时，在土地财政的扭曲激励下大

---

① 《全民健身计划（2011～2015年)》实施效果评估组：《中国〈全民健身计划（2011～2015年)〉实施效果评估报告》，载刘国永、杨桦主编《中国群众体育发展报告（2015)》，2015，第3页。

② 尼尔森：《2015年中国体育人群调查研究报告》，http：//www.199it.com/archives/415989.html，最后访问日期：2018年3月20日。

量的土地被用于商业用途，造成便于市民体育休闲的资源极为有限，加之过往对体育休闲消费认识不到位，许多城市面临着体育休闲设施供应不足的非均衡局面。其次，中国已有体育场地的利用率较低。《第六次全国体育场地普查数据公报》显示，截至 2013 年底，中国每万人拥有体育场地 12.45 个，人均体育场地面积 1.46 平方米，整体来看，数字是可观的，但从系统分布来看，教育系统占 38.98%，其中中小学占 34.51%①，而当前中小学的体育场地还未能实现广泛而有效地向社会大众开放。最后，适用于大众的体育场地类型有限。根据体育场地分类，全国共有 82 种主要场地类型，然而，很多场地由于存在一定的技术门槛或具有较高的身体素质要求而难以适用于大众群体，过于单一化的场地选择也制约了人们的体育休闲选择。二是闲暇时间的制约。随着收入的提升，闲暇时间的宽裕程度直接决定着体育休闲消费的实现。一方面，部分人群在工作日期间难以享受到充分的闲暇时间；另一方面，在公共节假日，人们更倾向于选择一些带有观光度假性质的旅游活动。闲暇时间的结构性差异和集中休假的特点使中国城市居民体育休闲消费具有明显的不平衡和不充分性。

五 推动城市居民体育休闲发展的对策

适应和引领经济新常态是当前中国经济发展的大逻辑，从经济发展水平和国民收入情况来看，中国城市居民的体育休闲消费已经进入一个新的阶段，群众对全民健身、大众体育，以及包括体育竞赛观赏等活动在内的需求极度高涨。体育休闲是借助体育手段实现休闲目的的活动形式，然而，当前中国体育在传统管理体制下发展不充分、企业创新能力动力不足、赛事经营举办缺乏经验等问题也在凸显，因此加快体育产业供给侧结构性改革、提振并释放体育休闲需求是体育产业结构转型升级的必然趋势。

---

① 《第六次全国体育场地普查数据公报》。

（一）落实促进体育休闲消费的制度性安排，形成有利于体育休闲消费的环境

政府主管部门或更高层面的政府机构要依据《全民健身计划（2016～2020年)》《"健康中国2030"规划纲要》等文件，引领全民族提高身体素质和健康水平。切实按照《关于加快发展体育产业促进体育消费的若干意见》《体育产业发展"十三五"规划》等文件要求，充分发挥市场在资源配置中的决定性作用和更好发挥政府作用，加快形成有效竞争的市场格局。在政府职能转变方面，加快推动群众性和商业性体育领域的管制放开，目前来看，具有开放可行性的领域是：取消商业性和群众性体育赛事活动审批，加快体育赛事管理制度改革，通过市场机制积极引入社会资本承办赛事，并通过有效的宣传推介提高大众参与的积极性；政府部门积极为各类赛事活动举办提供支持，营造城市体育休闲的文化氛围；推行政社分开、政企分开、管办分离，通过鼓励社会力量共同参与来为体育休闲活动的开展提供有利环境。与此同时，针对当前中国城市居民体育休闲消费面临的需求侧问题，要加强与相关部门的协同，比如，针对当前中国城市居民消费增速下滑的态势，相关主管部门要认真研究原因，并就通过促进体育休闲消费来实现城镇居民消费增速回升的可行性进行充分论证。

（二）加快推进体育休闲市场供给多元化，促进已有体育休闲资源的对外开放

政府在增加体育休闲市场供给时，应以健身休闲活动为主体，推进运动项目多元化。如大力支持发展社区周边的健身休闲设施建设，鼓励大众参与冰雪、水上、攀岩等新兴项目和武术、龙舟等民族传统项目，鼓励各单位积极举办各类群众性体育赛事。与此同时，作为体育产业发展的重要载体，运动场地的建设、开放度与利用效率在很大程度上决定着体育产业发展的深度和广度。从当前来看，一是要积极拓展体育休闲设施增量，积极开拓公共空间，通过利用闲置地块、改造废旧厂房或商业设施等方式，缓解运动场地不

足。二是亟须对存量设施进行优化配置。鼓励机关事业单位、学校场馆在特定时间内对外开放，加强与社区的融合，提高利用效率。与此同时，也要加快放开不利于城市居民体育休闲活动实现的管制的步伐，如突破体育场馆的公有运行机制，引入社会资本共同建设，促进场馆功能多元化和经营方式灵活化；鼓励社会力量建设多样化的健身设施，并以政府购买公共服务的方式给予支持。

（三）体育休闲企业要不断提升创新能力，不断优化产品和服务的供给结构

从当前中国城市居民体育休闲消费的整体来看，需求侧除受到消费观念、时间等主观客观因素约束外，企业层面的供给侧对需求侧的抑制同样不容忽视。客观而言，中国体育企业原创赛事创新性不足的现实使产业链的拓展受到很大限制。而在体育用品市场规模扩大的同时，中国体育用品相比于国外同类行业而言，也仍处于价值链的低端环节。因此，不仅要鼓励体育休闲服务类企业加快 IP 建设，打造知名度，提高竞争力，并与大众体育休闲形成良好互动，还要致力于加快体育用品企业的转型升级和创新能力建设。一方面，在体育用品创意、设计和新产品的研发上寻求突破，加强品牌建设，形成品牌效应与高端消费、个性消费的竞争力；另一方面，探索以服务创新为引导的多元化发展路径，即"从用品走向服务"，紧跟体验参与消费需求动向与趋向，加强对消费群体个性化、体验性产品服务需求的供给能力建设。

参考文献

陈玉忠：《论休闲体育与体育休闲》，《上海体育学院学报》2010 年第 1 期。

布拉德·R. 汉弗莱斯、简·E. 鲁赛斯基：《美国体育产业的规模》，载布拉德·汉弗莱斯、丹尼斯·霍华德主编《体育经济学（第一卷）》，邓亚萍等译，格致出版社，2012。

搜狐体育：《注册用户数突破亿 keep 如何把用户转化成价值?》，http：//

sports. sohu. com/20170815/n506789157. shtml，最后访问日期：2018 年 3 月 30 日。

《国新办举行 2017 年国民经济运行情况发布会》，http：//www. scio. gov. cn/xwfbh/xwbfbh/wqfbh/37601/37783/index. htm？from = groupmessage&isappinstalled = 0，最后访问日期：2018 年 3 月 30 日。

伍斌、魏庆华：《2017 年度中国滑雪产业白皮书》，http：//www. 8264. com/viewnews -128844 - page - 1. html，最后访问日期：2018 年 3 月 20 日。

厦门果动体育科技有限公司、中国田径协会：《2017 中国马拉松大数据分析报告》，http：//sports. ifeng. com/a/20180125/55462768_ 0. shtml，最后访问日期：2018 年 3 月 20日。

8264 平台：《2015 ~ 2016 年中国户外旅行用户行为分析报告》，http：//www. 8264. com/viewnews - 115496 - page - 1. html，最后访问日期：2018 年 3 月 30 日。

21 世纪经济研究院、京东：《2016 中国体育消费生态报告》，http：//www. useit. com. cn/thread - 13121 - 1 - 1. html，最后访问日期：2018 年 3 月 20 日。

《全民健身计划（2011 ~ 2015 年）》实施效果评估组：《中国〈全民健身计划（2011 ~ 2015 年）〉实施效果评估报告》，载刘国永、杨桦主编《中国群众体育发展报告（2015）》，2015。

尼尔森：《2015 年中国体育人群调查研究报告》，http：//www. 199it. com/archives/415989. html，最后访问日期：2018 年 3 月 20 日。

G.5
中国户外运动发展现状与展望

李洪波　姜　山　高立慧*

摘　要： 随着人们对户外运动的认识越来越科学、参与度越来越高，我国的户外运动蓬勃发展，总体来看呈现户外运动项目多样化、个性化，参与人员全民化，运动装备细分化，协会、俱乐部以及网络平台不断涌现等特点。同时发展中也存在中国户外用品品牌实力不强、户外运动用品行业生产标准不统一、户外运动者对危险认识不够等问题，需要在未来的发展中进一步解决。

关键词： 户外运动　国家政策　科技因素

2018年3月5日，李克强总理在政府工作报告中指出，"刚刚过去的2017年，国内生产总值增长6.9%，居民收入增长7.3%"[1]。在经济飞速发展、居民收入不断提高的时代，越来越多的人开始关注养生、保健等，对生活质量与健康越来越重视。这进一步带动了户外运动的迅速发展。早期的户外运动其实是一种生存手段，采药、狩猎、战争等活动无一不是人类为了生存或发展而被迫进行的活动。如今的户外运动是人们体育休闲的手段，是一种更加自由、随意的运动方式。

---

* 李洪波，华侨大学旅游学院人文地理与城乡规划系主任，教授，硕士生导师，主要从事生态旅游、旅游休闲、休闲空间研究；姜山，华侨大学旅游学院人文地理学2016级硕士研究生；高立慧，华侨大学旅游学院旅游管理学2017级硕士研究生。

[1] 中华人民共和国中央人民政府网，http://www.gov.cn/premier/2018 - 03/22/content_5276608.htm。

一 我国户外运动发展环境

"户外运动"早已成为热门词，然而一直都没有关于户外运动的明确定义。李洪波等人在《中国户外运动的发展与展望》一文中梳理前人的学术角度和讨论后认为，户外运动应界定为：以休闲为目的，以乡野空间（环境）和荒野空间（环境）为主要活动场所，以非竞技性的运动形式和运动内容而进行的活动。[①] 随着户外运动的普及，一部分人不再满足于大众化的户外运动形式，作为户外运动项目之一的极限运动发展迅速。

（一）国家政策利好

健康是促进人的全面发展的必然要求，是国家富强和人民幸福的重要标志。没有全民健康，就没有全面小康。党和国家在发展经济的同时更加注重对国民健康问题的考虑（见表1），党的十八届五中全会从协调推进"四个全面"战略布局出发，提出"推进健康中国建设"的宏伟目标，这也从国家层面促进了户外运动的发展。

表1　2016年度国家体育产业政策

时间	文件	内容及意义
2016	《中国足球中长期发展规划（2016~2050年）》	①构建制度体系；②培养人才队伍；③建设场地设施；④丰富赛事活动；⑤壮大足球产业；⑥培育足球文化；⑦促进足球开放
2016	《关于进一步扩大旅游文化健康养老教育培训等领域消费的意见》	①培育壮大市场主体；②丰富供给内容；③拓展消费方式和渠道

[①] 李洪波、张尊：《中国户外运动的发展与展望》，载《2010年中国休闲发展报告》，社会科学文献出版社，2010。

续表

时间	文件	内容及意义
2016	《关于加快发展健身休闲产业的指导意见》	①完善健身休闲服务体系,推动"互联网＋健身休闲";②培育健身休闲市场主体;③优化健身休闲产业结构和布局;④加强健身休闲设施建设;⑤提升健身休闲器材装备研发制造能力;⑥改善健身休闲消费环境
2016	《冰雪运动发展规划(2016～2025年)》	①大力普及冰雪运动;②提高冰雪运动竞技水平;③促进冰雪产业发展;④加大场地设施供给;⑤深化体制机制改革
2016	《山地户外运动产业发展规划》	①加快场地设施建设;②丰富赛事活动供给;③培育多元市场主体;④全面提升产业能级
2016	《航空运动产业发展规划》	①加强航空运动基础设施建设;②完善航空运动赛事体系;③培育多元化航空运动市场主体;④提升航空运动产业发展水平;⑤积极引导航空运动消费
2016	《水上运动产业发展规划》	①加强运动设施建设;②丰富赛事活动供给;③培育多元主体;④加强人才队伍建设;⑤提升产业能级;⑥引导水上运动消费
2016	《"健康中国2030"规划纲要》	对发展群众体育活动、倡导全民健身新时尚、推进健康中国建设做出了明确部署

资料来源:苏体通,http://www.suzhousports.com/associations/130/association_news/260。

(二)科技进步释放劳动力、提供技术支持

经济的迅猛发展,科技的不断进步,就业职位的替代的这些影响会在较长时期内起作用,其过程是技术的进步及其推广,促使劳动力与劳动工具的重新组合,资本与劳动比率提高,人们有了更多的闲暇时间。正所谓仓廪实而知礼节,人们在解决温饱问题之后,对健康的关注逐渐成为衡量生活质量的重要指标。同时科技的进步更是为户外运动人群提供了更加大众化的场地、设施、器械、装备等,使更多的人有机会,也乐于参与到户外运动之中。如微孔结构的膨体聚四氟乙烯防水透气膜的防水防尘透气安全等级达到IP65K～IP68K,具有憎水、憎油、促使湿气

和蒸汽散发、极强的化学惰性、不脱落、抗紫外线、耐极端温度等特征，被广泛地应用在户外装备用品之中。

（三）户外运动受众广泛

中国户外用品联盟（COA）2016年度的调查报告显示，户外运动已经成为人们强身健体的重要形式，2016年，国内户外用品市场零售总额已达232.8亿元并呈逐年增长趋势。户外运动的参与者中，16~45岁人群占比超过85%，一、二线城市占比超过93%，大专及以上学历占比超过94%，是社会主流消费群体。[①] 同时，户外运动的参与者中，主力军是26~45岁的人群，占比高达64.3%（16岁以下1.8%、16~25岁23.2%、26~35岁41.1%、36~45岁22.7%、46~55岁9.8%、55岁以上1.4%）。同时极限项目也开始受到越来越多的人追捧。调查显示，极限项目的参加者多是高收入、高学历人群。

二 我国户外运动发展现状与特征

（一）户外运动项目多样化、个性化

在物质生活条件极其匮乏的古代，户外运动是作为一种求生的手段出现的。随着经济的不断发展，人们逐渐在固定的或室内或室外的场所工作、谋生，户外运动逐渐演化为人们放松身心的方式。户外运动的项目类型更是从最早的散步、慢跑等简单的运动项目发展为现如今的水、陆、空空间运动项目，以及征服自然、融入生态的极限运动项目。大体上包括以下类型（见表2）。

---

① 搜狐体育：《中国户外运动产业分析报告》，http：//www.sohu.com/a/152180381_99929775。

表2　户外运动项目类型（包含极限运动项目类型）

项目类型	名称
水面运动及航海活动	潜泳、水下定向、水下摄影、游泳、跳水、水球、漂流、冲浪、滑水、风帆、舢板、帆船、游艇、摩托艇、水上摩托、漂流等
陆地运动及单车活动	跑酷、散步、行军、跑步、暴走、定向越野、猎狐、公路车长途、山地车越野、小轮车机动、山地速降等
山地运动及地下活动	徒步登山、山地穿越、攀爬登山、攀登雪山、滑雪、滑梯、滑草、岩降、溪降(车降、滑降)、攀岩、攀石、器械攀登、探洞等
野营活动及猎捕饮食	野营露宿、打猎野炊、模拟野战、拓展训练、荒岛生存、钓鱼(塘钓、海钓、钓虾)、捕鱼捉蟹、捉蟮逮鼠、摄影写生、地质考察、采集矿石、调查民俗、考察古迹、采访奇闻等
机动车船及航空运动	山地越野、公路竞赛、长途旅游、赛车、越野、探险、旅游、度假、滑雪、滑冰、滑水、旱冰、滑板、蹦极、岩跳、跳伞、滑翔伞、动力伞、热气球、滑翔机、超轻型飞机等
娱乐休闲及军体运动	老鹰捉小鸡、丢手绢、跳格子、斗鸡、群马混战、打弹子、跳皮筋、刷陀螺、耍空竹、放风筝、皮球、篮球、排球、足球、羽毛球、网球、沙袋、骑马(骆驼、牛、驴)、爬犁、自行车、独轮车、气枪、打猎、射箭、镖弩、彩弹野战等

从表2中可以看出，户外运动项目是多种多样的，活动范围更是包括水、陆、空等多个空间域。同时，作为比较特殊的极限运动项目，大多是根据参与者的个人体质、体能、控制能力、定向能力等多个影响因素结合评估而量身定制的，如极限轮滑、跑酷、定向越野等。结合高精尖的科技手段、特制场地以及专门器械等完成的运动项目，具有突破自我的刺激性，极具个性化。然而，目前这些词在无形之中已经主观化了运动项目的难易程度，笔者认为是不科学的。以跑步为例，如果仅仅是放松身心的慢跑短距离，则属于非竞技类、危险系数以及难易系数较低的运动项目，而如果是马拉松则应另当别论。全程马拉松长26英里385码，折合为42.195公里，对人的身体素质和心理素质也都有一定的严格要求，可属于极限运动。

（二）参与人员全民化

户外运动项目的多样化同时满足了很多参与者的个性化需求。随着年龄的增长，生理、心理的不断成熟，加之生活阅历的不断积累、更新，在户外运动项目的选择上，不同年龄段的人呈现不同的特点。青少年活泼开朗，可以快速地学习并接受很多新事物，青壮年体力充沛，拥有一定的知识以及成熟的心理承受能力，对一些运动强度大的、消耗体力的以及刺激性的户外运动项目有偏好；中老年人相对稳重，更乐于尝试一些登山、徒步之类的运动项目。从图1中可以看出，目前我国的户外运动参与人员呈现全民化的特点。

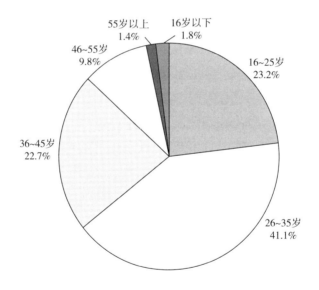

图1 户外运动不同年龄段占比

资料来源：2017 年中国户外运动产业分析报告。

（三）运动装备细分化

2009 年，国内市场共有户外品牌 473 个，较 2008 年的 415 个增长了13.98%，其中，国内品牌为 187 个，增长了 23.84%，国外品牌为 286 个，增长了 8.33%。2016 年，户外品牌总数达 872 个，其中，国内品牌 430 个，国外品牌 442 个。随着生活方式和消费理念的不断转变，消费者对户外运动的认识不断提升，户外用品逐渐从"专业化市场"变成"大众需求市场"。运动装备逐渐呈现品牌分化、差距加大、差异化、多类型、多模式等特点。如运动服饰，从原来的通用款向如今的女款与通用款转变，这是适应市场需求的表现之一。同时，随着户外运动项目的分类越来越多，活动范围的不断扩大，难度的不断增加，运动装备企业适应市场个性化需求，锁定目标受众，逐渐推出了大量的装备用品。以户外运动装备中的个人装备用品为例，可以大致分为以下几类：（1）背包类；（2）野营类；（3）照明类；（4）炊具类；（5）水具类；（6）通信类；（7）其他。在此七大类中，每一类又从不同的功能属性出发下分多种产品。以野营类（帐篷、地垫等）为例，可以分为以下几类：（1）不同性能的睡袋，以及睡袋内胆等；（2）抵抗不同风级的不同结构的帐篷以及帐篷地席等；（3）充气式或简易防潮垫等；（4）用来取暖、坐以及用作摄影反光板等的铝膜地席等；（5）适合于各种驾车出行的车顶帐篷等。

（四）协会、俱乐部以及网络平台不断涌现

根据 360 地图 2018 年 3 月 27 日的统计数据与坐标呈现，目前全国共有 122 个户外运动类协会，其中 114 个户外运动协会，8 个极限运动协会。然而，全国的户外运动类俱乐部已高达 1792 个，其中户外运动俱乐部 1635 个，极限运动俱乐部 157 个。以户外运动俱乐部为例，目前我国的户外运动俱乐部主要集中在经济较发达的省份及沿海地区。

经过几十年的发展探索，目前我国的户外运动俱乐部运营模式有以下几种类型。（1）"捆绑式"运营模式。此类模式是目前最为常见的户外俱乐部的经营模式。主要是户外运动俱乐部与户外用品店相结合的形式。（2）"单一式"运营模式。主要有两种类型：一种是以销售式经营为主；另一种是以培训式经营为主，一般不销售和经营户外用品。（3）"自发式"运营模式。由户外运动爱好者自发组成，不以营利为目的，而单纯以户外运动爱好

为基础建立并组织而成。(4)"会员式"运营模式。主要通过组织和提供服务从而组建俱乐部吸收和发展会员参加,培养俱乐部忠诚的顾客和会员,以此获得经济效益。

依靠网络平台发展起来的虚拟俱乐部以及户外论坛,随着网络的普及不断发展壮大,为户外运动爱好者提供了方便快捷的会员申请注册平台以及更多切实可靠的信息,同时网络平台具有大范围的全天候的组织、召集、交流甚至户外运动装备售卖系统。线上俱乐部将是我国户外运动俱乐部发展的一大趋势。

三 中国户外运动行业发展存在的问题

(一)中国户外用品品牌实力不强

亚马逊中国数据显示,户外运动产品销量超九成来自国际品牌,户外消费向专业化进阶。2017年,年出货量超过1亿元的品牌数量从2016年的22个下降到20个,品牌数量比上年下降,国内品牌数量降幅高于国际品牌,其中,国内品牌从2016年的519个下降到2017年的482个,国际品牌减少13个,降到443个。[①] 国际品牌与国内品牌市场占有率基本持平,2017年国际品牌增速更快,市场份额占比提高。国内企业更专注于单一产品的研发,而国际品牌的研发已经延伸到观念和生活方式的改变。但是在消费升级时代,户外运动用品行业面临着产业转型、消费升级的重大机遇,我国户外运动用品品牌实力不强,品牌定位明显无法为具有较高消费水平的群体提供高端的户外运动用品。

(二)中国户外运动用品行业生产标准不统一

在国际上,户外装备有统一标准,且规定得很细,一根绳子能反复使用

---

① 中国纺织品商业协会户外用品分会(COCA):《中国户外用品2017年度市场调查报告》。

多少次，负重 80 公斤时冲坠系数是多少，帐篷的耐磨程度、抗撕裂程度等都有明确规定。但是国内目前并没有统一的户外用品标准，只能粗略地借鉴其他行业或部门的标准作为参考。各企业间大多数是处于"各自为战、单打独斗"的阶段，参照的标准也各不相同，有的是普通纺织标准，有的是企业自定标准，有的则以国际标准为标杆，这造成了户外市场上产品质量参差不齐，价格紊乱。目前，我国从网店到实体店，户外运动服装以及相关产品不仅在价格上猫腻重重，而且有的产品根本不具备户外运动产品应有的功能，消费者的权益屡屡受到侵害。中国户外运动协会副主席周惠表示，当前户外行业中的户外服装问题已经大量出现在各级消费者协会的投诉榜单上，由于行业竞争的残酷，难免出现不良商家，有问题的户外产品到了消费者手中使人们初次感受户外的热情受到损害，对整体户外行业认识更产生了不良的影响。标准的不统一，也给行业带来了激烈的竞争。一些企业自定标准，名目繁多，刻意抬高价格，还有一些商家为了减少成本，在面料和加工工艺上偷工减料，种种原因使价格竞争日趋激烈，户外行业进入"战国时代"在所难免。长此以往，标准缺失所带来的行业竞争，不仅会使坚持标准的企业损失客户，也让整个行业进入恶性竞争的死循环。

（三）户外运动本身具有危险性，部分户外运动者对其认识不够

回顾 2017 年，户外运动依然热火朝天，越来越多的人加入户外运动中，但与此同时，也有更多户外运动死亡事故发生。据《2017 户外运动死亡报告》不完全统计，2017 年的户外运动事故中死亡 70 人，其中 69% 为男性，31% 为女性，与户外运动参与人数呈正相关。[①] 在组织形式上，无责任主体的自发类形式占了 47%，事故率最高，AA 制、商业分别占 32% 和 19%；在地区分布上，户外运动事故集中在多山地区，其中参加国外户外运动的事故最多；在运动方式上，多数死亡发生在徒步运动上，门槛较低的运动反而更容易出现事故。回顾 2017 年的户外事故，乌里·斯特克的坠亡在户外界

---

① 户外资料网，http://www.8264.com/wenzhang/5467777.html。

引起了不小的轰动，也让更多人再次正视户外安全的重要性。无论你是技术高超的顶级玩家，还是初涉户外的菜鸟小白，在大自然面前，始终都要心存敬畏。在五一假期，鳌太线 3 名驴友遇难，这只是鳌太历年事故的一个缩影。《中国鳌太穿越事故调查报告》显示，2012～2017 年夏季，不足五年，累计已失踪、死亡的驴友多达 46 人。除此之外，发生的户外运动事故还有小情侣喜马拉雅探险，被困 44 天后女方去世；27 岁浙江女孩攀登惠特尼山，独自下撤时失足坠落；山友黄家新在拉萨启孜峰攀登时失踪遇难；等等。户外运动死亡事故的发生主要有以下四大因素：①滑坠、高坠、迷路；②山洪、潜水事故；③基础户外知识关注不足；④对危险认识不够。说走就走的旅行最危险，户外运动目的地越热门越要多加注意，出行要选择可靠的团队，因为自发组织活动和网络约伴中的事故发生概率远远高于有责任主体的活动，多起重大事故发生在独自出行中。

（四）户外运动迅速发展，公共管理亟须完善

户外运动迅速发展，公共管理亟须完善。目前我国户外运动相关管理条例与办法有《登山户外运动俱乐部及相关从业机构技术等级标准》、《登山户外运动俱乐部及相关从业机构资质认证标准》、《国家登山健身步道标准》（NTS 国家标准 0708）、《高山向导管理暂行规定》、《外国人来华登山管理办法》、《国内登山管理办法》、《户外运动员注册与交流管理办法（试行）》、《全国攀岩运动员注册与交流管理办法（试行）》、《攀岩攀冰运动管理办法》等，但是这些标准与管理办法范围有限，而户外运动的活动项目和方式远远超越此范围，大众性与民间性的户外运动管理条例与办法有待完善。2016 年 8 月 23 日，新疆维吾尔自治区人民政府办公厅印发《新疆维吾尔自治区自助性户外运动安全管理暂行办法》（新政办发〔2016〕127 号）。这部地方性行政法规，是我国户外运动立法进行的新的有益的探索。目前，国内司法机关在户外运动事故纠纷上主要采用《民法通则》、《合同法》、《侵权行为法》、《消费者权益保护法》、最高人民法院《关于审理人身损害赔偿案件适用法律若干问题的解释》等多种法律，这样就会造成法律责任

竞合现象的出现，不同法官在运用法律上难免有所差异，进而导致对同类案件审理结果的不同，从而难以实现法律适用的统一，历经两年尘埃落定的"中国驴友第一案"，二审一举颠覆了一审的判决结果就是例证。同样，户外运动法律制度的缺失也会造成许多"地下"户外运动组织游走在法律的灰色地带，钻法律的空子，规避法律的监管，这种现象的长期存在其实不利于户外运动的健康发展。

四　中国户外运动行业发展展望

随着民众运动健身意识的不断提高，运动休闲消费理念的提升，以及参与运动休闲人数的稳步增长，户外运动用品消费额的比重将进一步加大。根据《中国户外产业发展报告》的调查结果，我们认为，2018 年和 2019 年中国户外市场的增速将重返两位数，2020 年增速有望超过 20%。未来中国户外运动用品行业将会呈现以下几大趋势。

（一）户外运动行业进入成长期，行业规模将持续性扩大

户外用品行业经过 20 多年的发展，按照行业生命周期理论（Industry Life Cycle），已经迅速从幼稚期进入成长期，并有慢慢向成熟期转变的趋势。《中国户外用品 2017 年度市场调查报告》显示，2017 年，中国户外用品零售总额达到 244.6 亿元，增速为 3.22%，出货总额 137.9 亿元，增速为 2.61%[①]，自 2011 年创下 59.2%、50.9% 的增速高峰后，连续 6 年下降，再次创下 2002 年以来最低增速。虽然中国户外产业增速在放缓，但民众购买户外用品的单价、消费水平比例都在爬升，未来几年，中国户外产业的高速增势可望持续。由此可看出，中国户外用品行业这一时期的市场增长率较高，需求高速增长，但其增速逐年下降，趋于平稳，技术渐趋定型，行业特点、行业竞争状况及用户特点已比较明朗，企业进入壁垒逐渐提高，已慢慢

---

① 中国纺织品商业协会户外用品分会（COCA）：《中国户外用品 2017 年度市场调查报告》。

向成熟期转变。

尽管现阶段户外运动用品行业整体增速放缓，但是由于全民健身意识提升，参与到运动休闲行业的群体规模仍然朝着大规模的方向发展。国家体育局发布的统计数据显示，2016～2020年体育产业的增加值空间为2.6万亿元，年复合增速达到28.7%。中国近20年也举办了不同规模的户外用品展览会，其中以一年一届在南京举办的亚洲户外用品展览会最为出名，自2006年创办起至2017年已举办11届，并且参展品牌从2006年的174个增长至2010年的359个，2017年的617个；规模不断扩大，2017年亚洲户外用品展览会的展会面积达到4.8万平方米，观众数量达19373名。亚洲户外用品展已经成为中国最具专业性和规模性的户外用品展览会，也成为世界三大用品展之一。除此之外，其他具有代表性的户外用品展览会有上海国际户外用品及时尚运动展览会（2007年首办）、广州国际户外用品展（2004年首办）、北京国际户外用品展（2007年首办）等。由此可见，中国在户外用品行业已占有一席之地，并持续稳定发展。

（二）户外运动用品向品牌化发展，市场集中度将提高

中国户外用品市场集中度进一步提升，一些知名品牌开始规模化运作。《中国户外用品2017年度市场调查报告》显示，2017年，户外用品的年出货量超过1亿元的品牌数量从2016年的22个下降到20个，不过过亿品牌的市场占比从2016年的76.9%增长至82.5%，连续5年增长，出货占比达到近5年新高。[①] 大品牌户外用品店逐渐扩大规模，占领市场，与其他小规模实体店逐渐拉开距离。但是，我国户外用品行业与国际品牌也还存在较大差距，2017年国际品牌在中国市场的增速更快，市场集中度进一步加剧，1亿元规模以上品牌数量略微下降，但市场份额占比提高。预计未来几年，中国户外用品市场集中度将会越来越高，户外用品市场和人群越发细分化，个性化服务需求加强。

---

① 中国纺织品商业协会户外用品分会（COCA）：《中国户外用品2017年度市场调查报告》。

户外运动大众化趋势带动了消费群体的不断扩大，同时加速了户外运动用品的需求变化，从而形成了具有差异性的需求市场。因此，未来户外运动用品市场必然朝着精细化、专业化的方向发展，各大户外运动用品品牌也将紧跟市场趋势，深入挖掘细分市场，推出细分市场领域的个性化特色产品。在儿童户外运动用品消费群体方面，通过成人户外运动品牌推动儿童用品线的发展壮大，形成产业规模，专注于儿童运动休闲细分市场的品牌逐步增多；在女性市场方面，根据国家体育总局的统计，预计 2025 年运动人口达到 5 亿，女性人口占 40%，女性户外运动用品市场也是市场细分下的重要领域。同时在一些细分市场上，包括户外、极限运动，中国的本土品牌都在做一系列的尝试。

（三）科技与互联网与户外运动行业将进一步融合

随着科学技术的不断发展和主流消费群体运动消费需求层次的不断提高，人们对户外运动用品的性能要求也越来越高。"户外运动＋科技"是户外运动产品开发的未来趋势，年轻一代寻求刺激、新鲜感，户外用品行业更应该与科技相结合，开发更具智能化的户外运动产品，借助科技的力量，不断加强消费者的体验。Garmin（佳明）的 fenix5 心率监测 GPS 户外功能运动导航手表就受到广大户外运动者的青睐，它兼具多种功能，包括电子地图导航、往返路线规划、三星定位系统、先进的 Elevate 光学心率技术、日常活动检测、训练指导、ABC 技术（高度计、气压计、罗盘），内置游泳、骑行、滑雪、高尔夫、划船、桨板冲浪等多种户外运动模式，而支持音乐播放、通话和数据分享等功能更是给这款产品赋予了更多的实用性。诸如此类的智能可穿戴、新材料科技户外运动用品定将成为时代的宠儿。

在移动互联网时代，"大数据""云计算"已经逐渐成为任何产业的发展都离不开的晴雨表。通过实时监测、跟踪研究对象在互联网上产生的海量行为数据，进行挖掘分析，可以找到消费群体的检索、购买等规律，有针对性地对产品进行调整，快速及时地掌握市场动态并迅速做出应对。通过互联网数据的分析，可为户外运动用品行业制定更加精准有效的营销策略提供决

策支持，同时帮助企业为消费者提供更加及时和个性化的服务。传统单一的实体店经营模式已经渐渐地不适应人们消费模式的转变。在新的时代背景下，传统的户外运动用品的营销渠道的重点将放在线上交易上。线上推广销售不仅比传统线下门店及时，而且更能顺应电子商务平台较快的发展趋势，并且推广成本低，运营灵活，具有良好互动性的优势。线上销售，线下体验，线上慢慢地开始成为重要的消费终端。未来的户外运动用品的营销将线上线下共同推进。此外，除了助力用品开发，在用品的营销宣传方面，还要及时跟进消费者的体验和使用情况。随着用户需求的提升，功能性更强、科技元素更多的户外用品将会在市场上有自己的一席之地。

（四）国家扶持力度加大，管理制度日趋完善

随着中国体育产业的飞速发展，水上户外运动、户外航空运动、山地户外运动等户外运动产业也得到了长足进步。2016 年 10 月，关于发展户外健身休闲产业的《水上运动产业发展规划》《航空运动产业发展规划》《山地户外运动产业发展规划》相继出台，这是户外运动发展的新契机。户外运动的三大主导产业目前都存在问题，我国水上运动产业起步较晚，依然存在水域开放程度不高、水上运动基础设施薄弱等问题；航空运动的发展在过去形态较为单一，赛事、表演等都不能产生经济带动效应；另外，我国山地户外市场规模与欧美等发达国家相比差距巨大，还有很大的发展空间。"水、陆、空三规划"的相继出台，让我们看到，第一，我国拥有开展水上运动的丰富资源，并已具备较为扎实的水上运动产业发展基础，产业管理将不断规范，产业形态逐渐完备；第二，由《航空运动产业发展规划》引导的航空运动将与旅游、教育、健康、文化多方面融合发展，激活产业市场潜能，该规划提出，未来仅飞行员及运营人员培训的市场直接需求就超过 500 亿元，由此将衍生出庞大的航材及飞行设备消费需求以及基础建设需求；第三，《山地户外运动产业发展规划》聚焦山地户外健身休闲产业领域，通过大力培育市场主体，强化创新驱动，推动山地户外运动产业供给侧结构性改革，达到产业总规模 4000 亿元的发展目标。除了"水、陆、空三规划"的

出台，2017 年 12 月，国家体育总局等相关部门联合印发了《击剑运动产业发展规划》《自行车运动产业发展规划》《马拉松运动产业发展规划》等产业规划。户外运动将迎来迅猛发展的历史新契机。

　　国内对户外运动的公共管理有待完善，户外运动的相关国家级管理办法与条例仅涵盖登山户外运动及专业运动员，没有一套完整的国家户外运动管理办法。近两年，相继出台了一些与户外运动相关的发展规划，如《山地户外运动产业发展规划》《自行车运动产业发展规划》等，这些相关规划的目标与要求，将大大激活产业市场潜能。2017 年 12 月 29 日，国家体育总局对十二届全国人大五次会议第 1760 号建议的答复中提到，给予贵州省黔西南布依族苗族自治州建立全国山地体育旅游示范州大力支持，包括支持黔西南布依族苗族自治州建设富有山地特色的体育旅游示范基地；加大对体育旅游基础设施和公共服务设施的支持力度；继续支持"国际山地旅游暨户外运动大会"等国家级、国际性的体育旅游高端峰会以及目前举办的万峰林国际徒步大会、贞丰三岔河国际露营大会、普安国际山地自行车赛、安龙国际攀岩赛等国际国内体育赛事；继续加大资金和项目支持力度。从出台的相关发展规划以及对体育旅游的大力支持，不难发现未来户外运动的发展趋势：①户外运动将以水上运动、山地户外运动、航空运动、击剑运动、自行车运动、马拉松运动为主；②国家将给予户外运动产业大力支持；③国家对户外运动的管理将越来越规范。

供 给 篇

Supply Reports

G.6

中国城镇基本公共休闲服务均等化
现状、问题与趋势

程遂营　张月*

摘　要： 城镇居民公共休闲服务需求快速增长与公共休闲服务供给不
足之间的矛盾日益突出，由此引发的公共休闲服务供给不足
及非均等化现象也显而易见。各种数据显示，中国城镇公共
休闲服务水平明显偏低。此外，受地区经济发展水平、人口
规模、结构以及政府间财政关系的影响，中国四大经济区域
以及各个省份之间公共休闲服务供给差异化明显。因此，政
府应通过构建休闲服务供给法律机制、协调政府间财政关系

---

* 程遂营，河南大学历史文化学院旅游系教授，博士生导师，中国社会科学院旅游研究中心特
约研究员，主要从事休闲基础理论、公共休闲供给研究；张月，河南大学旅游管理硕士研究
生。

以及合理引入市场机制等手段，进一步提高中国城镇公共休闲服务供给水平及均等化程度。

关键词： 中国城镇 基本公共休闲服务 供给差异化 均等化

一 引言

随着中国城镇化的迅速推进、城镇居民可自由支配收入的不断增加，以及闲暇时间的增多和休闲观念的提升，休闲已成为城镇居民生活中必不可少的组成部分。随之，城镇公共休闲服务需求出现全面快速增长。城镇公共休闲服务是指主要由城镇政府提供，以满足市民与游客休闲需求为目的的一种公共服务。具体而言，就是由城镇政府主导或组织的为满足公众休闲需求而进行的一系列活动，包括营造公共休闲环境、构建公共休闲空间、完善公共休闲设施、开展各类休闲教育及提供直面公众的休闲服务等。城镇基本公共休闲服务均等化是指城镇基本公共休闲资源和服务要为全体公民所共同拥有，每位公民都能均等地享受由城镇政府提供的无地域、民族、性别、阶层差异的，数量相当、质量相近、可及性大致相同的基本公共休闲服务。①

但是，"一部分人先富""先富带动后富"指导思想以及由此产生的经济倾斜政策，造成了中国地区之间经济发展水平不均衡。因此，在基本公共休闲服务供给方面存在突出的不均等现象，并逐渐成为城镇居民关注的热点及焦点。基本公共休闲服务非均等化的问题如果不能得到有效化解，城镇低收入阶层、弱势群体的休闲权利将得不到有效的保障，个人的自由、全面发展将受到制约，进而带来严重的社会问题。因此，通过对中国城镇公共休闲服务均等化现状、问题及制约因素的分析，找到逐步提升城镇公共休闲服务

---

① 白莽祯、程遂营：《中国基本公共休闲服务均等化研究》，《现代商贸工业》2014年第12期，第36~39页。

均等化水平的合理路径便显得十分必要。

需要注意的是，城镇基本公共休闲服务的范围和程度应根据社会的经济发展水平和公共财政的基本承受能力而定。因此，也就决定了城镇提供的基本公共休闲服务不可能实现绝对的平均，而合理的均等化则是将各种差距控制在可以接受的范围之内，基本公共休闲服务水平较低的城镇要保障最低限度的服务能力，从而在全社会保障公民的基本休闲权利。

二　中国城镇公共休闲服务现状

（一）城镇居民公共休闲服务需求快速增长

进入 21 世纪以来，中国经济快速发展，城镇化迅猛推进。国家统计局发布的资料显示，2011 年末，中国大陆城镇常住人口为 69079 万人，常住人口城镇化率（城镇人口占总人口比重）首次超过 50%，达到 51.3%。2017 年末，城镇常住人口增长至 81347 万人，城镇化率高达 58.52%（见表1）。2011～2017 年，中国城镇化率以年均 1% 的速度快速增长。

表1　2011～2017 年大陆城镇常住人口及城镇化率

年份	城镇常住人口（万人）	常住人口城镇化率（%）
2011	69079	51.3
2012	71182	52.6
2013	73111	53.73
2014	74916	54.77
2015	77116	56.10
2016	79298	57.4
2017	81347	58.52

资料来源：2011～2017 年《中华人民共和国国民经济和社会发展统计公报》。

与快速城镇化相伴随的是城镇居民人均可支配收入的增长。2013 年以来，城镇居民的人均可支配收入年均增长率达 8.54%（见表 2）。此外，2013～2017 年，城镇居民人均教育、文化和娱乐消费支出逐年增加，在人均总消费支出中所占的比重不断加大。休闲已经成为国民主体消费之一，也成为中国内需构成中最重要的部分之一。

表 2　2013～2017 年城镇居民人均收入及支出情况

年份	城镇居民人均可支配收入（元）	城镇居民人均可支配收入年均实际增长（%）	城镇居民人均教育、文化和娱乐消费支出（元）	城镇居民人均教育、文化和娱乐消费支出在总消费中所占比重（%）
2013	26955	9.0	1988	10.75
2014	28844	11.3	2142	10.72
2015	31195	6.3	2383	11.14
2016	33616	7.8	2638	11.43
2017	36396	8.3	2847	11.64

资料来源：2013～2017 年《中华人民共和国国民经济和社会发展统计公报》。

此外，按照世界惯例，人均 GDP 超过 5000 美元时，就进入一个旅游休闲时代。2017 年，中国人均 GDP 已经达到 8836 美元，中国在居民生活方式、城市功能和产业结构等方面相继形成休闲化的特点：休闲生活逐渐实现常态化，城镇居民对休闲服务产品的消费需求迅速攀升，同时城市的公共服务也逐渐凸显休闲功能。

因此，伴随着城镇人口规模迅速扩张、城镇化建设水平不断提高、城镇居民的休闲消费需求迅速攀升以及休闲时代的到来，如何满足城镇居民不断增长的休闲需求，提高公共休闲服务的质量、人均拥有量成为国家和城镇管理者必须面对的客观问题。

（二）城镇公共休闲服务供给增势稍缓

财政是国家实现宏观调控的重要手段之一，对资源的优化配置起着重要作用。公共休闲服务的发展，必须依靠财政的大力支持。2016 年，国家财

政中 3163.08 亿元用于支持文化体育与传媒事业的发展，仅占国家财政总支出的 1.7% 左右，且增长趋势并不明显。

根据政府在经济和社会活动中的不同职责，划分中央和地方政府的责权，按照政府的责权划分确定财政支出，分为中央财政支出和地方财政支出[①]，其供给情况与国家财政支出的供给现状基本保持一致。数据显示，近年来，中央及地方财政对文化体育与传媒的资金投入数额逐年增长，但是占财政总支出的比例相对较小且无明显增势。与中央相比，地方对文化体育与传媒事业的财政支出力度略大（见表 3）。总体看来，中国各级政府对公共休闲服务的投入整体增势不明显，与城镇居民快速增长的公共休闲需求不匹配。

表 3　2011~2016 年国家、中央及地方财政支出情况

支出项目	2011 年	2012 年	2013 年	2014 年	2015 年	2016 年
国家财政总支出(亿元)	109247.79	125952.97	140212.10	151785.56	175877.77	187755.21
国家财政文化体育与传媒支出(亿元)	1893.36	2268.35	2544.39	2691.48	3076.64	3163.08
所占比例(%)	1.7	1.8	1.8	1.8	1.7	1.7
中央财政总支出(亿元)	16514.11	18764.63	20471.76	22570.07	25542.15	27403.85
中央财政文化体育与传媒支出(亿元)	188.72	193.56	204.45	223.00	271.99	247.95
所占比例(%)	1.1	1.0	1.0	1.0	1.1	1.0
地方财政一般预算支出(亿元)	92733.68	107188.34	119740.34	129215.49	150335.62	160351.36
地方财政文化体育与传媒支出(亿元)	1704.64	2074.79	2339.94	2468.48	2804.65	2915.13
所占比例(%)	1.8	1.9	2.0	1.9	1.9	1.8

资料来源：2012~2017 年《中国统计年鉴》。

---

① 360 百科：《中央财政支出和地方财政支出》，https://baike.so.com/doc/9827417 - 10174296.html。

（三）城镇公共休闲服务非均等化现象突出

通过以上分析发现，城镇居民对公共休闲服务需求的快速增长与公共休闲服务供给不足之间的矛盾是显而易见的。习近平总书记也在十九大报告中指出："中国特色社会主义进入新时代，我国社会主要矛盾已经转化为人民日益增长的美好生活需要和不平衡不充分的发展之间的矛盾。"尽管随着经济社会的快速发展，政府一直不遗余力地在休闲、卫生、教育等领域促进公共服务均等化，但不可否认，基本公共服务仍然存在较大短板，与广大人民的热切期盼存在差距。尤其在城镇公共休闲服务供给领域，主要存在两个方面的问题：一是基本公共休闲服务供给明显不足，与城镇化的发展进程不协调；二是不同地区、不同群体之间资源配置不均衡，服务水平差异较大，与社会和谐发展不协调。

以城市公园的建设为例，据统计，在 2016 年中国各省份城市公园数量排行榜中，广东（3512）、浙江（1171）、江苏（942）、山东（828）、云南（683）位居全国前五，城市公园的总数高达 7136 个；而排在后五位的省份依次是天津（102）、西藏（81）、宁夏（77）、海南（55）以及青海（41），总数仅为 356 个，不足排名前五位总数的 5%。此外，广东省城市公园的数量高达 3512 个，公园面积达到 65318 公顷，占全国公园面积的比重超过 17%，但广东省常住人口还不到全国总人口的 8%；公园绿地面积达到 89591 公顷，占全国公园绿地面积的比重约为 14%。[1] 由此可见，公共休闲资源配置的地区差异明显。

不同群体之间的公共休闲服务存在差距，突出表现在残疾人与健全人之间的差距。同时，残疾人群中因残疾类别、残疾程度的差异，所享受的基本公共休闲服务也存在差别。《残疾人保障法》第四十一条规定："国家保障残疾人享有平等参与文化生活的权利。各级人民政府和有关部门鼓励、帮助

---

① 中商产业研究院：《中国主要城市公园数量排行榜 TOP200》，http://t.askci.com/news/20170307/160514661.shtml。

残疾人参加各种文化、体育、娱乐活动，积极创造条件，丰富残疾人精神文化生活。"但据统计，2013 年，城镇残疾人社区文化、体育休闲活动的参与率不足 11%。①此外，不同年龄层次之间的差距，以及留守儿童、空巢老人等社会弱势群体之间的差距也值得关注。

三　中国城镇公共休闲服务均等化现状与问题

为充分了解中国城镇在公共休闲服务均等化方面的现状及存在的问题，本文基于中国 31 个省份 2016 年的相关数据，通过构建科学合理的基本公共休闲服务水平指标体系，选择适当的评价方法，对各区域基本公共休闲服务均等化水平进行考察。在计算出各项指标值后，采用协方差方法计算基尼系数②，从而判断出中国城镇公共休闲服务均等化的整体水平以及四大经济区域的公共休闲服务均等化现状。相关原始数据主要源于基于城镇统计的 2017 年《中国统计年鉴》。评价指标体系及权重系数如表 4 所示。

表 4　公共休闲服务水平评价指标体系和权重系数

一级指标	二级指标	三级指标	单位	权重系数
公共休闲服务供给水平评价（U）	休闲供给实力（Y1）	X1 人均地区生产总值	元	0.015725
		X2 人均公共财政收入	元	0.039574
		X3 文化体育与传媒占公共财政支出的比重	%	0.004269
		X4 城镇居民人均可支配收入	元	0.004926
		X5 城镇居民人均现金消费支出	元	0.004827
		X6 城镇居民人均现金消费中用于文教娱乐的支出	元	0.006166

---

① 陈功、吕庆喆、陈新：《2013 年度残疾人状况及小康进程监测报告》，《残疾人研究》2014 年第 2 期，第 86~95 页。

② 基尼系数，用于测量一个国家或地区提供的公共休闲服务均等化差距程度。基尼系数越大，表明基本公共休闲服务水平在一定范围内的差距越大，相应地，均等化水平越低。按照国际通行的划分标准，当基尼系数低于 0.2 时属于绝对均等水平；处于 0.2~0.3 属于比较均等；处于 0.3~0.4 表示相对合理；处于 0.4~0.5 则表示差距较大；0.6 以上则为悬殊。一般地，当基尼系数超过 0.4 就是比较危险的，理论界称为警戒线。

一级指标	二级指标	三级指标	单位	权重系数
公共休闲服务供给水平评价（U）	公共基础服务功能（Y2）	X7 每万人拥有公共交通车辆	标台	0.005587
		X8 年末公共交通运营线路总长度	公里	0.064804
		X9 年末每万人拥有出租汽车数	辆	0.035822
		X10 每万人拥有公共厕所	座	0.007476
		X11 生活垃圾无害化处理率	%	0.000417
		X12 人均道路面积	平方米	0.007536
		X13 互联网宽带接入户数	万户	0.050619
		X14 互联网上网人数比重	%	0.002966
		X15 社会组织单位数	个	0.046403
	公共休闲资源配置（Y3）	X16 每万人拥有城市公园个数	个	0.027917
		X17 每万人拥有城市公园面积	公顷	0.033376
		X18 人均公园绿地面积	公顷	0.00407
		X19 每万人拥有城市绿地面积	平方米	0.021712
		X20 建成区绿化覆盖率	%	0.000763
		X21 广播节目综合人口覆盖率	%	0.000024
		X22 公共广播节目套数	套	0.029485
		X23 电视节目综合人口覆盖率	%	0.000010
		X24 公共电视节目套数	套	0.031454
		X25 有线广播电视用户数占家庭总户数的比重	%	0.015803
		X26 每万人拥有公共图书馆机构数	个	0.066938
		X27 每万人拥有公共图书馆建筑面积	平方米	0.010039
		X28 每百万人拥有公共图书馆阅览室席位数	个	0.005558
		X29 人均拥有公共图书馆藏书量	册	0.031962
		X30 公共图书馆组织各类讲座	次	0.045779
		X31 公共图书馆举办展览	个	0.067604
		X32 公共图书馆举办培训班	个	0.063586
		X33 每百万人拥有博物馆机构数	个	0.015702
		X34 博物馆基本陈列	个	0.055528
		X35 人均拥有博物馆藏品量	件	0.051468
		X36 人均博物馆参观次数	次	0.021868
		X37 每万人拥有社区服务机构数	个	0.039646
		X38 社区服务机构覆盖率	%	0.062591

（一）全国城镇公共休闲服务均等化水平分析

2016 年，中国城镇基本公共休闲服务均等化水平的基尼系数约为 0.196，处于绝对均等水平（见表 5）。近年来，随着经济的发展和城镇居民生活水平的普遍提高，居民呼唤更为公平的公共休闲服务。因此，中国各级政府通过一系列措施大力提升公共服务水平，推进公共服务均等化，并取得显著成就。同时，《国民旅游休闲纲要（2013~2020年）》《"十三五"推进基本公共服务均等化规划》等政策文件的发布，也为公共休闲服务水平的提升与均等化的实现提供了制度保障。但是，需要指出的是，均等化程度较高只是说明地区间存在的差距较小，并不意味着中国地区公共休闲服务综合水平普遍较高。事实上，中国整体公共休闲服务仍处于较低的水平。

表5　2016年中国城镇公共休闲服务均等化水平

区域	指标	综合	供给实力	基础服务	公共休闲资源配置
全国	均值	3.23	0.24	0.71	2.27
	基尼系数	0.196	0.294	0.294	0.188
	均等化水平	绝对均等水平	比较均等	比较均等	绝对均等

从各项指标值的均等化程度来看，城镇公共休闲供给实力以及城镇公共基础服务功能的基尼系数均为0.294，处于比较均等水平。公共休闲资源配置的基尼系数为0.188，处于绝对均等水平。一般而言，政府的财政支出是公共休闲基础设施建设的主要资金来源。公共休闲资源配置的均等化水平较高，说明各地区政府都对公共休闲领域建设有一定的重视，并保证有相应的建设资金的投入。

（二）四大经济区域城镇公共休闲服务均等化分析

图1反映的是2016年中国东北、东、中、西部等四大经济区域[①]各项指标的均值及基尼系数。从均值来看，整体上中国东部地区的各项指标值均高于其他地区，说明东部地区的休闲服务水平相对较高。中国四大经济区域

---

① 根据国家统计局2011年6月13日的划分办法，为科学反映中国不同区域的社会经济发展状况，为党中央、国务院制定区域发展政策提供依据，根据《中共中央、国务院关于促进中部地区崛起的若干意见》《国务院发布关于西部大开发若干政策措施的实施意见》以及党的十六大报告的精神，将中国的经济区域划分为东部、中部、西部和东北四大地区。

间的公共休闲服务不均等现象较为明显。

就中国东北、中、西部地区而言，三个地区的综合评价以及供给实力基本持平。西部地区公共休闲服务的资源配置水平略高于其他两个地区。而在公共基础服务方面，三地区间东北部地区的均值最高，西部地区的基础服务功能最弱。

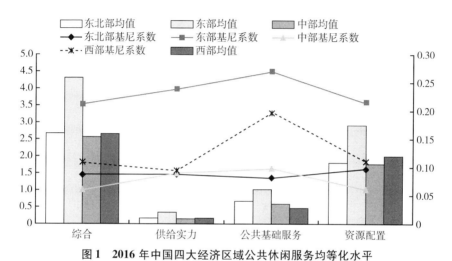

图1   2016年中国四大经济区域公共休闲服务均等化水平

各经济区域的基尼系数反映的是该地区内部的均等化水平。从图1的折线图中可以看出，东部地区整体上基尼系数值较大。因此，中国东部地区虽然公共休闲服务供给水平较高，但内部均等化水平较低。东北部及中部地区的基尼系数较小，内部均等化水平较高。

（三）各省（自治区、直辖市）城镇公共休闲服务均等化分析

1.公共休闲服务供给实力均等化水平

根据上述指标评价值的计算方法，代入指标初始值后，可以得出31个省（自治区、直辖市）的公共休闲服务供给实力评价指数。数据显示，中国各地区公共休闲服务供给实力指数的得分范围为 0.14 < 供给实力指数 < 0.69，均值为0.24，并依据各地区得分情况，对地区进行排序。具体指数分布情况见表6。

表6 各省（自治区、直辖市）公共休闲服务供给实力指数

排名	地区	评价值	排名	地区	评价值	排名	地区	评价值
1	上海	0.69	12	宁夏	0.21	23	四川	0.17
2	北京	0.64	13	辽宁	0.21	24	西藏	0.17
3	天津	0.49	14	湖北	0.20	25	贵州	0.17
4	江苏	0.35	15	陕西	0.20	26	河北	0.16
5	浙江	0.34	16	新疆	0.20	27	云南	0.15
6	广东	0.31	17	吉林	0.19	28	河南	0.15
7	内蒙古	0.28	18	湖南	0.19	29	广西	0.15
8	福建	0.26	19	江西	0.17	30	黑龙江	0.14
9	重庆	0.24	20	青海	0.17	31	甘肃	0.14
10	山东	0.23	21	安徽	0.17			
11	海南	0.22	22	山西	0.17			

总体来看，全国共有8个地区的供给水平指数超过全国均值（0.24），约占所有地区的26%，而另外74%的地区公共休闲供给指数低于全国平均水平。绝大部分地区的休闲服务供给实力位于0.2以下，说明整体来看中国城镇公共休闲服务的供给水平不高。

供给水平指数排名前五位的地区分别是：上海（0.69）、北京（0.64）、天津（0.49）、江苏（0.35）、浙江（0.34），均值为0.502；排名居于后五位的地区分别是：云南（0.15）、河南（0.15）、广西（0.15）、黑龙江（0.14）、甘肃（0.14），均值为0.146。从空间分布上看，公共休闲服务供给实力得分较高的省份集中于东部沿海地区，经济发展水平较高。因此，区域经济的发展水平直接影响着公共休闲供给实力。然而，这种影响却并不总是完全正相关的，如内蒙古、海南等地区。

2. 公共休闲基础服务功能均等化水平

根据上述指标评价值的计算方法，代入指标初始值后，可以得出31个省（自治区、直辖市）的公共休闲基础服务功能评价指数。数据显示，中国各地区公共休闲基础服务功能指数的得分范围为0.15 < 基础服务功

能 < 1.92，均值为 0.71，并依据各地区得分情况，对地区进行排序。具体指数分布情况见表 7。

表 7　各省（自治区、直辖市）公共休闲基础服务功能指数

排名	地区	评价值	排名	地区	评价值	排名	地区	评价值
1	广东	1.92	12	湖北	0.69	23	重庆	0.50
2	江苏	1.75	13	湖南	0.66	24	江西	0.47
3	山东	1.60	14	黑龙江	0.65	25	新疆	0.46
4	浙江	1.47	15	安徽	0.64	26	甘肃	0.44
5	四川	0.91	16	内蒙古	0.61	27	宁夏	0.40
6	辽宁	0.82	17	吉林	0.57	28	贵州	0.35
7	河北	0.81	18	云南	0.57	29	青海	0.31
8	河南	0.81	19	天津	0.55	30	海南	0.28
9	北京	0.78	20	陕西	0.54	31	西藏	0.15
10	福建	0.72	21	广西	0.51			
11	上海	0.71	22	山西	0.50			

总体来看，全国共有 10 个地区的基础设施水平超过全国均值（0.71），约占所有地区的 1/3，而另外超过 2/3 的地区基础设施指数低于全国平均水平。基础设施指数排名前五位的地区分别是：广东（1.92）、江苏（1.75）、山东（1.60）、浙江（1.47）、四川（0.91），均值为 1.53；排名居于后五位的地区分别是：宁夏（0.40）、贵州（0.35）、青海（0.31）、海南（0.28）、西藏（0.15），均值为 0.298。

从空间分布来看，在公共休闲的基础设施方面，中国东、中、西部地区的差异化现象更为显著。东、中部地区城市建设起步相对较早，基础设施建设相对而言较为完善。其中广东、山东等部分东部沿海省份的基础设施建设水平尤为突出。

3. 公共休闲资源配置均等化水平

根据上述指标评价值的计算方法，代入指标初始值后，可以得出 31 个省（自治区、直辖市）的公共休闲资源配置评价指数。数据显示，中国各地区公共休闲资源配置指数的得分范围为 1.36 < 休闲资源配置 < 5.64，均

值为 2.27，并依据各地区得分情况，对地区进行排序。具体指数分布情况见表8。

表8　各省（自治区、直辖市）公共休闲资源配置指数

排名	地区	评价值	排名	地区	评价值	排名	地区	评价值
1	广东	5.64	12	福建	2.18	23	广西	1.76
2	浙江	4.13	13	湖北	2.09	24	安徽	1.74
3	江苏	3.52	14	内蒙古	2.00	25	山西	1.68
4	山东	3.21	15	河南	1.95	26	江西	1.68
5	上海	3.10	16	重庆	1.92	27	贵州	1.54
6	北京	3.00	17	黑龙江	1.90	28	青海	1.53
7	四川	2.64	18	新疆	1.88	29	海南	1.46
8	西藏	2.49	19	河北	1.85	30	宁夏	1.45
9	陕西	2.49	20	甘肃	1.82	31	吉林	1.36
10	云南	2.45	21	天津	1.82			
11	辽宁	2.19	22	湖南	1.81			

总体来看，全国共有 10 个地区的公共休闲资源配置水平超过全国均值（2.27），约占所有地区的 1/3，而另外超过 2/3 的地区公共休闲资源配置指数低于全国平均水平。从全国范围内看，中国公共休闲资源整体配置水平较低，绝大部分地区的公共休闲资源配置指数位于 1~2 区间内。资源配置指数排名前五位的地区分别是：广东（5.64）、浙江（4.13）、江苏（3.52）、山东（3.21）、上海（3.10），均值为 3.92；排名居于后五位的地区分别是：贵州（1.54）、青海（1.53）、海南（1.46）、宁夏（1.45）、吉林（1.36），均值为 1.468。

从空间分布看，东南沿海地区的休闲资源配置水平较高，占绝对优势。此外，中国西南地区由于受到人口、面积等因素的影响，地区休闲资源配置水平高于部分中东部地区。

4. 公共休闲服务综合评价均等化水平

根据上述指标评价值的计算方法，代入指标初始值后，可以得出 31 个省（自治区、直辖市）的公共休闲服务综合评价指数。数据显示，中国各地区公共

休闲服务综合指数的得分范围为 1.97 ＜公共休闲服务 ＜ 7.87，均值为 3.23，并依据各地区得分情况，对地区进行排序。具体指数分布情况见表9。

表9　各省（自治区、直辖市）公共休闲服务综合评价指数

排名	地区	评价值	排名	地区	评价值	排名	地区	评价值
1	广东	7.87	12	湖北	2.99	23	广西	2.42
2	浙江	5.94	13	河南	2.91	24	甘肃	2.41
3	江苏	5.62	14	内蒙古	2.89	25	山西	2.36
4	山东	5.04	15	天津	2.86	26	江西	2.33
5	上海	4.50	16	河北	2.82	27	吉林	2.13
6	北京	4.42	17	西藏	2.81	28	贵州	2.07
7	四川	3.71	18	黑龙江	2.69	29	宁夏	2.06
8	陕西	3.23	19	重庆	2.66	30	青海	2.01
9	辽宁	3.21	20	湖南	2.65	31	海南	1.97
10	云南	3.17	21	安徽	2.55			
11	福建	3.16	22	新疆	2.54			

总体来看，全国共有 7 个地区的公共休闲综合评价指数超过全国均值（3.23），约占所有地区的 23%，而另外 77% 的地区综合评价指数低于全国平均水平。综合评价指数排名前五位的地区分别是：广东（7.87）、浙江（5.94）、江苏（5.62）、山东（5.04）、上海（4.50），均值为 5.794；排名居于后五位的地区分别是：吉林（2.13）、贵州（2.07）、宁夏（2.06）、青海（2.01）、海南（1.97），均值为 2.048。排名前五位与后五位的均值差为 3.746。此外，值得一提的是，得分第一的广东和得分最后一位的海南指数相差达到 5.9。

全国除海南省以外，其他地区的公共休闲服务综合指数均位于 2 以上，部分东部沿海地区的公共休闲服务水平较高，但大多数地区的综合指数集中分布于区间 2~4 内，也进一步验证了中国整体公共休闲服务水平有待进一步提高。

通过上述分析，关于 2016 年中国城镇公共休闲服务均等化问题，主要得出以下几条结论。

第一，从整体来看，中国城镇基本公共休闲服务综合评价的基尼系数接

近0.2，处于绝对均等水平。但是从地区公共休闲服务综合评价、供给实力、基础服务功能、资源配置等各项指标值看出，中国城镇公共休闲服务在各个方面仍存在较大的提升空间，整体仍处于较低的水平。

第二，通过对中国四大经济区域的比较发现，在公共休闲服务的综合评价、供给实力、基础设施以及资源配置等方面差异化程度明显，东部地区各项指标均值远高于其他地区。

第三，通过分别对中国四大经济区域各项指标基尼系数的观察，发现中国东部地区各项指标的基尼系数值普遍较大，内部的均等化水平最低；中国东北部及中部地区各项指标的内部均等化水平较高。

四 中国城镇公共休闲服务出现 非均等化的制约因素分析

可见，中国城镇基本公共休闲服务的均等化还存在诸多问题值得研究，探究这些问题产生的原因，有利于采取有效的措施，在一定程度上提高公共休闲服务的均等化水平。本文认为，中国城镇公共休闲服务出现非均等化现象的制约因素主要包括以下几个。

第一，地区间经济发展不均衡。一般来说，一个地区的经济发展水平越高，则越有能力提供公共休闲服务产品，从而提高城市公共休闲服务水平。此外，经济发展水平较高的地区，城市建设较为成熟，在公共休闲基础设施以及资源配置等方面的优势也较为明显。因此，中国东部尤其是沿海经济发达地区各项指标值远高于其他地区。但是，区域经济的均衡发展也是影响公共休闲服务均等化水平的重要因素。仍以东部地区为例，区域经济的不均衡发展使区域内部公共休闲服务的各方面均等化程度都较低。

第二，地区间人口规模和结构不同。各地区的人口数量及人口结构对于基本公共服务水平也有影响。因为当人口达到一定数量后，再增加1%时，基本公共服务的增长会小于1%，容易造成拥挤性消费，使公共服务质量降低。① 此外，《中国基本公共服务均等化报告》的研究发现，不同人口类型也会引起基本公共服务水平的不同变动。② 因此，在对各省份休闲资源配置的评价中，西藏、云南等地区的指数略高于部分中东部地区。

第三，政府间财政关系不协调。中央及各地政府财权与事权相匹配是基本公共休闲服务均等化的前提与保障。中国现行中央与地方关系的框架基本上是在1994年分税制体制基础上形成的，基础教育、医疗、基本生活保障、文化等大部分基本公共服务都作为地方社会事业发展而划归为地方政府的职责。但事权与财权的不匹配使部分省市存在财政收支缺口，地方政府无法靠自身财力满足地方公共休闲服务的支出需要，自然难以保障公共休闲服务的数量与质量。③ 此外，政府财政转移支付制度主要作用是缩小地区之间的经济发展差距、调节财政能力以及促进基本公共服务的均等化供给，但是制度不完善、结构不合理等问题，制约着地区公共休闲服务均等化水平的提高。

针对以上影响中国公共休闲服务出现非均等化的因素，有必要在借鉴西方国家成功经验的基础上，结合中国实际情况，采取相应的策对，以促进中国均等化水平的提高。

首先，构建休闲服务供给法律机制，宪法确立公民休闲权的合法性。能否真正解决公共休闲服务供给不足及均等化问题在很大程度上取决于政府的供给意愿，即政府能否真正认识到休闲对于社会发展的积极意义和深远影响。1948年，《世界人权宣言》规定"所有人都拥有休闲的权利"，"休闲权"成为人权中的一项基本生活权利。④ 但是目前休闲权利还只是道德和理论上的应有权利，并未纳入中国法律体系中，这也是中国公共休闲服务不足

---

① 田菁芳：《中国区域基本公共服务差距及均等化政策研究》，硕士学位论文，首都经济贸易大学，2016，第32页。

② 陈家贵：《中国基本公共服务均等化报告》，经济管理出版社，2011，第28~29页。

③ 孙涛：《中国基本公共教育服务均等化问题研究》，博士学位论文，东北财经大学，2015，第63~66页。

④ 鲜开林：《论人权——人权理论前沿问题研究》，中央编译出版社，2016，第135~136页。

以及非均等化问题产生的重要原因。通过宪法确立每个公民平等享有休闲权利的合法性，进而围绕公共休闲服务供给形成法律法规体系，以法制化途径对公共休闲服务供给水平形成规范，并注重完善制度运行中的监督和约束机制，订立责权明确的规章制度，才能从根本上解决休闲供给的均等化问题。

其次，合理划分各级政府财权及事权，完善政府财政转移支付制度。西方主要国家均等化的实践表明，科学地分配财权与事权，并通过建立一套与之相应的制度加以保障，公共服务均等化才能够较为顺利地得以实施。同时，建立规范的政府间转移支付制度，这不仅是公共财政制度的重要组成部分，也是实现公共服务均等化的主要手段。第一，增加均等化转移支付，强化转移支付的横向均衡功能。第二，简化财力性转移支付的内部结构，提高一般性转移支付的比例。第三，归并和简化专项转移支付项目，充分发挥专项转移支付在引导地方政府提供最低标准公共服务上的功能。第四，加大中央对文化、体育、艺术等休闲领域的转移支付力度，同时选择科学、规范的分配方法，保证转移支付制度客观、公正。

最后，坚持政府主导，合理引入市场机制。公共休闲服务作为公共产品，在消费需求上存在非竞争性和非排他性，且公共休闲服务均等化对于社会的发展和个人发展存在正的外部性，事关国民福利的提高和社会的和谐稳定，因此，政府应该是主要的供给主体。但是，西方国家的实践证明，在公共休闲服务供给中合理引入市场机制，有助于拓宽公共休闲服务供给的渠道、增强公共休闲服务供给的能力，提高供给效率。所以在公共休闲服务供给上，需要坚持政府主导、政府负责的原则，同时提倡基本公共休闲服务的多元参与机制，从而鼓励和引导社会力量以多种方式参与或提供基本公共休闲服务，以提高基本公共休闲服务的供给效率，提高公共休闲服务的数量与质量。

五　中国城镇公共休闲服务均等化发展趋势

2017 年 1 月，国务院印发《"十三五"推进基本公共服务均等化规划》

（以下简称《规划》）。《规划》提出，到 2020 年，基本公共服务体系更加完善，体制机制更加健全，在学有所教、劳有所得、病有所医、老有所养、住有所居等方面持续取得新进展，基本公共服务均等化总体实现。具体包括以下四个方面：均等化水平稳步提高、标准体系全面建立、保障机制巩固健全以及制度规范基本成型。具体针对基本公共文化体育领域，《规划》还提出公共文化设施免费开放、送地方戏、收听广播、观看电视、观赏电影、读书看报、少数民族文化服务、参观文化遗产、公共体育场馆开放、全民健身服务等 10 项服务项目，促进其标准化、均等化。

因此，公共服务的均等化已经引起社会各界的广泛关注。公共休闲服务作为重要领域，在可以预见的未来，将出现以下几方面的发展趋势。

第一，公共休闲服务均等化的政策导向更加明显。随着《规划》的出台，辽宁、安徽、广东、湖北等省份也积极响应政府的号召，通过出台相关的政策文件，为公共服务均等化建设目标的实现提供政策保障。此外，针对文化、体育、社区等不同公共休闲领域，近年来政府也相继出台了一些政策，如《关于加快发展健身休闲产业的指导意见》《全民建设计划（2016～2020 年)》《中华人民共和国公共文化服务保障法》等，极大地推动了公共休闲服务相关领域的发展。综上，国家对促进文化、体育等公共休闲服务领域的发展政策导向性明显。相关政策的出台对于增加公共休闲服务供给、促进公共休闲服务均等化发展具有积极影响。

第二，休闲时间的增多将成为均等化水平提升的重要保障。有钱、有闲是城镇居民公共休闲活动开展得以实现的基本条件。根据 2013 年 12 月 11 日对《全国年节及纪念日放假办法》的第三次修订，中国目前全年休假时间共计 115 天，占全年的 1/3。此外，对于大、中、小学生及教师而言，加上寒暑假全年休息时间约为 160 天；国家公务员、科研与事业单位以及外企人员享有"带薪休假"；从事第一产业的农民，由于机械化水平的提高，全年休闲时间也会有所增长；退休人员大多数"赋闲在家"；网络化、信息化的发展，也将催生更多的"自由职业者"，休闲休假的时间更加弹性化；部分社会人员处于失业、待业以及不稳定的工作状态，"择业空置期"也可以

部分转化为休闲时间。可见，随着社会的发展以及人们休闲观念的崛起，城镇居民的闲暇时间将呈不断增长的趋势，为居民休闲活动的开展提供了时间上的保证。

第三，私家车的日益普及为城镇居民带来更多休闲机会。在 2016 年中国消费市场运行中，汽车消费受小排量汽车购置税减半政策和升级换代需求增加的共同影响，实现了快速增长。全年汽车销售超过 2800 万辆，同比增长 13.65%，增速较上年上升 9 个百分点，成为消费市场最大亮点。[①] 在未来一段时间内，私人汽车数量在中国家庭中仍会保持增长态势，并对居民的休闲生活产生显著影响。据调查，在私人汽车的市外用途中，37.6% 的行驶里程是为了旅游观光；在市内用途中，40% 以上用于休闲活动，汽车在城市有车家庭中的休闲地位十分突出。[②] 私人汽车改变了国民休闲交通方式，从距离上扩大了国民休闲活动范围，提高了城镇公共休闲服务设施的利用率及活动的参与度，为城镇居民享受更多更平等的休闲机会带来契机。

第四，公共休闲标准化建设逐渐完善。2009 年，全国休闲标准化技术委员会成立，对《休闲标准体系》进行深入研讨；2010 年，六项国家休闲标准获批立项；此外，自 2011 年开始，由全国休闲标准化技术委员会指导起草了一系列城市公共休闲服务领域的国家标准，截至 2014 年，由全国休闲标准化委员会组织起草并由国家质检总局与国家标准委员会联合发布实施的城市公共休闲服务领域相关标准已达 11 项。这些标准是中国在公共休闲领域的新探索，对城市公共休闲服务水平的全面提高以及均等化水平的进一步提升起到了巨大的促进作用。在未来一段时间内，中国城镇公共休闲标准化体系在推动落实的过程中不断进行动态调整及完善，从而更好地支持公共休闲服务的建设与发展。

---

① 张雯：《2016 年全国社会消费品零售总额增长 10.4%》，http：//www.linkshop.com.cn/web/archives/2017/368977.shtml。

② 程遂营：《家用汽车与美国国民休闲：对中国的启示》，《旅游研究》2012 年第 4 期，第 1~5 页。

参考文献

白荞祯、程遂营：《中国基本公共休闲服务均等化研究》，《现代商贸工业》2014 年第 12 期。

360 百科：《中央财政支出和地方财政支出》，https：//baike. so. com/doc/9827417 – 10174296. html。

中商产业研究院：《中国主要城市公园数量排行榜 TOP200》，http：//t. askci. com/news/20170307/160514661. shtml。

陈功、吕庆喆、陈新：《2013 年度残疾人状况及小康进程监测报告》，《残疾人研究》2014 年第 2 期。

李艳：《安徽省城市公共基础设施均等化问题研究》，硕士学位论文，安徽大学，2017。

360 百科：《中国四大经济区域》，https：//baike. so. com/doc/3057744 – 3223145. html。

田菁芳：《中国区域基本公共服务差距及均等化政策研究》，硕士学位论文，首都经济贸易大学，2016。

陈家贵：《中国基本公共服务均等化报告》，经济管理出版社，2011。

孙涛：《中国基本公共教育服务均等化问题研究》，博士学位论文，东北财经大学，2015。

鲜开林：《论人权——人权理论前沿问题研究》，中央编译出版社，2016。

张雯：《2016 年全国社会消费品零售总额增长 10.4%》，联商网，http：//www. linkshop. com. cn/web/archives/2017/368977. shtml。

程遂营：《家用汽车与美国国民休闲：对中国的启示》，《旅游研究》2012 年第 4 期。

G.7

中国休闲城市建设的现状
分析与提升路径

楼嘉军　徐爱萍*

摘　要： 新时代背景下我国社会的主要矛盾已经转化为人民美好生活的需求同不平衡不充分的发展之间的矛盾。而休闲城市的建设在一定程度上能够有效满足居民日益增长的休闲需求。伴随着全面建设小康社会进入战略决胜期，休闲城市建设成为提升城市竞争力的重要抓手，也是释放居民消费潜力的重要途径。文章从休闲城市发展的背景入手，以休闲城市评价指数为标准，分析国内36个休闲城市建设的现状和基本特征，提出未来休闲城市建设和发展的优化路径。

关键词： 休闲城市　评价指数　发展现状　提升路径

党的十九大报告中指出，中国特色社会主义进入新时代，我国社会主要矛盾已经转化为人民日益增长的美好生活需要和不平衡不充分的发展之间的矛盾。当前实现人民对美好生活的向往和需求，已经成为新时代全面建成小康社会、增进民众福祉的关键任务。近年，国内休闲城市建设热度不减，主要原因是其在改善城市环境、提升人民生活质量、提高城市竞争力等方面发

---

* 楼嘉军，华东师范大学工商管理学院旅游系教授，华东师范大学休闲研究中心主任，博士生导师，研究重点是城市休闲化比较、旅游企业战略管理；徐爱萍，华东师范大学经济与管理学部博士研究生，讲师，研究重点是都市休闲、城市休闲行为。

挥了重要作用。加快推进休闲城市建设是践行"美好生活"新图景的重要手段和方式。一般而言,休闲城市建设是后工业时代城市发展的重要形态,是以优化居民生活功能为核心,不断优化城市环境和休闲娱乐空间、发展城市休闲服务业、提供多样化休闲消费产品的过程。在此过程中,城市内部各要素之间内在机理的协调性和推进效率,最终都体现在城市居民生活方式的转型、生活质量上。因此,休闲城市的建设不仅解决了城市居民休闲消费的不平衡不充分问题,更是建设美丽城市、提升城市吸引力的关键抓手。

一 中国休闲城市发展背景

(一)休闲浪潮促进休闲城市建设

进入 21 世纪,休闲浪潮席卷全球,不仅改变着我们的生活方式,而且成为推动全球经济增长的第一动力。[1] 2017 年,中国对世界经济增长的贡献率超过美国、欧洲和日本的总和,达到 30%,中国经济正在向着"高质量发展"的目标迈进,消费对 GDP 增长的贡献率突破六成,第三产业增加值已经占据"半壁江山",城乡居民恩格尔系数降至约 30%[2],休闲已经成为推动中国城市发展的重要动力。随着中国社会的休闲化发展加快,从物质层面的休闲设施,到精神层面的休闲理念,乃至于休闲活动方式,无不深受休闲化浪潮的影响。加快推进休闲城市建设,优化城市休闲环境、提供多样化的休闲消费品、发展休闲服务产业、合理布局休闲娱乐空间将成为新时代背景下城市转型发展的重要方向。

(二)国家政策指引休闲城市建设

在 2006 年"世界休闲高层论坛"上,中国政府代表吴仪副总理发表主

---

[1] Graham T. T. Molitor, "The Next 1000 Years: the 'Big Five' Engines of Economic Growth," *The Futurist*, 1999, (9): 13-18.

[2] 宣言:《紧紧抓住大有可为的历史机遇期》,《解放日报》2018 年 1 月 15 日。

旨演讲，强调积极发展休闲服务，不断提高城市居民生活质量。2009 年，《国务院关于加快发展旅游业的意见》，明确了休闲产业的重要地位，提出设立"中国旅游日"要求，加快制定国民旅游休闲纲要，落实带薪休假制度。2013 年，国务院《国民旅游休闲纲要》发布，提出了有中国特色的国民旅游休闲体系建设的发展目标，从政策层面在提倡绿色休闲理念、鼓励国民休闲消费、丰富休闲产品供给、完善旅游休闲公共服务等方面提出了要求。2014 年，《国务院关于促进旅游业改革发展的若干意见》发布，是国家对旅游业改革发展的又一战略部署，为旅游及休闲产业发展提供了新思路、新政策、新举措。2015 年 3 月 24 日，中共中央政治局审议通过的《关于加快推进生态文明建设的意见》中提出了"绿色化"发展理念，明确绿色发展是优化生活环境、保障生活质量的重要手段和途径。2015 年 12 月 22 日，中央城市工作会议提出要统筹生产、生活、生态三大布局，增强城市发展的宜居性。从中央和国务院发布的相关文件中可以看出，旅游休闲被拓展为一个新的产业领域，与居民生活密切相关。休闲产业的发展既为城市休闲经济打开了广阔的发展空间，也使休闲经济成为促进城市经济发展的重要动力。所有这些，都为休闲城市建设与发展提供了政策依据与理论指导。

（三）休闲常态化推进休闲城市建设

改革开放 40 年来，中国社会经济发展水平迅速提高，城镇居民生活水平也得到了普遍提升，促使休闲逐渐成为一种新的和独立的生活方式。随着居民休闲活动形式的多层次和渠道的多元化，居民休闲生活的常态化发展对城市功能和配套设施有了新的要求。一方面，休闲常态化不仅要最大限度地考虑本地居民和外来游客日益高涨的休闲和旅游需求，还要注意保障城市弱势群体和外来务工人员最起码的休闲娱乐需求，以防止休闲娱乐活动中"二元化"现象的扩大；另一方面，由于城市化过程的加速，城市人口高度集中，居民日常休闲活动的常态化也遭遇城市休闲公共服务体系发展瓶颈的制约。因此，在休闲生活富裕化与休闲时间充裕化的大背景下，应通过休闲城市建设来提升居民休闲生活质量，倡导科学休闲生活方式，实现城市公共服务设施配置的完善和服务设施的均等化。

二 中国休闲城市建设现状

（一）评价指标与评价方法

1.评价指标

一般认为，休闲城市是城市进入后工业时代的一种形态，是当城市人均 GDP 达到 3000～5000 美元后，城市居民生活方式在城市环境、城市功能和经济结构等方面相继呈现休闲化发展的特殊时期。基于此，本文使用休闲城市评价指数来客观反映休闲城市的建设情况。该指标体系共包含五方面内容，一是城市经济与产业发展指标，主要反映休闲城市发展的经济基础、城市化水平和产业发展水平；二是交通设施与安全指标，主要反映城市休闲的交通便利程度与安全性；三是休闲服务与接待指标，主要反映休闲城市服务本地居民和外来游客的休闲旅游文化设施数量和接待能力；四是休闲空间与环境指标，主要体现休闲城市的居住空间、生态环境和城市荣誉等方面的发展情况；五是休闲生活与消费，主要反映休闲城市的居民消费结构、家庭休闲设施水平和外来游客消费水平等内容。[1]

2.评价模型与方法

休闲城市评价指数（Leisure City Index，LCI）评价模型构建借鉴了 Cobb-Douglas Function 原理，经过处理后形成的休闲城市评价指数模型[2]为：

$$LCI = \prod_{j=1}^{9} Y_{ij}^{a} \prod_{j=10}^{15} Y_{ij}^{b} \prod_{j=16}^{26} Y_{ij}^{c} \prod_{j=27}^{33} Y_{ij}^{d} \prod_{j=34}^{44} Y_{ij}^{e}$$

[1] 楼嘉军、李丽梅：《成都城市休闲化演变过程及其影响因素》，《旅游科学》2017 年第 1 期。
[2] 楼嘉军、李丽梅、杨勇：《中国城市休闲化质量测度的实证研究》，《旅游科学》2012 年第 5 期。

本研究数据均来自国家和省级有关管理部门公开出版或发布的各种统计数据，评价对象主要选取了 27 个省会城市、4 个直辖市以及 5 个计划单列市，共计 36 个城市。

（二）休闲城市建设现状

根据评价模型对国内 36 个城市的休闲城市评价指数进行计算，进而客观测度国内各休闲城市的发展水平和建设质量。

1. 休闲城市发展水平在空间上呈现由东向西逐渐递减态势

从休闲城市评价指数的测度结果可以发现，目前中国休闲城市建设在空间上呈现由东向西逐渐递减的分布格局。这一空间格局与中国城市区域经济发展水平的分布现状基本吻合，也与中国城市化水平空间分布态势相似。具体来看，2017 年中国 36 个城市休闲城市评价指数排行榜中，第一是北京，为 83.05；第二是上海（72.97）；第三是广州（61.85）。休闲城市评价指数排名后三位的城市分别是拉萨（13.08）、西宁（14.57）、海口（15.31）。显然，排在前三位的均是中国东部地区发达的特大型城市，排在后三位的城市中，拉萨和西宁位于中国西部地区，休闲城市的发展进程相对滞后；而海口虽位于东部沿海地区，但由于长期受制于地理交通和资源困境，其休闲城市的推进进程相对缓慢，见表 1。

表 1　36 个休闲城市评价指数

城市	LCI	排名	城市	LCI	排名	城市	LCI	排名	城市	LCI	排名
北京	83.05	1	天津	34.06	10	厦门	23.59	19	太原	19.15	28
上海	72.97	2	西安	32.59	11	济南	23.52	20	南宁	18.59	29
广州	61.85	3	昆明	27.64	12	哈尔滨	22.58	21	乌鲁木齐	17.76	30
深圳	52.80	4	沈阳	26.65	13	郑州	21.88	22	呼和浩特	17.43	31
重庆	50.42	5	大连	26.58	14	贵阳	20.27	23	银川	16.51	32
成都	43.66	6	宁波	26.51	15	南昌	19.86	24	兰州	15.77	33
杭州	39.78	7	青岛	26.11	16	合肥	19.82	25	海口	15.31	34
南京	34.21	8	福州	24.37	17	长春	19.63	26	西宁	14.57	35
武汉	34.11	9	长沙	23.82	18	石家庄	19.63	27	拉萨	13.08	36

值得注意的是，2017 年东部地区休闲城市发展指数均值为 38.09，西部地区均值为 24.02，而中部地区均值仅为 22.28。与东部地区相比，西部和中部地区休闲城市评价指数均相对较低，休闲城市发展的地区差距还非常明显。

2. 休闲城市发展等级差异明显

运用百分制等级划分法①，对中国 36 个城市的休闲城市评价指数进行等级划分，可以发现中国休闲城市建设成效显著。从近年发展看，明显提升，且呈现梯度发展态势。第一，优良等级城市在增加。2017 年，在中国 36 个城市中，北京率先达到 A 级休闲城市的级别，表明北京在休闲城市建设方面具有一定优势。上海和广州为 B 级。这是近五年来首次有 3 个城市进入 B 级以上休闲城市等级。第二，从发展看，处在 E 级城市数量在减少，由 2012 年的 23 个城市减少为 2017 年的 13 个；而 D 级以上城市数量在增加，由 2012 年的 9 个城市攀升至 2017 年的 17 个。这在一定程度上说明，中国休闲城市建设的整体水平已经有了比较明显的提升。以上见图 1。

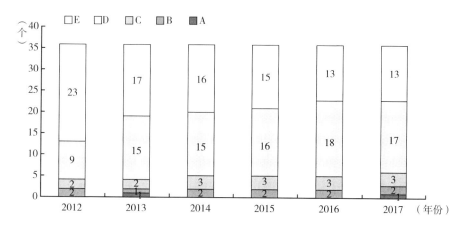

图 1　36 个休闲城市发展等级（2012～2017 年）

---

① 等级以 A 为好（80～100），B 为较好（60～80），C 为一般（40～60），D 为较低（20～40），E 为低（1～20）。

3. 休闲城市建设各要素发展不均衡

休闲城市的发展水平和建设质量是经济与产业发展、交通承载与安全、休闲服务与接待、休闲空间与环境、休闲生活与消费各要素互相促进、协调发展的过程。2017年，36个休闲城市的五大要素发展存在显著的不均衡现象。从各要素权重结果来看，36个休闲城市建设中，影响较大的因素为休闲服务与接待（0.360）和交通设施与安全（0.261），其次为经济与产业发展（0.215），而休闲空间与环境（0.08）和休闲生活与消费（0.08）的影响最小。

从分类评价结果可以发现，第一，经济与产业发展要素的排名中，上海、北京、广州、重庆排在前4位，深圳、成都、天津、杭州排在第5～8位。西宁、拉萨、海口、兰州的经济与产业发展指数排名最后。第二，交通承载与安全要素的排名中，北京、广州、上海分列第1～3位，成都、深圳、重庆、武汉、西安排名第4～8位。第三，休闲服务与接待是休闲城市发展的内在驱动。北京排在第1位，且比排名第2的上海高出4.9788分。深圳、重庆、杭州、广州排在第3～6位，海口、银川、拉萨、乌鲁木齐和贵阳的休闲服务与接待指数排在后5位。第四，休闲空间与环境要素的排名中，广州、上海、深圳排在前3位，南京、北京、重庆、杭州分列第4～7位，呼和浩特、石家庄、西宁、哈尔滨、兰州的休闲空间与环境指数排在后5位。第五，休闲生活与消费的排名中，北京、上海、杭州、广州、南京排在前5位，拉萨、兰州、西宁的休闲生活与消费指数排名最后，这说明这些城市的本地居民休闲消费能力不强。以上如图2所示。

4. 中部地区休闲城市建设质量有待提升

从整体上看，中部地区休闲城市发展水平和建设质量均低于东部和西部其他城市。如表2，从总体上看，2017年中部地区武汉市排在全国第9位（34.11），其他8个中部城市的发展水平均位于评价结果的中后段。从中部各城市具体的评价指数来讲，2013～2017年，除武汉以外的其他中部城市的休闲评价指数均呈现持续下降的趋势。原因主要有两方面，一是中部城市产业转型速度较慢，第二产业占主导的产业结构，导致城市休

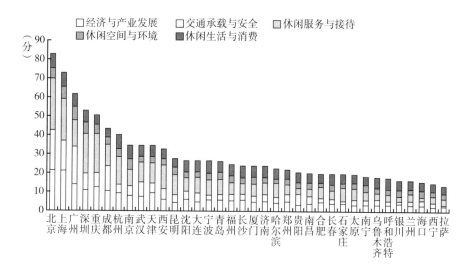

图2　36个休闲城市各要素发展情况

闲产业结构相对滞后、休闲设施的配置较为短缺，休闲在城市发展中的重要性没有得到重视。二是中部地区休闲服务设施建设和休闲环境营造相对滞后，城市休闲服务供给难以产生规模效应，居民的休闲需求难以得到满足，消费潜力难以释放。

表2　36个休闲城市评价指数（2013～2017年）

年份	北京	上海	广州	深圳	重庆	成都	杭州	南京	武汉
2013	1	2	3	5	4	9	6	7	10
2014	1	2	3	5	4	8	6	7	11
2015	1	2	3	4	5	6	7	8	9
2016	1	2	3	5	4	6	7	9	8
2017	1	2	3	4	5	6	7	8	9
年份	天津	西安	昆明	沈阳	大连	宁波	青岛	福州	长沙
2013	8	11	16	14	13	12	17	21	20
2014	9	10	16	18	14	13	20	12	19
2015	10	11	12	15	17	13	14	19	18
2016	11	10	14	15	21	12	13	19	20
2017	10	11	12	13	14	15	16	17	18

续表

年份	厦门	济南	哈尔滨	郑州	贵阳	南昌	合肥	长春	石家庄
2013	23	19	18	15	29	31	25	24	22
2014	22	23	17	15	26	28	24	27	21
2015	20	22	21	16	23	28	24	27	25
2016	23	22	18	16	17	27	24	26	25
2017	19	20	21	22	23	24	25	26	27
年份	太原	南宁	乌鲁木齐	呼和浩特	银川	兰州	海口	西宁	拉萨
2013	28	26	33	27	36	32	30	34	35
2014	29	25	32	30	35	33	31	34	36
2015	32	30	29	31	33	35	26	36	34
2016	30	28	31	29	33	34	32	36	35
2017	28	29	30	31	32	33	34	35	36

5. 西部地区休闲城市建设成效逐渐显露

近年来西部享受着"一带一路"等政策红利，以西安、成都、重庆为首的西部城市逐渐完善城市功能，休闲功能在城市建设中的作用得到不断放大。具体表现为三个城市在交通承载与安全、休闲服务与接待、休闲空间与环境的指标上评分较高，这一定程度上表明国家以这三个城市为抓手，撬动西部发展已取得初步成效。在三个城市的休闲城市发展建设中，注重休闲设施和居民公共交通设施的供给，保证城市休闲各要素之间内在机理的协调性和推进效率，通过加大固定资产投资、招商引资等方式为居民创造良好的休闲环境，提升休闲城市的发展质量。与此同时，西部其他城市，如拉萨、西宁、银川、兰州等的休闲城市评价指数仍较为落后，城市经济发展规模成为这些城市推进休闲城市建设进一步发展的最大阻力。因此，以上相关城市在今后随着社会经济发展应更加关注休闲城市建设与发展质量，将休闲城市建设深化到城市各个方面，引导居民参与休闲活动，增强城市发展活力。

三　休闲城市建设提升路径

（一）推进以人为本的休闲城市进程

休闲城市在发展中要注重以人为本的发展理念，关注城市居民生活质量，实现文明和自然协调发展，促进经济、社会、生态的可持续发展。第一，休闲城市建设应充分考虑城市居民的需求，以推进和完善城市公共休闲服务基础设施体系为首要任务，从根本上解决居民出行和游客旅途的便利性问题，最大限度地发挥城市公共交通在休闲城市建设中的作用。第二，休闲城市建设应以宜居城市为基础。积极推进城市自然环境改善，加大对生态环境的保护力度，拓展公共绿化空间，从空间上满足城市居民对人居环境的切实需求。第三，休闲城市建设应注重居民美好生活的均衡发展。东中西部地区休闲发展水平的区域差距将长期存在，各城市在建设休闲城市时，应根据城市发展的个性与内涵进行合理规划，充分考虑到城市居民的休闲需求，注重休闲设施和空间布局的均等化，保证城市居民休闲机会获得的平衡性。

（二）加快从全域旅游到全域休闲的升级

目前，国内旅游业提倡打造全域旅游目的地，以旅游业为优势产业，全方面、系统化地提升旅游目的地的产业能级。全域旅游的发展核心是追求旅游质量的提升。但是，随着城市休闲化浪潮的席卷，休闲消费常态化趋势将促使城市居民消费观念和行为发生重大转变。全域休闲的发展主体是本地居民，发展的核心要义是增强本地居民生活的获得感和幸福感。因此，应加快从全域旅游转向全域休闲，在保持本地居民日常娱乐消费充分性和均衡性的基础上，挖掘城市本地休闲资源与设施，促使休闲空间的合理和均衡，保证游客旅游度假消费与本地娱乐的融合，让本地居民和外来游客有更多获得感和满足感。

（三）实现城市更新与休闲城市建设的协调发展

休闲城市建设与城市更新过程相辅相成，这一点既体现在城市休闲设施的建设过程中，又体现在休闲城市的建设过程中。一方面，未来城市发展和建设不应简单地通过空间集聚和区域扩展来实现，而应该充分认识到城市更新和旧城改造在休闲城市建设和转型发展中的重要地位；另一方面，应通过

城市更新，对旧城进行针对性改造和建设，结合城市发展特点，赋予城市衰败区域新的城市功能，增强城市活力。通过城市更新来完善城市公共空间布局，实现城市生态环境、休闲空间、文化环境和游憩环境的改造延续，进而实现休闲城市建设的整体功能。

（四）探索休闲城市均衡发展机制

积极正视休闲城市区域差异的客观性与长期性，分阶段分区域地制定城市发展战略。第一，从整体来看，东部地区已率先步入休闲化发展的内涵提升阶段，当务之急是促进居民消费结构升级和休闲产业结构合理化发展。第二，中部地区拥有较好的区位优势和发达的制造业，正处于社会经济快速发展的阶段，应充分把握中部崛起的历史机遇，加快推进新型城市化内涵发展，完善城市休闲公共服务，重点发展文化旅游、休闲、体育等现代服务业项目，促使中部地区休闲城市建设质量的整体提升。第三，西部地区休闲城市建设起步相对较晚，城市休闲化发展程度相对较低，但依托于成都、重庆、西安等节点城市，整个西部发展的后发优势明显。充分把握西部开发、"一带一路"倡议的历史机遇，在基础设施建设、生态环境保护方面不断取得新的突破，并充分利用西部资源优势，建设西部地区特色休闲旅游度假区，提升休闲城市吸引力。

（五）优化休闲城市的空间布局形态

城市休闲环境对于城市休闲相关要素的集聚能力较强，加快城市休闲相关资源的整合，布局城市休闲空间，着力营造城市休闲环境，是当今城市休闲化建设的重要任务。城市不仅要进一步强化自然资源固有的休闲功能，而且要完成自然休闲资源从单纯地使用到可持续利用的转变，更加注重城市休闲环境的人本主义内涵以及人与自然和谐共处的理念，并渗透到城市生态休闲环境建设之中，在更高层面上展现人类追求自我和谐发展的崇高境界。城市游憩空间的建设离不开对城市居民游憩需求与评价的调查。应调研了解居民的游憩体验与满意度，以及城市弱势群体的权益，使城市游憩空间的发展真正兼顾所有的人群与阶层，实现全民休闲的发展目标。

（六）激活居民休闲消费的需求

伴随着后工业化时代的到来，消费水平逐渐提升，越来越多的人根据生活方式来选择城市，休闲消费在城市发展中的重要性尤为突出。一是城市经济实力和经济规模是城市居民休闲消费的基础，应结合城市经济和产业特色，着力提升城市社会经济发展水平，助推居民休闲消费的潜力释放。二是丰富休闲产业发展内涵，步入"休闲＋"发展新时代。从休闲产业供给侧角度丰富产业发展内涵，促进产业转型升级和业态融合发展，实现健身、文化、体育、旅游等多业态与休闲产业的融合发展。三是引导城市居民从物质消费向精神消费转移。积极推进剧院、图书馆、影院、艺术馆等休闲娱乐设施的布局，实现城市居民高品质休闲机会的均等化，促进精神产品的消费需求迅速攀升。

参考文献

楼嘉军、徐爱萍：《试论休闲时代发展阶段及特点》，《旅游科学》2009 年第 1 期。

楼嘉军、李丽梅、刘润：《基于要素贡献视角的城市休闲化水平驱动因子研究》，《旅游科学》2015 年第 4 期。

李丽梅、楼嘉军：《城市休闲舒适物与城市发展的协调度——以成都为例》，《首都经济贸易大学学报》2018 年第 1 期。

马凌、李丽梅、朱竑：《中国城市舒适物评价指标体系构建与实证》，《地理学报》2018 年第 4 期。

杨振之：《全域旅游的内涵及其发展阶段》，《旅游学刊》2016 年第 12 期。

厉新建、马蕾、陈丽嘉：《全域旅游发展：逻辑与重点》，《旅游学刊》2016 年第 9 期。

G.8

城市休闲空间的量化评价：以北京市主要城市公园为例

马聪玲*

摘　要： 城市公园是城市休闲空间的重要类型，是城市居民美好生活得以实现的设施和空间基础。城市公园的规模，历史遗存，文化价值，特色活动，分布密度，同周边公共交通、商业设施以及相关服务的衔接程度，决定着城市居民对城市公园休闲利用的深度和广度。我国快速城市化的过程也是各类城市公园快速形成的过程，作为城市休闲空间的城市公园并不天然地与城市常住人口的日常休闲需求相匹配。因此，利用城市公园休闲指数对城市公园休闲利用水平做出评价，是后续提升城市公园利用效率、居民生活质量的基础。

关键词： 公共休闲空间　城市公园　休闲利用

一　城市公共休闲空间与城市公园

城市公共休闲空间是城市居民休闲活动依托的主要场所，是城市是否宜居的重要体现，对城市居民生活质量提升意义重大。一个城市公共休闲空间的形成是城市休闲文化在地域上的表示，是长久历史文化变迁的过程，也是城市规

---

* 马聪玲，中国社会科学院财经战略研究院副研究员，主要关注旅游经济与政策、城市旅游与乡村旅游问题。

划指导思想、产业形态、就业和人口流动、大型赛事等多重要素综合作用的结果。20世纪30年代，《雅典宪章》提出城市功能分区和以人为本的城市规划思想，70年代《马丘比丘宪章》认为城市是动态变化的系统，城市规划要以人为本，城市规划理念的变迁对城市休闲空间的形成影响深远。进入21世纪以来，一方面，城市人口聚集带来的空气污染、噪声、流行病等大城市病不断出现，城市广场、城市公园、城市步行街区等休闲空间逐渐成为缓解城市病、提高城市居民生活质量的新选择。另一方面，随着人们消费需求的升级，对城市绿色空间、公共文化空间、休闲空间的需求不断增加，对城市优质生活的向往推动了城市规划和城市建设理念的转变，花园城市、绿色城市、低碳城市、海绵城市、智慧城市等新的理念不断涌现，开启了城市建设的新阶段。在这些理念的指引下，人们越来越把城市作为一个生命共同体，更尊重城市休闲空间、文化空间的形成与演变规律。城市生态环境和宜居指数成为打造城市品牌、构建城市软实力、形成强有力的城市竞争力的重要组成部分。

从类型上看，城市休闲空间大致可以分为私人休闲空间、半公共休闲空间、公共休闲空间。城市公园属于公共休闲空间的重要组成部分。从功能上看，城市公园对城市居民生活具有多方面的重要作用（见图1），城市公

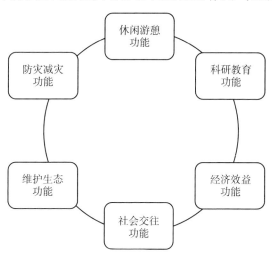

图1　城市公园在城市生活中的主要功能

园通常是自然和人文结合的开放空间，还具有旅游休闲、教育科普、体育锻炼、人际交往、文化传播等多种社会文化功能，更是城市文化、城市精神的标志。从国际大都市发展来看，著名的城市公园也成为城市的地标，例如美国纽约的中央公园、英国伦敦的海德公园、法国巴黎的卢森堡花园、日本东京的上野公园以及我国北京的颐和园等。

二　北京城市公园发展的现状与特点

（一）北京市公园体系的形成、发展与管理现状

北京作为首都，也是具有深厚历史积淀的古都，经过长期的历史积淀和新中国成立以来公园大众化发展阶段、改革开放以来城市化迅速发展阶段、近年来城乡统筹的一体化发展阶段，当前业已形成由历史遗迹公园、城市公园、郊野公园等组成的多样化公园体系。其中，城市公园和郊野公园建设成为近年来发展的重点。2012～2017年，北京新增城市绿地4022公顷，建成城市休闲公园150处，小微绿地328处，全市注册公园达到403个，其中，城市公园达到363个，面积约1.38万公顷，免费率达到88.7%，年接待游客将近3亿人次。公园绿地500米服务半径覆盖率达到77%，全市建成健康绿道710公里，2017年还启动城市副中心绿道、京密引水渠绿道、南水北调绿道、永定河绿道4条绿道建设，总长度接近500公里，到2020年，北京绿道建设总体规模将超过2000公里。

从2016年开始，北京市对公园进行分级分类管理。根据承担功能分为综合公园、历史名园、社区公园、主题文化公园、生态公园。不同类别的公园考核的标准不同，按照品质和管理水平高低，公园被评定为一、二、三级。其中，市属公园包括颐和园、北海公园、中山公园、北京植物园、天坛公园、景山公园、香山公园、北京动物园、紫竹院公园、玉渊潭公园、陶然亭公园等11个，这些城市公园构成了北京市重要的城市休闲空间。

据统计，在"十一五"期间，北京市城市绿化覆盖率由42%提高到45%，人均公共绿地由12.66平方米提高到15平方米（见表1）。新建公园绿地100多处，约1700公顷，城市绿地面积达到6.17公顷。到"十三五"期间，2018年，北京将进一步改善宜居环境，计划新增绿地600公顷，城市绿化覆盖率提升至48.3%。北京还将建设17个面积在10万平方米以上的城市公园，提升改造4座公园，打造全面覆盖的小微绿地网络。这些新建和提升的城市公园包括：永顺城市公园（320亩）、碧水公园（812亩）、西小马公园（73亩）、梨园城市森林公园（461亩）、永顺刘庄公园（406亩）、潞城健康森林公园（1297亩）、三元村公园（71亩）、休闲公园（一期）（217亩）、永顺上营公园（269亩）、云景公园（359亩）、八里桥公园（171亩）、永顺镇小潞邑公园（88亩）、梨园文化休闲公园（大稿村）（5850亩）、文化旅游区公共绿地（3420亩）、宋庄文化创意产业聚集区公共绿地（2655亩）、商务中心区公园绿地（694亩）、永乐国学公园（500亩）、西集镇中心公园（378亩）、于家务中心公园（880亩）、漷县镇中心公园（2445亩）、休闲公园（二期）（848亩）。这些新兴公园的建设将大大拓展北京的城市公园网络，为市民户外休闲提供重要支撑。

表1 不同层次国际城市园林绿化主要指标

指标	国际性			区域性		国家性	
	纽约	伦敦	东京	巴黎	新加坡	上海	北京
人口（万）	1800	756	1400	1007	500	1888	1755
人均公共绿地面积（平方米）	19.6	25.4	9	24.7	25	12.5	15
城市绿化覆盖率（%）	70	58	64.5	47	70	38	45
森林覆盖率（%）	65	34.8	37.8	24	30	11.4	37

资料来源：根据《北京"十二五"时期园林绿化发展规划》相关内容整理。

从公园的管理体制来看，北京市各类公园归属北京市园林绿化局统一规划管理，但根据公园类型的不同，具体管理归属部门也不同。注册公园由公园风景处负责；湿地公园、森林公园由野生动植物保护处管理；森林公园也

归林场负责；而滨河森林公园、非注册类公园及东单公园、双秀公园等归城镇绿化处负责。

北京市公园管理中心则是在 2006 年北京市调整园林绿化管理体制改革中，为了进一步加强市属公园管理，提高园林绿化公共服务水平，根据北京市政府办公厅对外发布的《北京市人民政府办公厅关于组建北京市园林绿化局和北京市公园管理中心的通知》（京政办发〔2006〕6 号文件），于 2006 年 3 月正式成立的正局级事业单位，主要负责市属 11 个公园及其所属机构的人财物管理，公园的规划、建设、管理、保护以及监督等工作。公园管理中心在市属公园内推出百项文化活动，并且在提升公园服务水平方面做了重点推进，着力提升咨询、游览、宣传等九个方面的公共服务水平。

此外，中国公园管理协会（Chinese Association of Parks）是中国公园管理的重要行业组织，它成立于 1994 年，是由公园及公园绿地等相关单位个人自愿组成的具有法人地位的、全国性非营利的行业组织。它有 4 个专业委员会，全国会员单位 500 多家，1995 年加入了国际公园与康乐设施协会（IFPRA）。公园管理协会反映行业发展现状，组织全行业交流，为政府提供信息咨询和服务，促进全国公园的良性和可持续发展。

（二）北京市公园发展的主要特点

目前北京市公园发展同城乡一体化建设相结合，公园建设呈现一系列的新特点。

第一，公园建设大型化，公园体系日渐形成。2008 年奥运会之后，随着北京城市化、国际化进程加速，北京公园建设也进入快车道。近十年来，奥林匹克公园、南海子郊野公园、北坞公园、玉东郊野公园等多个大型公园迅速建成，这些公园单体巨大，奥林匹克公园占地 680 公顷，南海子郊野公园占地 1100 公顷，玉东公园占地 2000 多亩，这些公园同周边的公园、水系、绿化带、绿道相结合，并通过地铁、公交、自行车道、步道等连接，逐渐形成城市居民健身休闲的城市公园体系。

第二，以公园建设带动人口流动，推动新城发展。北京市新建公园多位于城市近郊，北郊以奥林匹克公园为中心，南郊以南海子湿地公园为中心，东郊以东坝、常营等郊野公园为中心，西郊以传统的"三山五园"皇家园林为中心，这些公园群是兼具休闲、生产和生活功能的综合区域，公园建设通常是新城建设的第一步。通过宜居的生活和工作环境塑造，引导城市就业人口在区内的合理流动和分布，有力地纾解了中心城区的交通压力，在城市周边迅速聚集人气，推动城市从单中心向多中心网络化发展。

第三，公园发展的大众化和公益化。近年来随着国民休闲需求的迅猛增长，市区公园发展中的公益化倾向也越来越明显。在全市注册的 403 家公园中，门票免费率已经达到 88.7%。此外，从公园活动性项目看，公益化、大众化趋势明显。根据自身特色，绝大多数公园推出了相应的节日庆典、群众展演、健身比赛、书画联谊等活动，这些活动也以群众活动为主，覆盖面广，可以免费参加，具有明显的公益化发展趋势。

第四，公园建设的房地产增值效应明显。公园建设带来的环境质量改善和宜居指数提升，推动周边房地产的快速升值。这种环境增值还会进一步促进运动场馆、艺术中心、博物馆、展览馆等大型文体设施的集中建设，进一步推动了周边地产的升值。以北京为例，公园周边房价居高不下，朝阳公园、奥体公园、颐和园等周边，形成了最昂贵的高档住宅区。20 世纪 90 年代开始，朝阳公园附近地产开发就定位为"公园地产"而快速发展，形成了北京地产领域的"朝阳公园板块"。正因如此，城市公园作为应该由政府建设的公益设施，由于政府财政资金的不足，越来越依赖房地产开发商投资建设，同居住区实现一体化发展，但这种模式也隐含了一定的问题。

三　北京市主要城市公园休闲利用评价

城市公园系统是城市休闲的重要承载空间，但城市公园的休闲利用程度却不仅受到城市公园本身的因素影响，还受到城市公园外部环境因素的影

响。城市公园休闲利用的内部因素主要包括公园历史、公园规模、公园设施和公园服务；外部因素主要包括公共交通、周边餐饮娱乐、医疗救援服务、其他休闲服务等（见图2）。例如，城市公园的规模、城市公园的选址、城市公园的交通可达性、城市公园的设施便利性都会影响到市民对城市公园这种休闲空间的使用效率。进而，城市公园的使用效率也会影响城市居民的休闲质量和生活质量。以城市公园的规模来说，超大型城市公园在带动城市总体扩张、城市新区建设中至关重要，但在后续利用上不一定比小微型社区公园的使用效率高；此外，城市公园同城市主要交通方式的有效衔接，即城市公园的可达性，也直接影响着城市公园的使用效率；再如，城市公园内部文化活动的丰富性和服务的多样性也影响着城市居民休闲的质量。因此，建设尺度适宜、选址合理、活动丰富的城市公园，对提高现有城市公园的使用效率、加强未来城市公园的规划建设、提升城市居民休闲生活的效率和质量都有重要的意义。因此，对既有城市公园的休闲利用程度进行量化的评价，是城市公园分类管理的第一步，也是提升城市休闲空间使用效率的基础。

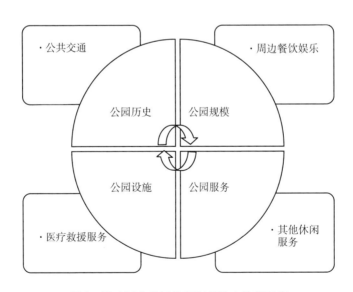

图2　影响城市公园休闲利用的内外部因素

基于此，本文选取 46 个北京主要城市公园为样本，设计了城市公园休闲指数（UPLI），以测定主要城市公园休闲利用的水平。指数的构成包括公园内部要素和公园外部要素。通过网络检索、文献收集以及专家意见听取的方法，最终构建一个具体包括建园时间、公园面积、游客中心、门票价格、节庆活动、地铁公交线路、停车场所、餐饮商店等 19 个指标的初步分析框架。

根据初步分析可以将北京市的国家级和市级重点公园按照休闲潜力等级分为四级，如图 3 所示。

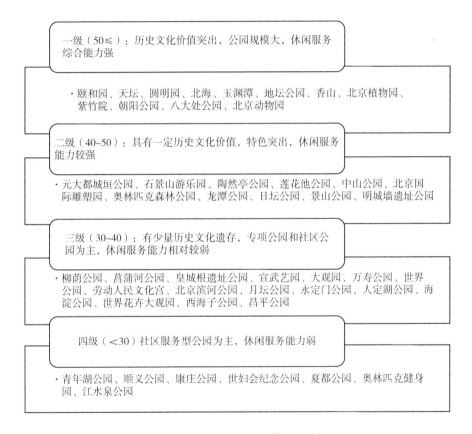

一级（50≤）：历史文化价值突出，公园规模大，休闲服务综合能力强

·颐和园、天坛、圆明园、北海、玉渊潭、地坛公园、香山、北京植物园、紫竹院、朝阳公园、八大处公园、北京动物园

二级（40~50）：具有一定历史文化价值，特色突出，休闲服务能力较强

·元大都城垣公园、石景山游乐园、陶然亭公园、莲花池公园、中山公园、北京国际雕塑园、奥林匹克森林公园、龙潭公园、日坛公园、景山公园、明城墙遗址公园

三级（30~40）：有少量历史文化遗存，专项公园和社区公园为主，休闲服务能力相对较弱

·柳荫公园、菖蒲河公园、皇城根遗址公园、宣武艺园、大观园、万寿公园、世界公园、劳动人民文化宫、北京滨河公园、月坛公园、永定门公园、人定湖公园、海淀公园、世界花卉大观园、西海子公园、昌平公园

四级（<30）社区服务型公园为主，休闲服务能力弱

·青年湖公园、顺义公园、康庄公园、世妇会纪念公园、夏都公园、奥林匹克健身园、江水泉公园

图3　城市公园休闲利用等级及特征

运用 SPSS 20.0 对 46 个研究对象和 19 项指标的计分结果进行 K – 聚类分析，主要结果如表 2 所示。

表2 国家级重点公园和市级重点公园休闲潜力快速聚类结果

公园名称	聚类	距离	公园名称	聚类	距离
★颐和园	1	5.172	柳荫公园	2	4.159
★天坛	1	4.873	菖蒲河公园	4	2.955
圆明园遗址公园	1	3.841	皇城根遗址公园	4	3.603
★北海	3	5.294	宣武艺园	4	4.121
玉渊潭公园	3	4.422	大观园	3	6.017
地坛公园	3	4.829	万寿公园	4	5.476
★香山	1	3.175	世界公园	3	6.317
★北京植物园	1	4.664	劳动人民文化宫	2	4.819
★紫竹院	3	4.559	北京滨河公园	2	4.505
朝阳公园	3	4.841	月坛公园	4	3.160
八大处公园	1	4.628	永定门公园	2	4.151
★北京动物园	3	3.285	人定湖公园	2	3.572
元大都城垣遗址公园	4	4.948	海淀公园	2	2.914
石景山游乐园	3	5.628	世界花卉大观园	3	6.256
★陶然亭	3	3.230	西海子公园	2	3.229
莲花池公园	3	5.164	昌平公园	2	3.219
★中山公园	3	3.649	青年湖公园	2	4.942
北京国际雕塑公园	3	5.833	顺义公园	2	2.845
奥林匹克森林公园	3	5.958	康庄公园	2	2.166
龙潭公园	3	4.287	世妇会纪念公园	2	2.315
日坛公园	4	2.736	夏都公园	2	2.272
★景山公园	3	5.043	奥林匹克健身园	2	4.520
明城墙遗址公园	4	4.060	江水泉公园	2	2.713

注：★为国家级重点公园，其他为北京市级重点公园。

根据分析结果，各类公园的典型代表和特征如图4、表3所示。

从各类公园在地域上的分布以及与常住人口的匹配来看，海淀区、东城区、西城区、朝阳区、石景山区重点公园的历史文化价值较高，也具有相对较高的常住人口密度，其中，西城区常住人口密度最大，达到4.07万人/平方公里，其次是东城区，常住人口密度达到3.58万人/平方公里，这两个区虽然是历史文化类、遗址类、休闲娱乐类公园的聚集地，但人均绿地面积最小，便于居民利用的小型社区类公园不足。

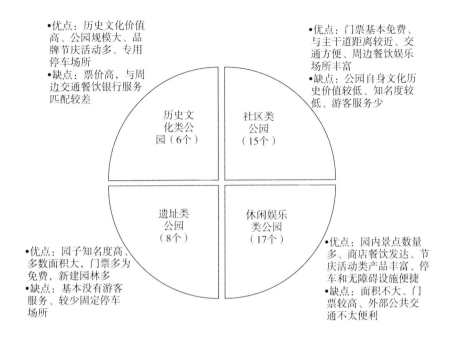

图4 北京主要城市公园休闲潜力类别及特征

表3 国家级重点公园和北京市重点公园地域分布

区县名称	人均公园绿地面积(平方米)*	常住人口密度(万人/平方公里)	重点公园数量及类型
东城区	5.95	3.58	历史文化类公园1个,休闲娱乐类公园3个,遗址类公园4个,社区类公园4个(共计12个)
西城区	3.32	4.07	休闲娱乐类公园5个,遗址类公园3个,社区类公园2个(共计10个)
朝阳区	26.33	0.76	休闲娱乐类公园2个,遗址类公园1个(共计3个)
丰台区	14.79	0.72	休闲娱乐类公园3个(共计3个)
石景山区	29.73	0.76	历史文化类公园1个,休闲娱乐类公园2个(共计3个)
海淀区	13.98	0.81	历史文化类公园4个,休闲娱乐类公园2个,社区类公园1个(共计7个)
房山区	13.72	0.05	0
通州区	15.01	0.14	0
顺义区	27.36	0.09	社区类公园1个
昌平区	23.79	0.14	社区类公园1个

续表

区县名称	人均公园绿地面积(平方米)*	常住人口密度(万人/平方公里)	重点公园数量及类型
大兴区	14.76	0.14	社区类公园1个
门头沟区	18.89	0.02	0
怀柔区	19.59	0.02	社区类公园1个
平谷区	10.15	0.04	社区类公园1个
密云县	6.9	0.02	社区类公园1个
延庆县	46.7	0.02	社区类公园2个

注：*包括公园、社区公园、街旁绿地和其他公园。

资料来源：根据2012年北京市园林绿化局相关数据计算而得。

四 启发及建议

党的十九大报告指出，我国当前的主要矛盾已经转化为人民日益增长的美好生活需要和不平衡不充分发展之间的矛盾。随着消费升级，我国制定了《国民旅游休闲纲要（2013～2020年）》，着力推动旅游休闲的大众化和公益化发展。旅游和休闲已经成为居民普遍的一种生活方式，成为社会福利的组成部分，当然，也是人民日益增长的美好生活需要的重要内容。因此，针对当前城市公园建设、管理、开发和后续使用方面的一些特点和问题，建议多从居民和游客角度出发，完善公园设施和服务，加强公园同城市交通、餐饮、娱乐、商业的衔接，提升城市公园的休闲利用效率，从而提升城市居民的休闲生活质量。具体建议有以下五点。

第一，建设尺度合宜的社区类公园。综上分析，社区类公园数量明显不足，因此建设小、微社区公园也是近些年北京公园建设和公园改造提升的重点。社区类公园位于人口聚集区，公益性为主、免费开放、面积小利用率却高，为城市各个阶层提供了休息、娱乐、健身、交往的空间，因此，在未来要重点建设社区类公园，打造市民的公共"健身房"，营造社区文化，形成城市文化交往空间。

第二，推动休闲娱乐类公园的主题化发展。休闲娱乐类公园各有特色、各有所长，是市民郊游、避暑、登高、体育健身等的重要场所。北京市休闲公园基本已经形成突出的特色，例如玉渊潭的樱花、香山的红叶等，各具风采。未来应进一步加强休闲活动类项目的设计、强化休闲设施、提升服务水平、形成品牌，挖掘延伸产业，在特色主题上做精做深。

第三，完善历史文化类公园服务功能，丰富管理手段。历史文化类公园具有极高的文化价值。通常来说，公园地位高、面积大、影响力大、外地游客比例高，应引入现代管理手段，在门票销售、客流监控、安全预警等方面多做探索，同时在科技展示、衍生品开发等方面实现突破。

第四，增强遗址类公园的教育展示功能。遗址类公园具有很强的历史价值和教育功能，应该进行活化的展示和演示，开发多样性的城市公共文化活动，如节庆、庆典、仪式、纪念活动、表演等，定期开展小学生科普和参观活动，使其成为孩子们的第二课堂，把城市主流文化表达融入居民生活，发挥其作为教育基地的作用。

第五，构建开放式公园体系，强化公园内部设施同外部公共设施与服务的衔接。城市公园是城市的有机组成部分，城市公园休闲是城市生活的必要内容，因此，公园设施和服务不应该与城市机能割裂开来，使公园成为独立存在的封闭空间，而应该在推动内外部交通衔接、服务衔接、活动衔接上多下功夫，使公交站点设置、地铁线路、游览巴士、公园入口、换乘节点、服务设施等多个方面方便居民利用。同时，在公园建设中形成系统思维，尊重城市文脉和休闲传统，顺势而为，打通城市水系、绿化带、林带、绿道、公园等，整合城市休闲空间，形成城市公园体系，为推动城市全面发展构筑绿色基础设施。

参考文献

吴必虎、董莉娜、唐子颖：《公共游憩空间分类与属性研究》，《中国园林》2003年

第 4 期。

Rutherford H. Platt，*The Humane Metropolis：People and Nature in the 21st -Century City*，University of Massachusetts Press，2006.

中国社科院财贸所课题组：《中国居民休闲发展状况》，载《2011 年中国休闲绿皮书》，社会科学文献出版社，2011。

G.9

围绕历史建筑遗产主题营造城市休闲空间文化氛围

——杭州历史文化街区的经验与问题

蒋 艳*

摘　要：　杭州作为中国休闲城市典范，在城市休闲空间尤其是历史文化街区更新改造方面积累了很多经验，也存在一些问题。登记在册的 13 个历史文化街区各不相同，也有共性，且在休闲空间方面存在一些问题，比如历史建筑格局限制了城市公共休闲空间的尺度，城市休闲空间特色趋同，居民私人空间和休闲公共空间冲突。因此，要围绕历史建筑遗产营造城市休闲空间文化氛围，如明确历史建筑遗产在营造城市休闲空间文化氛围中的价值，实现历史建筑遗产的现代化更新，且围绕历史建筑遗产主题，重建社区特色文化，整合城市休闲空间，拓展城市休闲空间。

关键词：　历史建筑遗产　城市休闲空间　历史文化街区

一　引言

在过去的城市化进程中，很多历史建筑被拆除，留下的历史建筑成了稀

---

* 蒋艳，管理学博士，浙江外国语学院国际经济与旅游管理学院旅游系副教授，中国社会科学院旅游研究中心特约研究员，研究重点是城市休闲与旅游文化。

缺资源，构成当地历史文化的物质载体，也成为城市休闲空间的重要组成部分，比如城市历史文化保护街区。历史文化街区本身就是一种特殊的建筑遗产。不管是对游客还是对当地居民，历史建筑遗产都是他们在城市中休闲或旅游的重要内容和空间。但是，历史建筑作为一种文化遗存，本身并非为城市休闲空间而建，有其自身特征。它在为城市休闲空间提供文化厚度的同时，却不一定符合现代化发展的要求。如何充分认识历史建筑遗产在城市休闲空间中的地位、价值，解决历史建筑遗产与城市休闲空间的矛盾，并充分发挥历史建筑遗产的作用，营造城市休闲空间文化氛围，是本文试图探讨的问题。

根据《中华人民共和国文物保护法（2017年修正本）》，"古文化遗址、古墓葬、古建筑、石窟寺、石刻、壁画、近代现代重要史迹和代表性建筑等不可移动文物，根据它们的历史、艺术、科学价值，可以分别确定为全国重点文物保护单位，省级文物保护单位，市、县级文物保护单位"[1]。根据《历史文化名城名镇名村保护条例》（2008），"历史建筑，是指经城市、县人民政府确定公布的具有一定保护价值，能够反映历史风貌和地方特色，未公布为文物保护单位，也未登记为不可移动文物的建筑物、构筑物"[2]。历史建筑遗产是以上两种的综合。本文重点探讨的历史建筑遗产是城市休闲空间尤其是历史文化街区中的建筑遗产。历史建筑遗产作为城市休闲空间的一个重要组成部分，不管是否被利用，都会对城市休闲空间产生影响。

城市休闲空间是城市空间的一种特殊形式，强调休闲性。竺剡瑶认为城市空间是一种同时存在于客观和主观意识中的结构，既由社会活动创造，也对社会活动发生作用，强调系统性和动态变化。[3] 根据李洪波和夏日的研究综述，城市休闲空间应该是由实体物质空间、休闲行为空间、社会空间耦合

① 《中华人民共和国文物保护法（2017年修正本）》，国家文物局，http：//www.sach.gov.cn/art/2017/11/28/art_1034_121351.html。
② 《中华人民共和国国务院令（第524号）》，中央政府门户网站，http：//www.gov.cn/flfg/2008－04/29/content_957342.htm。
③ 竺剡瑶：《建筑遗产与城市空间整合量化方法研究：以西安市为例》，博士学位论文，东南大学，2013。

而成的空间体系。① 本文将要探讨的城市休闲空间主要是杭州历史文化街区的建筑遗产空间及其周边的休闲空间。根据竺剡瑶的研究，建筑遗产空间包括建筑遗产本身占据的空间，以及受到建筑遗产直接影响的其他空间。所谓受到直接影响的空间，是指在视线上可以直接看到或者路线上可以直接到达的空间。竺剡瑶认为，建筑遗产空间是指一种由多个空间单元构成的空间组群，该组群以建筑遗产为核心，是受到建筑遗产影响最为明显的空间组群。②

本研究的理念是，城市休闲空间本身有自我生长的能力和规律，我们需要了解并尊重这些规律。同时，城市休闲空间内部关系复杂，彼此依存，相互作用。因此，在研究单个城市休闲空间时，必须将它放在整个杭州城市休闲空间的大环境中，这样才能深入探讨杭州不同城市休闲空间之间的相互影响和演变规律。同时，梳理城市休闲空间关系，也可为其他城市休闲空间营造提供启示。

二 杭州历史文化街区现状分析

（一）杭州历史文化街区概况

杭州市政府在过去十几年内分批投入巨资，更新改造了很多历史建筑和街区。按照罗西的界定，历史文化街区是一种区域性的传统城市空间类型，由一定规模的传统居住区、街道网络、城市自然景观（植被、水体等）、纪念性建筑以及围绕日常生活所需提供实用功能或公共服务的建筑、空间场所、设施，比如商铺、广场等城市主要元素共同构成。③ 杭州目前登记在册的有 13 条历史文化街区，具体如表 1 所示。

---

① 李洪波、夏日：《国外城市休闲空间研究进展》，《城市问题》2016 年第 7 期。
② 竺剡瑶：《建筑遗产与城市空间整合量化方法研究：以西安市为例》，博士学位论文，东南大学，2013。
③ 〔意〕阿尔多·罗西（Aldo Rossi）：《城市建筑学》，黄士钧、刘先觉译，中国建筑工业出版社，2006。

表1 杭州市历史文化街区

编号	名称	时代	区域	重点保护区面积(万平方米)
1	清河坊历史街区	清末民初	上城区	30.27
2	小营巷旧城风貌保护区	清末民初	上城区	2.50
3	中山中路传统商业街保护区	清末民初	上城区	30.27
4	湖边村近代典型民居保护区	民国	上城区	1.80
5	北山街保护区	历代	西湖区	41.21
6	西兴老街保护区	清末民初	滨江区	12.34
7	思鑫坊近代民居保护区	民国	上城区	1.13
8	小河直街历史街区	清末民初	拱墅区	3.00
9	拱宸桥西历史街区	清末民初	拱墅区	6.79
10	长河老街保护区	清末民初	滨江区	18.38
11	中山南路-十五奎巷历史街区	民国	上城区	37.13
12	五柳巷历史文化街区	历代	上城区	9.91
13	留下历史街区	清末民初	西湖区	2.68

资料来源:《历史街区》, 杭州市历史建筑专题, http://www.hzfc.gov.cn/lb/lsdd/lsdd_1.html。

为了推进历史文化街区的更新改造保护工作, 2004年11月通过《杭州市历史文化街区和历史建筑保护办法》, 自2005年1月1日起实施。2017年, 杭州市历史建筑保护管理中心建立官方微信公众号"杭州历史建筑", 介绍宣传历史建筑, 发布行业政策法规、动态信息, 介绍服务活动等。历史文化街区的更新改造工作还在持续进行中。2017年, 杭州住保房管局正式下达《2017年度杭州市历史文化街区(历史地段)保护整修计划》: 计划实施上城区小营巷、思鑫坊, 拱墅区大兜路、拱宸桥西, 滨江区长河、西兴, 西湖风景名胜区梅家坞7处历史文化街区保护整修项目。[①] 拱墅区也拟在2017~2022年再添祥符桥、运河湾两大历史文化街区。[②] 总体上, 杭州历史文化街区的建筑遗产得到了较好保护, 在实践中积累了很多经验, 但也存在一些问题。

---

① 张筱:《今年杭州计划整修梅家坞等7处历史文化街区》, 住在杭州网, http://zzhz.zjol.com.cn/system/2017/05/09/021510700.shtml。

② 张婉婧:《拱墅区将再添两大历史文化街区》,《青年时报》2017年1月6日。

（二）杭州历史文化街区的内部差异

由表 1 可知，各个历史文化街区的规模大小不一，规模比较大的是清河坊、中山路和北山街历史街区，规模比较小的是思鑫坊、湖边村、小营巷、留下和小河直街历史街区，其他街区规模介于以上两种之间。

这些被杭州市政府列为历史文化街区的区域，大致可分为两类。一类是以商铺街道为主，代表街区是清河坊；另一类是以居民社区为主，代表街区是小河直街。历史街区中大部分为居民社区，如小营巷旧城风貌保护区、思鑫坊近代民居保护区、五柳巷历史文化街区等。

杭州历史文化街区的更新改造进度不尽相同。相对较早的是清河坊，目前发展也相对比较成熟。清河坊自 2002 年 10 月开街以来，逐渐成为杭州最热门的旅游街区，小河直街、湖边村等也已经改造完成。由于保护利用表现突出，小河直街历史建筑保护重点工程获得了建设部颁发的 2007 年"中国人居环境范例奖"[①]，桥西历史街区获得了"2017 世界休闲国际创新奖"[②]。留下历史街区经过历史传统建筑整修以及若干年的休闲旅游发展后，近期正在重新改造、推进周边区域的搬迁工作。而滨江区的长河、西兴历史街区之前并未进行过较多改造，长河老街只做了简单的道路改造，西兴老街做了污水处理和道路改造，近期也在推进改造搬迁工程。

（三）杭州历史文化街区的共同特征

首先，富有历史底蕴，历史建筑遗产点缀其间，成为吸引游客的重要元素。有些历史建筑遗产成为旅游观光景点，如小营巷的毛主席视察小营巷纪念馆、中共杭州小组纪念馆和钱学森故居；有些历史建筑遗产成为提升经营场所价值的重要来源，如湖边村民居保护区的湖边村酒店，原为民居，

---

① 王帆、陈琳：《小河直街保护工程项目介绍》，杭州网，http：//z. hangzhou. com. cn/2014/zhkp/content/2014－08/27/content_ 5420950. htm。

② 孔雁婷：《杭州桥西历史街区摘得"2017 世界休闲国际创新奖"》，凤凰网，http：//wemedia. ifeng. com/34512078/wemedia. shtml。

后改造为五星级酒店。根据携程网上的价格，湖边村酒店的年度最低档客房的最低房价为 2000 元/（间·晚），最高档客房的房价达99900 元/（间·晚）。①

其次，杭州历史文化街区的公共休闲空间格局比较相似，多是主道上有商铺，围绕主道形成发散性居民社区，比如留下历史街区等。杭州地处江南，很多历史文化街区本身沿河而建，如小河直街沿小河、西兴老街沿官河、五柳巷沿东河、留下老街沿西溪河等，构成了独特的江南"小桥流水人家"城市休闲空间格局。

最后，居住在历史文化街区的居民大多为低收入、低教育水平的老年居民，除本地居民外，还有部分外来务工人员。比如留下、小河直街、五柳巷、西兴老街等，甚至连思鑫坊、湖边村这种位于市区核心地段的历史文化街区也未能例外，原因在于，在历史文化街区更新改造前，这些老旧历史文化街区的生活环境相比新房要差很多，留下来的人往往是没有能力搬离的居民。更新改造后，老年居民因为恋旧，回迁比例也高。历史文化街区有无大量外来务工人员居住，取决于该街区的旅游商业化程度。商业化程度较低的街区，由于租金较低，吸引较多外来务工人员。比如西兴老街沿官河的某三十几平方米的房子，租金每月 2000 多元，而商业化程度较高的街区，房子租金相对较高，比如小河直街类似面积房子，租金为每月 5000～6000 元，所以更多店铺入驻。

三 杭州历史文化街区的休闲空间问题分析

（一）历史建筑格局限制了城市公共休闲空间的尺度

杭州历史文化街区多形成于清末民初或民国时期，本是居民生活区，空

---

① 罗莱夏朵：《杭州湖边邨酒店携程》，携程网，http://hotels.ctrip.com/hotel/532788.html?isFull=F#ctm_ref=hod_sr_lst_dl_n_1_1。

间格局大多狭窄。构成空间格局的历史建筑遗产又需要得到保护，这客观上造成了城市公共休闲空间的狭窄。比如，泽街是长河历史文化街区的主干道，也是从长江路通往长河革命历史纪念馆的必经之路，两侧是商铺。这条老街只有一辆小轿车的宽度。长河历史文化街区即将开始改造，当下游客并不多，沿街商铺也并无旅游商品出售，泽街的空间尺度足够容纳居民和游客。但如果游客增加，泽街必将遇到交通瓶颈。另一个历史文化街区清河坊则选择在原有街道基础上，以破坏一侧传统建筑的代价拓宽了街道。清河坊游客接待量极大，步行道路加上两边的分支路，仍显拥挤，尤其在节假日期间，步行街的人口密度极大。其他很多街区也存在类似问题，一旦游客人数增加，就会容易拥挤。历史文化街区的街道宽度和布局本身就是历史文化的传承，为了提高空间容量而破坏原有城市肌理，本身并不可取。事实上，清河坊当年的做法就引起了很多非议。如何在保护城市肌理的基础上拓展公共空间，是很多杭州历史文化街区需要考虑的问题。

（二）城市休闲空间特色趋同

越来越多的城市休闲空间被设计得有小资情调，但与此同时，大量的城市休闲空间出现了趋同现象，甚至店铺橱窗的个性化文字也都雷同。从积极角度来看，这是互相学习的结果。但过多的趋同会导致审美疲劳，也使休闲空间缺乏辨识度。从消极角度来看，这是对该空间历史记忆的挖掘不够。每个空间都自带一段历史记忆，这些记忆或辉煌或普通，都是当地文化的重要延续。这种记忆既是具体的，也是抽象的，具体的是可以捕捉的可视的建筑和物件，抽象的是需要重新呈现的事件或思想。这些文化通过历史建筑遗产和当地居民生活得以延续。历史建筑遗产可以成为这种历史记忆的呈现舞台；当地居民的生活则是实现历史文化延续的重要媒介。所以，如果只是简单地照搬学习一些创意，可能会导致该片城市休闲空间的文化记忆消减，并最终消失。

笔者对杭州历史文化街区走访发现，当地居民对本社区空间的认同感不够高。虽然有一部分居民对政府改造后的居住空间表示满意，也有一部分居

（一）明确历史建筑遗产在营造城市休闲空间文化氛围中的价值

民并不欣赏自己的居住空间。原因有二，一是政府在改造时缺乏充分的沟通或者改造不够细致，导致部分历史文化建筑不是非常适合现代生活要求，如拱宸桥桥西历史街区没有接入管道煤气，小河直街房间潮湿，有白蚁；二是居民并没有充分感到传统历史建筑之美，更多感受到的是居住空间的局促。社区认同感欠缺会导致居民归属感不强，就算留在街区里，对社区文化发展的贡献也有限。社区特色文化建设是当下杭州很多历史文化街区在营造休闲空间文化氛围方面最大的短板，当然也有做得较好的，比如小营巷旧城风貌保护区。如果不重视社区文化建设，同样会导致城市休闲空间趋同。

（三）居民私人空间与休闲公共空间冲突

杭州的很多历史文化街区本身就是居民聚居区，还有一些居民的住宅本身就是历史建筑遗产，比如小河直街的姚宅。在政府更新改造历史文化街区后，部分居民回迁到历史文化街区。随着旅游业发展，大量游客涌入，客观上会导致居民私人空间被挤压，并导致一些问题，比如居民和游客的冲突，以及居民的搬离。往往旅游市场发展到一定程度后，搬离成为很多居民的理性选择。一方面，在该历史文化街区的生活受到越来越多的打扰；另一方面，房子的租金水涨船高。当越来越多居民选择离开时，社区就会空心化，历史街区的特色和文化真实感就会受损。这一现象在小河直街历史街区尤其明显。在 2010 年居民刚回迁时，小河直街的入住率最高，随着旅游业的发展，越来越多的居民选择将房子出租给商家。

四 围绕历史建筑遗产主题
营造城市休闲空间文化氛围

（一）明确历史建筑遗产在营造城市休闲空间文化氛围中的价值

首先，历史建筑遗产本身具有使用价值，尤其是对建筑空间的使用。很多历史建筑遗产仍然为城市旅游休闲提供物质空间。比如，清河坊东侧的胡庆余堂、方回春堂等仍然是药店，其他历史建筑也仍然作为店铺使用。还有一些建筑遗产周边也可能形成一个聚集人流的场所。

其次，历史建筑遗产不仅仅是简单的传统建筑，更提供了富有文化底蕴的城市休闲空间。而且这些传统建筑能够经受时间的洗礼并被保护下来，往往具有独特价值，并在艺术美学方面独树一帜。这些建筑的独特设计，可帮助城市休闲空间尽可能减少单一风格或创意抄袭导致的雷同问题。

最后，历史建筑遗产有助于建立现代和过去的连接，帮助营造一种充满历史文化的城市休闲空间。这是该地域独有的文化空间，而这种独特的记忆本身也构成了一种情感体验。这种情感体验是一个城市休闲空间最大的魅力所在，也是城市休闲空间的特色所在。尤其在全球化进程中，很多地方的休闲产品本身差异并不大，能够体现差异的，除了当地特产，就是当地的历史文化。

（二）实现历史建筑遗产的现代化更新

南宋御街的现代化更新为其他历史文化街区提供了一个良好的范本。南宋御街是南宋都城临安的中轴线，是皇帝朝拜祖宗时的专用道路，全长约4185米，包括中山中路传统商业街保护区和中山南路－十五奎巷历史街区。这条街道既有居民社区，也有大量沿街商铺，在近年发展中，形成了低质量的老旧环境，却也有浓厚的老杭州味道。以王澍为主导的设计者提出了城市复兴的概念，重新设计中山路，将它改造成步行街，保持原本道路的宽度，甚至部分街道变窄，同时保存不同年代的建筑，并按照生活对它的真实影响进行保护，而不是做简单的风格化复旧。在此基础上，再进行创作，包括新建沿街小建筑、重建水系等。中山路的改造比较成功，2009年重新开街后，马上吸引了很多游客。南宋御街以不同于清河坊的建筑风格和文化定位，既拓展了清河坊的休闲空间，也增强了休闲产业活力。

意大利建筑大师卡洛·斯卡帕曾说，历史总是在跟随并且不断为了迈向未来而与现在争斗的现实中被创造，历史不是怀旧的记忆。历史建

筑多少会与现实产生冲突和矛盾。但这个历史建筑并非停滞不前，而是充满矛盾和变化。对南宋御街历史建筑遗产的重新设计和改造就体现了这样的理念。

（三）围绕历史建筑遗产主题重建社区特色文化

社区居民是社区文化的传承者，但如何留住当地居民，却是个难题。因为很多居民的离开大多是物质上的理性选择，不管是租给外来务工人员，还是租给商家。所以，面对社区空心化的问题，笔者认为，不妨调整一下思路，不要拘泥于留住当地居民，而要把重点转移到社区文化建设上来。同时，社区居民应该指的是所有居住在这个社区的居民，包括租户和商家，而不仅仅是原住民。具体措施有如下两方面。

首先，围绕历史建筑遗产主题重建社区特色文化。这是一种自上而下的思路，它比较符合中国当下社区治理的特征，如果操作得好，也可以吸引居民留下来。历史建筑遗产及其背后的文化为社区特色文化建设提供文化源泉。比如，小营巷旧城风貌保护区的社区特色文化就是"江南红巷"，这个定位是基于该社区里的历史建筑遗产及其附带的历史文化，比如毛主席视察小营巷纪念馆、中共杭州小组纪念馆、钱学森故居和郁达夫故居。在此基础上，小营街道推出红巷生活广场和红巷梦工场，并运用"互联网＋"手段，整合资源。小营巷的居民同样存在年龄偏大的特点，在结合历史建筑遗产特色和居民特点基础上，小营巷社区推出"红色小营"和"健康小营"两个特色品牌。小营巷的实践对其他历史文化街区有借鉴意义。对于整个杭州历史文化街区来说，未来需要在历史建筑遗产基础上，有意识地设计具有社区地方文化特色的活动，从而形成城市特色休闲空间。

其次，努力为当地居民提供居留的更大益处，尽可能减少外来者带来的负面影响。居民大多对自己的居住地有一定的心理依恋，这是他们的家。一般情况下，很多人更愿意留在自己家里，而不是到外面租房。所以，要强化这种依恋，包括为当地居民提供更多的公共空间，以容纳当地居民的活动，并使其在与邻居的日常互动中对这个社区产生更强的心理依恋。如果能够形成以心理依恋为纽带的社区，这个社区就会比较稳定，而且容易有其自身特色。当然，历史文化街区的特殊性为社区居民、社区租户、游客之间的交往互动提供了某种环境和便利。同时，政府有意识地引导，鼓励社区文化在不同群体的社会交往中成长。相关社区工作人员策划适宜的社区活动，吸引更多的当地居民参与，从而提升当地居民对本历史文化街区的认可度和依恋度。同时，倾听当地居民的声音，并通过一些设计，尽可能把外来者对当地居民的生活干扰降到最低。这些大多可以通过一些技术手段实现。

（四）围绕历史建筑遗产主题整合城市休闲空间

在历史建筑遗产基础上，重新整合城市休闲空间。整合的目标是解决当下城市休闲空间中存在的问题，增强城市休闲空间的活力，增加城市休闲空间的特色，从历史文化街区入手，延续城市记忆。对特色历史文化街区的改造，本身就是延续城市记忆、强化城市特色的重要举措。但是，这不是一劳永逸的工作。除了前期的设计外，还需要后续跟进和不断调整，以及对当下存在问题的不断解决。

1. 凸显历史建筑遗产在城市休闲空间中的文化底蕴

每片城市休闲空间在长期的历史积淀中已经形成了属于自己的特色，而历史建筑遗产则是这种特色的重要呈现。历史建筑遗产为城市休闲空间提供了文化底蕴，甚至提供了文化基调。所以，首先要梳理并凸显历史建筑遗产本身自带的文化基因，发挥其优势，并在此基础上，遵循建筑和文化一致性原则，进行创意改造，设计休闲内容，打造一个兼具历史文化底蕴和现代时尚气息的城市休闲空间。

这需要进行文脉研究和市场调研，否则仅靠政府推动，未必有效。比如留下历史街区，在相关部门的支持和当地政府的大力推动下，试图打造留下古玩藏品街，甚至定位为华东文化藏品第一街、杭州的"潘家园"，还成立了"收藏之家"学研会留下历史街区分会、杭州市收藏协会留下历史街区藏友俱乐部等，但是目前留下历史街区仍显得比较萧条，或许和政府在推进历史街区改造有关，经过七年的努力，仍然缺乏知名度，可见其在历史文化

街区主题定位上的偏颇。相关负责人认为，这也和整个消费市场需求疲软有关。未来留下历史街区的发展仍然需要紧密围绕其历史文化底蕴。留下源于宋高宗赵构的"西溪且留下"，经由电影《非诚勿扰》获得了全国知名度。所以，留下历史街区需要重新利用其历史建筑遗产，并加强与西溪湿地的连接，以实现让游客"留下"的目的。

2. 围绕历史建筑遗产主题，设计城市休闲空间景观

景观包括很多内容，可以是嵌入城市休闲空间的固定景观，也可以是可移动的景观。关键是围绕历史建筑遗产主题，为身处其间的游客或居民营造一种特殊的文化氛围，从而获得独特体验。南宋御街的街头雕塑为其他历史文化街区提供了非常好的城市休闲空间景观设计典范，实现了传承历史文化、营造文化氛围的目标。

3. 围绕历史建筑遗产主题，定期推出不同文化主题

在历史建筑遗产提供的大主题背景下，细分成不同文化主题，并利用节假日，推出不同文化主题，或者周期性轮换主题，丰富城市休闲空间的内容，并使城市休闲空间保持活力，提高重游率。城市空间的管理者可以鼓励商家配合，并给予相应奖励。事实上，这种特定的文化主题本身就是一个吸引物，可以聚焦人气，和主题同步的商家也更容易获取利益。

比如澳大利亚的 Cotters 周日市场，本身只是个普通的市区周日市场，一周只有半天，但是管理者仍然会定期推出一些文化主题，并鼓励摊主参加，这在客观上可吸引更多人气，也让参与者获得独特体验。这类创新性活动，有助于形成积极循环，让更多人参与进来。

4. 围绕历史建筑遗产主题，设计背景音乐

每片城市休闲空间客观上已经形成了自己的主题，我们在挖掘出主题后，还可为这种主题搭配合适的背景音乐，并通过征求游客反馈来做出调整。一首恰当的背景音乐会在游客心中种下一颗种子，每当听到这种音乐时，都会想起这片空间，那段时间。这是音乐的魔力，更是强化城市休闲空间文化氛围的重要媒介。

背景音乐在嘈杂环境中很难被感知到，感染力也会大打折扣。所以，可

以设计某些安静的角落，这些角落既是不同群体之间交往的空间，也是在喧嚣中提供一处安静播放舒缓的江南音乐的空间。很多历史街区的滨水特征可以提供这样安静的空间。具体的，还有待于市场的检验。

（五）围绕历史建筑遗产主题拓展城市休闲空间

1.加强城市休闲空间彼此联结

（1）加强历史文化街区与传统知名休闲空间的联结

一些历史文化街区，如北山街、桥西和小河直街历史街区，由于邻近西湖或运河，享受到了对方知名度带来的客源。五柳巷则享受到了东河旅游线路带来的客源。东河经过整治后，为游客提供游船服务，并在五柳巷沿河设计了若干码头，游客可在船上或岸上感受五柳巷历史文化街区的建筑遗产魅力。

相比之下，留下历史街区虽然离西溪湿地很近，但仍有一定的空间距离，且并未自觉加强与西溪湿地的联结，而是另起炉灶，打造与西溪湿地完全不同文化内涵的主题。留下历史街区虽有政府推进，也经过了多年市场培育，仍未得到市场响应。未来的出路在于，加强与西溪湿地的联结，可沿西溪河，打通西溪湿地与留下历史街区的步行街。沿河小径环境优美，且西溪河与西溪湿地水域相通，可视为西溪湿地的延伸。留下历史街区可以以"留下"为主题，充分挖掘留下历史建筑遗产内涵，成为西溪湿地的外围度假地。

（2）加强邻近历史文化街区的联结

这既可以缓解热门历史文化街区的接待压力，也可以让新兴历史文化街区受益于溢出效应。南宋御街人气暴涨，除了其现代化休闲空间设计吸引游客之外，更重要的因素是毗邻清河坊。两街垂直相交，清河坊拥挤的客流自然流入了南宋御街。

笔者在实地走访中发现，杭州更多历史文化街区可以实现联结，甚至连成一片。比如，清河坊与五柳巷的联结。河坊街东门距离五柳巷南侧的五柳巷小区不到500米，且以河坊街人行地道相连，这有助于接收清河坊在高峰

时期溢出的客源，但需要有足够醒目而有吸引力的标牌引导。此外，五柳巷北侧与小营巷东侧相距 1.3 公里，小河直街和桥西历史街区相距 1.2 公里，都属于步行能到的距离，但需要通过完善解说系统来实现，比如增加相邻历史文化街区之间的指示牌导引，互为对方提供宣传册等，甚至可以提供历史文化街区间的电瓶车，以实现空间上的连接。

2. 从时间角度拓展城市休闲空间

首先，延长城市休闲空间的使用时间。这不仅仅是简单的营业时间调整，更是夜晚休闲活动的丰富。历史建筑遗产为休闲活动提供室内空间，包括提供营业场所和文化体验场所。也有个别场所将两者统一，如清河坊的朱炳仁铜雕博物馆，建于 2004 年，2007 年正式对外开放，为明清时期的江南民居风格，又称"江南铜屋"。江南铜屋利用历史建筑遗产，结合文化艺术和旅游市场，打造了游客休闲和市场利润的共赢发展模式。江南铜屋提升了清河坊的文化内涵，值得周边很多历史建筑遗产使用者学习。

其次，呈现历史建筑遗产的夜晚魅力，增加夜间休闲吸引力。比如运河沿岸的灯光设计，使夜间运河具有不同于白天的吸引力，这客观上也增加游客在附近历史文化街区的停留时间。小河直街的小河沿岸的大红灯笼和灯光设计，客观上也提升了游客夜间停留的良好体验。

相比之下，仍然处于开发初期的历史文化街区在夜间休闲空间的拓展上还有巨大空间。比如西兴老街，官河沿岸没有足够明亮的灯光，虽然杭州是个安全的城市，但是黑暗仍然带给游客恐惧感。因此，如果要拓展城市夜间休闲空间，必须提升公共休闲空间的亮度，并配套安全措施。

五 结论

总体而言，杭州的历史文化街区规模、特征各异，或临河而兴，或历史辉煌，有些已有很大知名度，有些还在持续更新改造中。这些历史文化街区增添了杭州的文化底蕴，但也有其局限性，如建筑格局规模和现代社会发展要求不符合。在旅游发展中，也出现了休闲空间特色趋同、居民私人空间和休闲公共空间冲突的问题，所以，笔者提出，要围绕历史建筑遗产，营造城市休闲空间文化氛围，包括明确历史建筑的价值，对其进行现代化更新，并以此为主题，重建社区特色文化，整合拓展城市休闲空间。未来历史文化街区中建筑遗产的文化内涵还有待于进一步挖掘，为当地居民和外来游客创造一个更加美好的社区环境。

参考文献

竺剡瑶：《建筑遗产与城市空间整合量化方法研究：以西安市为例》，博士学位论文，东南大学，2013。

李洪波、夏日：《国外城市休闲空间研究进展》，《城市问题》2016年第7期。

〔意〕阿尔多·罗西（Aldo Rossi）：《城市建筑学》，黄士钧、刘先觉译，中国建筑工业出版社，2006。

G.10
大湾区公共休闲运动空间发展展望

谭建共　余翩翩*

摘　要： 2017 年 3 月 5 日，国务院总理李克强在政府工作报告中指出，要积极推动内地与港澳深化合作，发挥港澳独特优势，提升其在国家经济发展和对外开放中的地位与功能。粤港澳大湾区建设升级为国家战略，其发展前景将令世人瞩目。公共服务作为大湾区建设内容之一，是实现这一规划目标的基本保障；公共休闲运动空间建设是公共服务的重要体现，将直接关系到大湾区城市群居民休闲生活。因此，借鉴东京、纽约、旧金山三大湾区经验，发挥自身优势，明确未来发展方向，构建绿色环保公共休闲运动空间，对粤港澳大湾区和谐发展有着积极的意义。

关键词： 粤港澳　大湾区　公共服务　休闲运动空间　城市群

2017 年初，粤港澳大湾区城市群发展规划被写入全国两会审议通过的政府工作报告；同年 10 月，十九大报告提出"要支持香港、澳门融入国家发展战略，以粤港澳大湾区建设、粤港澳合作、泛珠三角区域合作等为重点，全面推进内地同香港、澳门互利合作，制定完善便利香港、澳门居民在内地发展的政策措施"；同年底，中央经济工作会议又将粤港澳大湾区建设

---

* 谭建共，广州体育学院教授，研究生导师，主要研究方向为中外休闲体育比较性研究、运动休闲与健康、公共休闲运动空间研究等；余翩翩，广州体育学院研究生院。

列入 2018 年的工作目标。一系列政策凸显的是粤港澳大湾区重要的战略地位,以及香港和澳门被寄予的厚望。

"中国开放的大门不会关闭,只会越开越大"——党的十九大报告向世界郑重宣告;用更加开放的思维,推开一扇开放的大门,这是粤港澳大湾区需要承担的新使命。公共服务作为大湾区建设的重要内容,将为实现这一愿景目标提供最有力保障;发展运动休闲产业,扩大休闲运动空间是公共服务建设的直接体现,不仅为大湾区城市群居民创设舒适悠闲的运动环境,更直接关系到大湾区居民生活质量与生活方式,因此,有必要探索粤港澳大湾区城市群公共休闲运动空间发展前景与未来。

一 粤港澳大湾区的由来

从地理上看,大湾区是由多个密切相连的海湾、港湾、邻近岛屿等区域组成;粤港澳大湾区涵盖了珠江三角洲地区 9 个城市(广州、深圳、珠海、佛山、惠州、东莞、中山、江门、肇庆)与香港、澳门两个特别行政区形成的城市群,呈现"9 + 2"格局。

2008 ~ 2011 年,粤港澳三地政府在《珠三角规划纲要》《粤港合作框架协议》《大珠三角城镇群协调发展规划研究》等文件中分别提到了"世界级城市群""世界级新经济区域""一湾三区"等构想。国家"十二五"规划提出了"世界级城市群",国家"十三五"规划明确提出了"粤港澳大湾区"。2017 年两会期间,李克强总理在政府工作报告中提出这个问题时,引起比较大的反响。粤港澳大湾区经历了从民间到地方,再到国家层面逐步提出的过程(见图 1)。

与世界三大湾区(东京湾区、纽约湾区、旧金山湾区)相比,粤港澳大湾区在建成区域面积、GDP、人口总量指标上差距不大,但在人均 GDP、第三产业占比等各项指标上差距甚远,与国际的产业协同效应不明显,未来仍有广阔的提升空间(见表 1)。

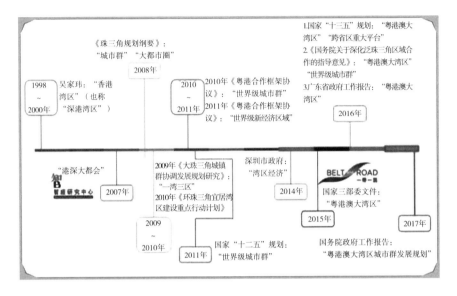

图1 "粤港澳大湾区"概念提出的过程

表1 粤港澳大湾区与世界三大湾区数据对比

城市群	粤港澳大湾区	旧金山湾区	纽约湾区	东京湾区
面积(万平方公里)	5.6	1.8	13.8	3.64
常住人口(万人)	6700	768	6500	4400
GDP(万亿美元)	1.3	0.8	4	1.72
人均GDP(万美元)	1.9	10.4	6.2	4
第三产业占比(%)	55.6	82.8	89.4	82.3
核心产业	科技创新、金融服务业	科技创新	金融服务业	先进制造业

共建粤港澳大湾区优质生活圈,将以改善社会民生为重点,打造国际化教育基地,完善就业创业服务体系,促进文化繁荣发展,共建健康休闲湾区,推进社会协同治理,把粤港澳大湾区建成绿色、环保、宜居、宜业、宜游的世界级城市群。

公共休闲活动空间是大湾区城市公共服务供给的基本保障,一般由所在地的市政投资创建,是专供市民享用的非营利性活动场所,被广大市民视为"城市客厅",生活在大湾区城市群的每个居民都有权利享受"城市客厅"

提供的服务。在那里，人们可以自由自在选择喜欢的休闲运动方式，比如人与人之间的情感交流，人与大自然的亲近，运动知识与技能的相互学习，锻炼身体与放松身心，个体独处与享受运动快乐等都属于聚集性公共服务。体育主题公园、体育俱乐部、社区小镇和大学校园的休闲体育中心等是大湾区城市群最具代表性的休闲运动场所，也是民众热衷的休闲运动环境，可满足各种群体与层次人群运动休闲的需求，特别在社会快速发展的年代，利用闲暇时间去那里参与娱乐健身活动，放松一下心情已经成为一种社会时尚。另外，商业性体育俱乐部作为城市公共休闲运动空间的重要组成部分，虽然提供的是带有营利性质的公共休闲服务，但在人们休闲运动选择方面增加了丰富的项目内容，它还是运动休闲服务产业的重要补充。城市公共休闲运动空间建设属第三产业发展的重要内容，更是粤港澳大湾区城市群未来建设与发展不可忽视的社会服务，有必要建设市民满意、绿色环保、健康舒适的休闲活动场所。

二 大湾区运动休闲发展现状

以运动的方式休闲已是当今社会发展的一种趋势；在中国，粤港澳被视为经济最为发达的地区，粤港澳大湾区更是中国经济增长和技术变革的领头羊，当地居民在享受良好经济环境带来富庶生活的同时，还具备超前的健康休闲意识和积极主动的休闲生活态度。另外，粤港澳国际化程度非常高，由于历史因素，大湾区休闲体育活动包含岭南、英国和葡萄牙等多元文化因素，对各城市群休闲运动产业发展有着积极作用，同时各具特色。

（一）珠三角湾区城市群休闲运动发展特点

2009年完成的《大珠三角城镇群协调发展规划研究》把"湾区发展计划"列为空间总体布局协调计划的一环，并提出四项跟进工作，即跨界交通合作、跨界地区合作、生态环境保护合作和协调机制建设。2010年，粤

港澳三地政府联合制定《环珠三角宜居湾区建设重点行动计划》，以落实上述跨界地区合作。广东省2016年政府工作报告包括"开展珠三角城市升级行动，联手港澳打造粤港澳大湾区"等内容。

从整体来看，目前我国的城市发展处于第三阶段——城市群阶段，整体可以划归为五大城市群（京津冀、长三角、珠三角、长江中游和成渝城市群）；其中，珠三角、长三角、京津冀是领先的三大城市群，在GDP上，长三角表现最优，在人均和地均GDP上，珠三角则表现最优（见表2）。

表2 中国五大城市群概况

城市群	陆地面积（万平方公里）	2015年常住人口（万人）	2016年GDP（万亿元）	人均GDP（元）	地均GDP（万元/平方公里）
珠三角	5.5	5874	6.8	115598	12346
长三角	21.2	15000	14.7	97454	6949
京津冀	21.5	11000	7.5	67524	3499
长江中游	34.5	12000	7.1	56759	2049
成渝	24	9819	4.8	49066	2007

虽然目前我国的城市发展仍处于第三阶段，但国家已将大湾区的发展理念提上日程，粤港澳大湾区的发展上升为国家战略。大湾区未来城市建设规模不管多么宏伟，经济发展有多么快速，一切都需要围绕提高大湾区居民生活水平这个主题，尤其是围绕居民的健康休闲生活。国务院2016年出台的《"健康中国2030"规划纲要》第十九章特别强调积极发展健康运动休闲产业，这对公共休闲运动空间建设与发展无形中起到了促进作用。休闲运动作为休闲活动的重要内容之一，可以使身心愉悦和放松，让人们从紧张的工作压力中摆脱出来。公共休闲运动空间作为民众体验休闲体育活动的舞台，对展示和传播休闲运动文化、丰富民众休闲娱乐生活、提高生命质量等都有着积极的意义。珠三角是中国经济快速发展的典型代表，居民生活整体水平在全国名列前茅，在珠江三角洲地区建设文明和谐、健康舒适的公共休闲运动空间，营造欢快的休闲运动氛围，有利于提升居民休闲生活质量，使其积极

参与到健康快乐的休闲体育活动中。

以广州市公共休闲运动空间发展现状为例（见表3、图2），居民结合自我评价、硬件设施、软性服务、整体评价四个方面的综合满意度，0~80分的区间，综合满意度人数最多的是53分，占总分的66.25%，略超过48分（60%）居民基本认可值，说明居民对目前使用的运动场所总体是基本满意的，运动场所还有需要逐步改进的地方，要完善硬件设施和软性服务方面的工作，提供让市民更加满意的休闲运动场所。

表3　珠三角9市公共休闲运动空间基础数据

	广州	深圳	东莞	佛山	惠州	江门	肇庆	珠海
常住人口（万人）（2015年）	1350.11	1137.89	825.41	743.06	475.55	451.95	405.96	163.41
区域面积（平方公里）	7434.4	2050	2465	3868	10922	9443	15056	1653
全市体育场地面积（万平方米）（2013年）	3080.17	1443	1862.47	1587	1179	1121	约804	约359.502
场地人均面积（平方米）（2012年）	2.38	1.27	2.26	2.14	2.5	2.49	1.98	2.20

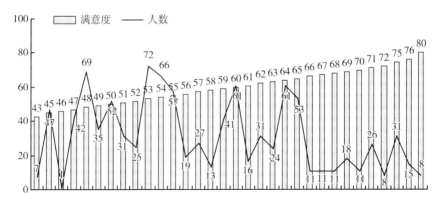

图2　广州市民对公共休闲运动空间满意度（N=1000）

（二）香港城市湾区休闲运动发展特点

香港属于多元文化城市，与其特殊的社会背景紧密相连。香港由于特殊的港口位置和历史发展机遇，经济实力雄厚并拥有较高的国际地位，社会发展已经进入较高的发展阶段，香港市民对精神生活品质的追求胜于对物质的追求，人们对健康和休闲的意识较为强烈。加之，受英国文化的影响较为深远，休闲运动在香港发展应以深入体验为主要诉求，通过康乐、体育和文化活动，改善香港市民的生活品质。

香港中西文化融合、多元文化共存的特点，为运动休闲产业提供了更为广阔的发展空间。虽然英国文化对香港有一定的影响，但是，香港在特殊历史时期的发展中，受岭南文化的影响更深，在多元文化共存的年代中汲取更多有益成分，形成了较为独特的香港本地文化，使香港人在选择和丰富休闲运动项目的内容上有更大的发展空间和更多的可以借鉴的经验。

香港回归后在场地设施方面，大部分用于举行文化节目及康体活动的场地，均由市政局及区域市政局兴建和管理（见图3），其中包括香港大球场（1994年重开，是香港最受欢迎的户外运动场，设有4万个座位，可举办世界级体育赛事和娱乐活动）和香港文化中心等大型设施，以及较小规模的室内康乐中心及社区文娱中心。在室内体育馆方面，香港体育馆和伊丽莎白体育馆均由市政局管理，是亚洲设备最完善的两个多用途室内体育馆，设有12500个座位；伊丽莎白体育馆设有3500个座位，适合举办体育竞赛、流行音乐会、文娱节目和专题会议等。区域市政局管辖有3间大型文娱中心（沙田、荃湾和屯门）和3间较小型文娱中心（大埔、上水和元朗）。在体育和康乐方面，香港有各式各类体育及康乐设施和活动，市政局和区域市政局负责开设及管理运动场、游乐场、室内运动场、度假营、游泳池和泳滩等设施。二者也为不同年龄和体能的人士举办训练课程、体育比赛和其他活动，并开放公园和进行美化环境工作，为市民提供更多休憩的地方。戴麟趾爵士康乐基金拨款资助兴建及改善康体设施以及购买体育器材。

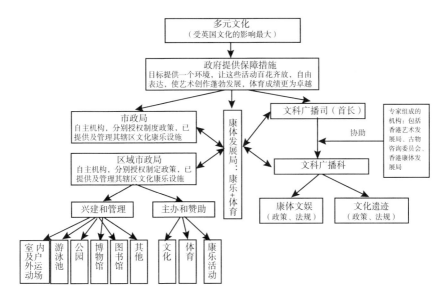

图3　香港休闲体育发展示意

（三）澳门城市湾区休闲运动发展特点

澳门休闲体育的发展深受葡萄牙文化（如庆典及节日、音乐、美食等）的影响。葡萄牙的文化遗产一直深受非洲、美洲和亚洲文化的影响，具有鲜明的葡萄牙建国之前的人文特征，并体现出葡萄牙人友好热情的秉性。澳门休闲体育或大众体育是澳门社会文化的一种反映，与澳门社会的发展有着密切的联系，对推动社会进步、彰显澳门文化、提升澳门综合实力具有积极作用。岭南文化对澳门休闲体育活动方式有深远的影响，也使澳门人对运动休闲更加注重深度体验。

澳门是东西方文化最早在海道上的交汇点，具有"以中为主、中西结合"的文化特色。澳门是西方体育进入我国的最早的登陆点，在很长时间里，也是西方体育传输到我国内地的重要通道之一。澳门独特的地理位置和

历史背景，使其形成了传统与现代共存、东西方文化交融的多元文化，拥有背靠祖国、立足本地、面向海外的独特优势。1999 年澳门回归以来，特区政府投入了大量资源发展体育事业，多层面推广和发展体育运动。2006 年国家"十一五"规划首次将澳门纳入其中，显示了澳门在国家发展战略中的重要地位。

澳门城市大学科研主管叶桂平助理校长在"粤港澳大湾区城市群发展规划：澳门的优势、方向与策略"学术座谈会上指出，澳门要在粤港澳大湾区的开放型、复合叠加型经济体中拥有话语权，就必须积极发挥自身优势，找准四个发展方向：首先，澳门要成为珠三角、泛珠三角地区与葡语、拉丁语系及"一带一路"沿线国家和地区之间的金融服务平台；其次，配合粤港澳大湾区城市群打造全球与创新高地的战略，积极发展文化创意产业、旅游休闲产业及海洋产业，使澳门成为湾区创新体系的重要引擎；再次，建立旅游业合作基地，充分发挥澳门作为"世界旅游休闲中心"的功能，加强粤港澳三地旅游产业和技术合作；最后，推进城市规划和智慧城市建设，推动澳门城市和大湾区其他城市群的协调发展。

澳门回归后，澳门特区政府重新定位，全力打造文明开放的新澳门，逐步明确了体育旅游发展的战略地位，并着力借助举办大型赛事来积极拓宽澳门发展空间。澳门连续举办了东亚运动会、泛葡语运动会和亚洲室内运动会等大型体育赛事，特别是第四届东亚运动会，成为澳门体育场馆发展的另一重要里程碑。澳门新建了东亚运动会体育馆、澳门奥林匹克游泳馆、澳门国际射击中心、澳门科技大学田径运动场、保龄球中心及网球学校等一批符合国际标准的现代化规模较大的新馆，并对原有场馆进行了翻修和改建，使澳门公共体育场馆的数量大大增加，场馆设施的质量全面提高，进一步扩展了澳门居民人均场地面积和休闲运动的空间。另外，澳门政府还成立了专门的体育委员会，为公共休闲运动空间发展提供支持与保障（见图 4）。

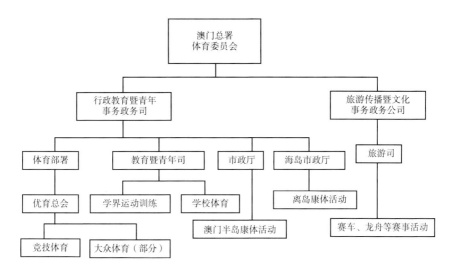

图4　澳门体育总会组织架构

三　粤港澳大湾区公共休闲运动空间发展前景与思考

在人类迈向休闲时代的今天，运动已被视为最具代表性和吸引力的休闲活动方式，不只是因为其本身呈现的休闲、娱乐和游戏属性，更是因为其对国家的进步与发展、社会的文明与和谐、人类的健康与快乐的积极意义。休闲运动是社会变迁与文明进步的产物；休闲运动的价值直接或间接地关系着民众的生活方式与生命质量，很多人愿意通过运动的方式追求幸福感和快乐的休闲生活。

横观欧美等发达国家大湾区城市群发展历程，每个城市都会把公共休闲运动空间建设放在非常重要的位置，每个城市的规划与设计，每个社区的建设与发展也都少不了公共休闲运动空间因素。

2013年7月，国家体育总局群体司刘国永司长在贵州举行的"生态文明贵阳国际论坛"上指出，"在未来的全民健身场地设施规划和建设中，要重点规划建设生态休闲运动场所，为城市居民提供绿色户外休闲运动空间"。应该说，中国各级政府部门已在积极推进，并关注公共休闲运动空间

的建设与发展。

综合粤港澳三地大湾区的特点，对城市群公共休闲运动空间未来发展提出以下展望与建议。

其一，休闲运动产业是一项朝阳产业，虽然在中国起步较晚，但社会需求非常之大，应积极加强对休闲运动资源的开发与合理利用，提升公众对建设休闲运动空间的认识与理解，包括社区休闲运动文化、休闲运动环境和设施配备等都是影响社会公共服务发展的因素。

其二，在香港，要积极推广全民健身运动，建设多元化体育设施，人人都可以享受运动乐趣；多举办精彩赛事，让本地运动员有更多机会在港参赛，让市民经常欣赏到大型国际体育盛事。此外，大湾区城市体育场馆和公园运动设施要与邻近社区紧密连接，为居民运动提供便捷、舒适环保的休闲运动空间。

其三，在澳门，休闲体育活动是澳门社会文化的一种反映，与澳门社会的发展有着密切的联系，对促进澳门社会发展、推动社会进步、彰显澳门文化、提升澳门综合实力具有积极作用。岭南文化对于澳门休闲运动方式有深远的影响，使澳门人对未来休闲运动发展的期望更加注重深度体验。

其四，在珠三角城市群，公共休闲运动空间建设与发展需要得到政府管理部门的高度重视，各地市要加大对休闲运动产业发展的扶持力度；定期举办群众性体育赛事，吸引更多健身爱好者的积极参与，增强大湾区居民对健康休闲生活的体验。在运动空间建设方面，增加大湾区居民社区体育设施数量，遵循"就近就便"原则，打造社区体育公园和5~10分钟休闲运动健身带；向市民定期普及休闲运动常识，积极引导社区文体活动常态化发展。

相信，粤港澳大湾区将会有更多的公共休闲运动资源得到有效开发和合理利用，公共休闲运动空间也将成为市民真正的"城市客厅"。

参考文献

《"粤港澳大湾区"写进政府工作报告》，央广网，http：//news. cnr. cn/comment/

latest/20170306/t20170306_ 523639444. shtml。

《习近平十九大报告（全文）》，新浪新闻，http：//news. sina. com. cn/o/2017 – 10 – 18/doc-ifymyyxw3516456. shtml。

《中央经济工作会议将粤港澳大湾区列入 2018 年重点工作》，广东省人民政府港澳事务办公室，http：//www. hmo. gd. gov. cn/zwgk/ztzl/ygadwq/szyw/201712/t20171222 _ 473580. htm。

郭万达：《中国大湾区建设的背景意义、优势障碍及空间范围》，中国网，http：//www. china. com. cn/opinion/think/2017 – 06/23/content_ 41083988. htm。

《以"湾区"思维提升大珠三角的发展》，中国经济网，http：//views. ce. cn/view/ent/201612/16/t20161216_ 18754754. shtml。

《搞懂世界三大湾区是咋发展的，也就明白了粤港澳大湾区哪里会火》，一点资讯，http：//www. yidianzixun. com/article/0IfIKn3P？s = zhwnl&appid = s3rd_ zhwnl。

谭建共、余翩翩：《广州市公共休闲运动空间满意度调查与研究》，《广州体育学院学报》2018 年第 1 期。

饶纪乐：《澳门体育体制的结构及其特征》，《体育科学》1995 年第 15 期。

《澳门城市大学举办"粤港澳大湾区城市群发展规划：澳门的优势、方向与策略"学术座谈会》，澳门城市大学网，http：//www. cityu. edu. mo/fol/academic/68。

马明达：《澳门体育管理体制研究》，《体育文化导刊》2008 年第 2 期。

需 求 篇

Needs Reports

G.11

中国城乡居民的休闲与生活质量

张亮亮　廖红君*

摘　要：　本文利用中国家庭追踪调查数据考察城镇与农村居民的休闲
　　　　　状况，并分析休闲对居民生活质量的影响。研究表明：
　　　　　（1）休闲已成为影响居民幸福感的关键因子；（2）随着政府
　　　　　对休闲经济的重视程度不断上升，国民的主观幸福感和生活
　　　　　满意度都呈现上升趋势，但收入仍是制约居民增加休闲时间、
　　　　　提高休闲质量的重要因素；（3）无论是休闲消费支出还是休
　　　　　闲时长，城镇居民都高于农村居民，但我国居民的休闲质量并
　　　　　不高，需要进一步引导国民建立积极健康的休闲方式。

* 张亮亮，中国科学技术发展战略研究院助理研究员，博士，研究方向为产业经济、休闲经济；
廖红君，西南财经大学经济与管理研究院博士研究生，研究方向为家庭金融、休闲经济。

关键词： 休闲 幸福感 生活满意度

一 引言

在经历了持续数十年的经济高速增长之后，无论是城市居民还是农村居民，物质生活都得到了极大改善，然而，在国民物质福利迅速提高的同时，精神生活状况却堪忧，引起社会各界的重视和反思。以休闲为例，根据2015年中央电视台"中国经济生活大调查"数据，除去工作和睡觉，超半数中国人每天休闲时间不足2小时，其中，休闲时间每天不足1小时的几乎占到1/4，休闲时间只有1~2小时的人则超过两成，还有将近一成的人没有一点休闲时间，"忙"已成为国民日常生活的焦点词。与调查数据反映出国民无暇休闲相对应的是，国民的自我生活质量评价徘徊不前，甚至在一定时间段呈下降趋势。根据历年"中国经济生活大调查"数据，2006年有59.1%的中国人自我感觉生活幸福，2010年这一数字变为44.7%，2014年则仅为40%，呈逐年下降趋势。收入的持续增长并未转化为幸福感的持续上升，而是呈现类似Easterlin在1974年提出的西方发达国家所体现的"幸福-收入之谜"现象。①

当前，中国经济进入前所未有的新时代，如何使全体人民能够共享经济发展成果，提升人民幸福感已成为政府决策层关注的焦点问题。2017年10月，习近平总书记在党的十九大报告中指出，中国特色社会主义进入新时代，中国社会主要矛盾已经转化为人民日益增长的美好生活需要和不平衡不充分的发展之间的矛盾。人民美好生活需要日益广泛，对物质文化生活提出了更高要求。李克强总理在2018年政府工作报告中也提出，要为人民过上美好生活提供丰富精神食粮，要不断提升人民群众的获得感、幸福感、安全

---

① R. A. , Easterlin, "Does Economic Growth Improve the Human Lot? Some Empirical Evidence," P. A. David, M. W. Reder eds. , *Nations and Households in Economic Growth*, New York: Academic Press, 1974: 89-125.

感。休闲作为现代经济社会的重要活动,对提高国民生活质量的意义受到社会各界的普遍认同。而社会主要矛盾的转变,对提高人民群众生活质量、满足人们的休闲生活需求提出了新的要求,并赋予其全新的意义和内涵。近年来,《国民旅游休闲纲要(2013~2020年)》《国务院办公厅关于进一步促进旅游投资和消费的若干意见》等一系列文件相继颁布,在国家政策层面保证了人民休闲的权利,成为我国正式进入休闲时代的重要标志。随着带薪休假等制度的逐步完善和落实,居民休闲意识不断提升,休闲需求不断增加,人们对休闲的态度正在发生深刻的变化,休闲对居民生活质量的影响变得愈加明显,同时休闲与生活质量的关系也成为经济学、社会学、心理学等多个学科研究的热点问题。

生活质量的评价指标有多种,本文以幸福来衡量生活质量,具体而言,以居民的主观幸福感和生活满意度两个主观评价指标来考察。近些年来,经济学等多个学科的学者对幸福做了理论探索和实证研究,许多文献对幸福的影响因素包括人口统计学特征、社会因素、经济因素等进行了分析。其中,收入与幸福的关系成为文献中关注的焦点。经济学理论假定理性人的福利取决于收入和闲暇引致的效用函数,在幸福经济学文献中通常会将理性人的收入以及人口统计学特征作为重要解释变量,而很少考虑休闲因素,从而有意无意地忽略了休闲对幸福的影响。然而,尽管收入水平不断提高,人们的幸福感却并未同步增强,在收入水平不变或提高的情况下,究竟如何才能提升幸福感?破解"幸福-收入之谜"成为各国决策层及学者孜孜以求的目标。近年来,随着中国对休闲经济的重视,将增加国民休闲时间、提升国民休闲质量提上议事日程,有研究表明,相较于教育、宗教、婚姻、健康、就业及收入状况,休闲和休闲满意度才是对生活质量影响更强烈的指标。

总的来说,休闲和幸福的关系研究主要从两个角度展开,一种是从休闲支出、休闲时长、休闲形式和休闲基础设施等客观角度,另一种则是从休闲意识、休闲态度和休闲满意度等主观角度。人们通常的直觉是休闲时间越长,生活质量就越高,但研究发现休闲满意度与生活满意度和幸福感具有高度的正相关性,幸福不仅取决于休闲活动的时间长度还取决于休闲满意度。

值得注意的是，参与不同的休闲活动对幸福感的促进作用具有一定差异。消极型休闲活动非但不会提升幸福感，反倒会有负面影响。例如，看电视时间过长会产生时间机会成本以及挤占理性活动时间，导致物质欲望和焦虑感增强，幸福感降低，而运动、旅游等积极型休闲会促进身体健康、获得更多能量，对幸福感具有显著的正面影响。因此，个体能够通过改变自己参与的休闲活动类型来提高个体的幸福感。休闲与幸福的关系如此错综复杂，而现有国内实证研究中所采用的数据大多为研究者自行调查所得，样本偏少，结论可能带有较强的地域特征，本研究利用大样本全国性抽样调查数据进一步探究新时代国民休闲与生活质量的特征与关系。

二　中国国民生活质量与时间利用状况

本文数据源于北京大学中国社会调查中心实施的中国家庭追踪调查（CFPS）。中国家庭追踪调查是一项全国性的大规模社会跟踪调查项目，样本具有很强的代表性，问卷中囊括了有关受访居民的教育、婚姻等人口统计学特征及其收入水平、休闲状况、对幸福的自我评价等本文最关心的问题。我们利用中国家庭追踪调查 2010 年和 2014 年的两轮调查数据，考察中国国民总体的生活质量及休闲时间利用状况。其中，2010 年共 23980 个居民样本，2014 年共 37147 个居民样本。由于 2014 年有关国民休闲活动参与类型等数据非常少，受数据可得性限制，后文将仅利用 2010 年数据分析城镇居民和农村居民的休闲与幸福感特征。

在 2010 年和 2014 年的中国家庭追踪调查中，对居民生活质量的重要指标之一主观幸福感进行了访谈，即"你觉得自己有多幸福"。其中，2010 年问卷中的幸福感评价采用了 5 级量表，1~5 分别表示非常不幸福、不幸福、一般、幸福和非常幸福；而 2014 年问卷中的幸福感采用了 0~10 的打分形式。为对这两年的居民自我幸福评价状况进行对比，我们将 2014 年的 0~10 自评打分转换为 1~5 级量表，由于 0 的样本量低于 10 个，所以我们将该部分数据剔除，然后，将幸福感评分为 1~2 的转化为等级 1，3~4 转化为 2，以此类推，

9～10 转化为 5。调查问卷中，生活质量的另一个重要代理变量为生活满意度，调查问题是"您对自己生活的满意程度?"，采用 5 级量表，其中，1 代表非常不满意，2 代表不满意，3 代表一般，4 代表满意，5 代表非常满意。

图 1 显示，2010 年和 2014 年居民幸福感均值分别为 3.83 和 3.99，均高于一般水平，接近幸福水平（4 代表幸福），数据同时表明，2010～2014年，居民主观幸福感呈现上升趋势。从居民生活满意度看，2010 年和 2014年的居民生活满意度均值分别为 3.48 和 3.8，均接近满意水平（4 代表满意），居民生活满意度也呈上升状态。幸福感和生活满意度均属于国民对自身生活状态的主观评价指标，两个指标的上升趋势表明，国民认为自"十二五"以来，自身生活质量逐步提升。

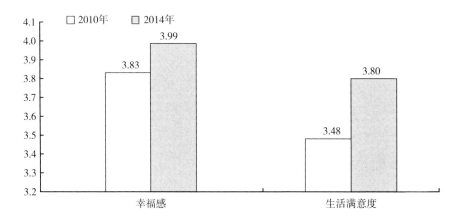

图 1　居民生活质量状况

资料来源：2010 年和 2014 年中国家庭追踪调查（CFPS）数据。

如前文所述，休闲是影响居民生活质量的重要因素之一，休闲标志着一个国家的经济发展水平和社会文明程度。随着我国工业化和城市化的快速推进，经济转型和社会转轨也取得巨大成功，国民收入持续提高，休闲在社会经济发展和居民生活质量等方面的重要地位日益显现。我们依据 CFPS 2010年和 2014 年数据对国民时间利用状况进行统计分析。图 2 显示了国民的时间利用状况。由于 2014 年 CFPS 数据中仅涉及看电视、上网和体育锻炼等三类休闲活动，受数据可得性所限，本文选取这三类休闲活动对 2010 年和

2014 年的国民休闲时间进行对比分析。从工作时长看，2010 ~ 2014 年，国民工作时长从 7. 65 个小时增加到 9. 75 个小时，增加了 2. 1 个小时。从睡眠时长看，国民睡眠时长从 8. 31 个小时下降到 7. 76 个小时，缩短了 33 分钟；除此之外，从休闲活动时长来看，国民的看电视、上网和体育锻炼时长分别缩短了 36、33. 6 和 7. 8 分钟。这意味着，工作时间的延长挤压了国民的睡眠和休闲时间，中国人的忙成为一种常态，休闲变得越来越奢侈。

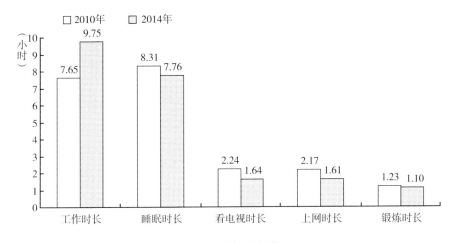

图 2　居民时间利用情况

资料来源：2010 年和 2014 年中国家庭追踪调查（CFPS）数据。

三　城镇居民的休闲与幸福感特征

（一）城镇居民的幸福感特征

城镇居民样本共 14774 个。图 3 显示，受访城镇居民中，感觉自己非常幸福及幸福的分别达 33. 72%、35. 22%，感觉一般的居民占 24. 10%，4. 77% 的人感觉不幸福，2. 19% 认为自己非常不幸福。如果将非常幸福和幸福归并，可以看到认为自己幸福的居民比例高达 68. 94%。幸福感得分平均为 3. 9 意味着，总体来看，城镇居民的主观幸福感处于"幸福"区。对居民生活质量的

另一重要指标生活满意度进行统计，发现分别有 16.72%、31.88% 的城镇居民自我感觉满意和非常满意，自我感觉一般的占 36.03%，分别有 5.24% 和 10.14% 的居民对生活状况感觉非常不满意及不满意。生活满意度评分平均为 3.5，意味着城镇居民对生活满意度的评价总体上处于"满意"区间。

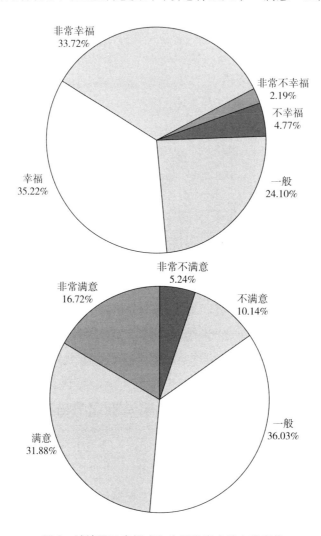

图3　城镇居民幸福感和生活满意度的自我评价

资料来源：2010 年中国家庭追踪调查（CFPS）数据。

（二）城镇居民的休闲特征

1. 休闲消费

依据调查问卷，可将城镇居民的消费支出分为购房建房、教育、医疗、婚丧嫁娶、家电、衣着、休闲和日常消费等八类。图 4 显示，购房建房支出占比最高，达 42%；其次是医疗和教育，分别约占 15% 和 13%；休闲支出最少，仅为总支出的 3%。原因可能在于，一方面，只有在可支配收入提高到一定水平，社会保障体系健全的条件下，国民才既有意愿又有能力进行休闲消费。尽管中国已被世界银行列入中上等收入国家，但城乡之间、地区之间以及城乡和地区内部的居民收入差距仍非常大，实际上仍属于发展中国家序列，同时，近年来，住房、教育、医疗等方面的支出暴涨，成为压在居民头上的"三座大山"，可支配收入总体水平不高成为居民提高休闲消费水平、升级消费结构的重要瓶颈。另一方面，尽管随着第二产业增速放缓以及服务业的快速发展，第三产业增加值占 GDP 比重在 2015 年已突破 50%，但休闲基础设施建设仍远远不能满足国民需求，休闲服务业发展相对滞后，未来仍需要进一步提高城市基本公共休闲服务供给能力。

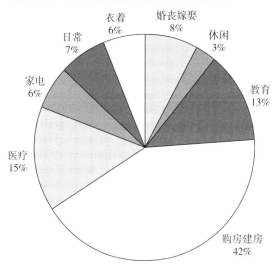

图 4　城镇居民各类消费支出占比

资料来源：2010 年中国家庭追踪调查（CFPS）数据。

2. 休闲时间

本文结合中国家庭追踪调查问卷将休闲定义为第一职业及兼职工作之外的活动，并按功能将其区分为必要型、成长型和享乐型等三种类型。此处，必要型休闲是指参与家务、用餐、个人卫生等满足个人生理需要且无法由他人代替完成的活动，成长型休闲是指参加业余学习与非正规教育等学习培训活动，享乐型休闲则指参与上网、看电视电影、交友等娱乐和社会交往活动或无活动。图 5 显示出城镇居民参与必要型、享乐型和成长型休闲活动的时间分配状况。其中，居民人均享乐型休闲时间平均约为每天 4.8 小时，占总休闲时长的 26.77%；人均必要型休闲平均每天 13.2 小时，占总休闲时长的 72.88%，而人均成长型休闲仅占 0.36%。

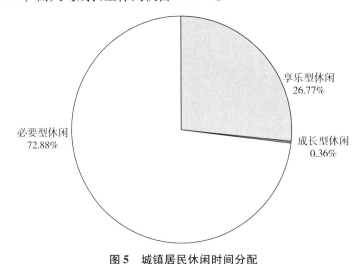

图5　城镇居民休闲时间分配

资料来源：2010 年中国家庭追踪调查（CFPS）数据。

图 6 是城镇居民在享乐型休闲时间中参与的休闲活动的参与率情况。从受访居民每天参与享乐型休闲活动的情况来看，看电视是城镇居民休闲中占据主体地位的活动，无论是参与人数还是时间花费在所有休闲活动中均居首位，且远远高于其他休闲类型。除看电视外，有 36.93% 和 28.17% 的城镇居民会参与阅读和外出就餐活动，在社会交往和上网方面所花费的时间仅次于看电视。

　　根据"心流"理论，类似于看电视和上网等的享乐型休闲很可能仅给人带来生理愉悦，而不能得到心理上的满足，从而造成更多的负面情绪，影响幸福感的提升。经验研究也验证了这一点，从休闲时长看，阅读、锻炼和社会交往等积极休闲能够显著提升居民幸福感，而看电视、打牌和上网等消极休闲活动对幸福感的影响不显著；从是否参与某种休闲的角度看，阅读、锻炼、外出就餐等积极享乐型休闲对居民幸福感的影响显著为正，打牌、看电视等消极休闲的影响不显著。旅游休闲对提升居民幸福感及生活满意度有直接的积极影响。然而，中国家庭追踪调查的数据显示，城镇居民参加旅游的比例仅为7.94%，低于其他享乐型休闲活动。旅游参与率低并不代表居民旅游积极度不高，"有闲有钱"是旅游的必要条件，虽然居民收入水平不断提高，但居民的休闲时间近年来却在减少，休闲时间过短约束了旅游休闲活动。

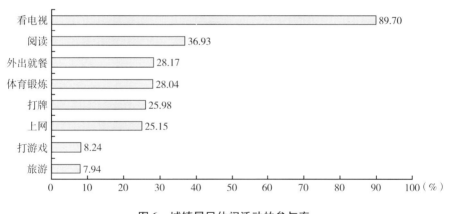

图6　城镇居民休闲活动的参与率

资料来源：2010年中国家庭追踪调查（CFPS）数据。

四　农村居民的休闲与幸福感特征

（一）农村居民的幸福感特征

农村居民共计9206个样本，其中，非务农者样本2574个，务农者样本

6632 个。受访农村居民中，感觉自己非常幸福及幸福的总共约占 61.9%，约 28% 的人自我评价一般，约 10.2% 的居民认为自己非常不幸福或不幸福。从主观幸福感评分的均值看，我国居民对幸福的感受存在显著城乡差异，农村居民低于城镇居民，但总体上仍处于"幸福"区。当按职业将农村居民划分为务农者和非务农者后，可以看到，两者对自身的幸福评分也有明显差异，农村居民中务农人员的自我幸福评分平均为 3.72，低于农村居民全样本的平均水平，也显著低于非务农人员（见图7）。

如果将"非常幸福"和"幸福"归并为幸福，将"非常不幸福"和"不幸福"归结为不幸福，可以看到，非务农人员中自我感觉幸福的比例为 66.3%，高于务农人员的 60.2%；而务农人员感觉不幸福的比例为 11%，高于非务农人员的 8%。与务农者相比，非务农人员中感觉幸福的更多，不幸福的更少。

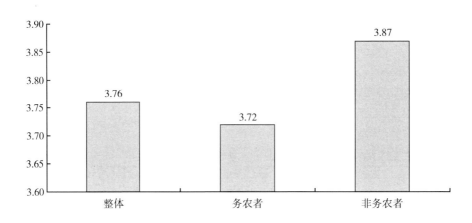

图 7　农村居民的幸福感状况

资料来源：2010 年中国家庭追踪调查（CFPS）数据。

（二）农村居民的休闲特征

1. 休闲消费

从购房建房、教育、医疗、婚丧嫁娶、家电、衣着、休闲和日常消费等八类支出看，居农村居民消费支出首位的是购房建房，占其总支出的39%，休闲支出占比最低，仅为1%（见图8）。农村居民的休闲支出大大低于城镇居民，一方面是因为长期以来城乡居民收入差距较大，农村居民收入水平相对较低，而收入是影响消费水平和消费结构的主要因素；另一方面，购房建房、医疗、教育和婚丧嫁娶构成农村居民的主要负担，对农村居民的其他消费产生了相当大的挤出效应，更无多少余力在休闲上消费。但应看到，随着近年来农村居民收入水平不断提高，休闲支出也逐年上升。以旅游为例，根据《中国统计年鉴》，2000～2016年，农村居民的人均旅游消费支出已从226.6元增加到576.4元。

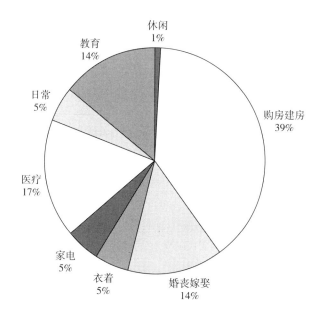

图8　农村居民各类消费支出占比

资料来源：2010年中国家庭追踪调查（CFPS）数据。

　　分职业类别看，务农人员的休闲消费支出占比几乎可以忽略不计，非务农居民的休闲支出约占其总支出的1%。除收入较高的因素外，由于非务农居民大部分穿梭于城乡之间，消费理念及消费习惯更易受城镇居民的影响，城镇居民消费的示范效应可能是造成这一差异的重要原因。

2. 休闲时间

调查显示，农村居民中，务农人员与非务农人员平均每天参加享乐型休闲活动的时间分别为2.8和3.8小时。图9显示，在享乐型休闲活动的参与率方面，非务农人员的休闲形式更加多样化，且其参与看电视、阅读、打牌、外出就餐、上网、体育锻炼和旅游等休闲活动的比例均高于务农人员。在享乐型休闲活动的日均时长上，无论哪一类休闲，非务农人员都要比务农人员投入更多时间。其中，务农人员在上网、体育锻炼和阅读等休闲形式上所花费的时间非常少，几乎可以忽略不计。同时，无论是务农人员还是非务农人员，每天看电视的时间都远远超过其他休闲类型。

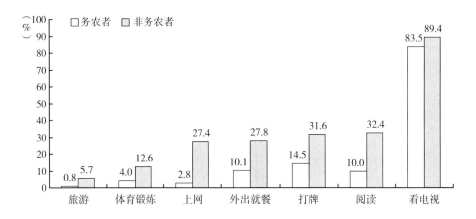

图9 农村居民的享乐型休闲活动参与率

资料来源：2010年中国家庭追踪调查（CFPS）数据。

五 实证分析结论及政策含义

在对城乡居民的休闲与生活质量进行描述的基础上，我们利用统计分析考察了不同幸福感状况下的休闲及享乐型休闲状况，并初步得出结论：居民的休闲时间越长，尤其是享乐型休闲时间越长，越会觉得自己幸福。基于此，本文针对城乡居民分别构建计量经济模型考察休闲对居民生活质量的影响，为体现结果的稳健性，居民生活质量采用幸福感和生活满意度两个指标作为代理变量。计量经济分析表明，休闲对居民生活质量有显著的提升作用，同时，休闲因素对生活质量的影响略大于收入因素。在将休闲划分为必要型、成长型和享乐型三类后，可以发现，享乐型休闲可以显著提升城镇居民和农村居民的生活质量。

本文的描述性统计和实证分析结论表明，享乐型休闲活动在幸福感模型中扮演着非常重要的角色。"十二五"以来，提升居民幸福指数，走民生导向发展之路，让百姓共享更多发展成果，已成为中央和地方各级政府的共识，并采取了大量实质性举措，努力促进经济发展和人民幸福感同步提升。但由于中国显著的城乡二元结构，城镇居民和农村居民在经济、社会、文化等各方面的发展均存在较大差距，中国城镇居民和农村居民的休闲和幸福感也呈现明显不同的特征。本文的研究结论具有很强的政策含义。

第一，收入仍是制约幸福感和生活满意度提升的重要因素，但研究发现，休闲目前已成为提升居民幸福感和生活满意度的关键因子，且其作用开始大于收入因素。"十二五"期间，虽然经济增速放缓，但居民可支配收入水平一路走高，扣除价格因素之后，城镇和农村居民的人均可支配收入年均增长率分别为7.9%、10.1%，为居民提高生活质量提供了物质基础，然而调查数据却显示，这一期间，国民工作时间越来越长，休闲时间越来越少。原因在于，尽管根据世界银行标准中国已被列入中上等收入国家，但中国仍将长期处于经济转型和社会转轨过程中，居民生命周期内面临的收入和支出不确定性偏高，与发达国家相比，中国的社会保障体系仍需进一步健全，社会保障及福利水平仍有较大的上升空间。为此，居民为进一步提升应对风险能力而延长工作时间来增加收入，并相应压缩休闲时间。这意味着，在国民平均消费倾向长期偏低的形势下，继续大力提高居民可支配收入方可扩大消费，进而增加休闲消费，实现消费升级。同时，为提高生活质量、实现人民幸福，深化收入分配改革应聚焦于减小收入差距。

休闲绿皮书

第二，国民休闲质量仍有很大提升空间。表现在：城镇居民和农村居民的人均休闲支出仅分别占其总支出的3%和1%。随着居民生活水平的提高，其对品质生活的追求愈加强烈，而休闲是提高生活品质的重要途径之一，但可支配收入水平不高、休闲时间不足制约了休闲需求，导致休闲消费水平低下。城镇居民平均每天参与享乐型休闲的时间比农村非务农居民和务农居民分别高出约1个、2个小时，若将享乐型休闲进一步区分为消极型和积极型，发现城镇居民参与前者的时间约是后者的三倍。这表明城镇居民虽然休闲时间较长，但休闲质量并不高。实证分析结果也表明，增加休闲尤其是积极享乐型休闲的时间能够显著提升国民生活质量，而消极休闲则会产生负面影响，体现出休闲教育和政府引导的必要性。居民总体上较低的休闲质量，意味着中国要迈入休闲经济时代尚需付出巨大努力。

参考文献

R. A. Easterlin, "Does Economic Growth Improve the Human Lot? Some Empirical Evidence," P. A. David, M. W. Reder eds., *Nations and Households in Economic Growth*, New York: Academic Press, 1974: 89 – 125.

B. S. Frey, A. Stutzer, "What Can Economists Learn From Happiness Research?" *Journal of Economic Literature*, 2002, 40 (2): 402 – 435.

M. D. Holder, B. Coleman, Z. L. Sehn, "The Contribution of Active and Passive Leisure to Children's Well-being," *Journal of Health Psychology*, 2009, 14 (3): 378 – 386.

A. Vingerhoets, M. Van Huijgevoort, G. L. Van Heck, "Leisure Sickness: A Pilot Study on Its Prevalence, Phenomenology, and Background," *Psychotherapy and Psychosomatics*, 2002, 71 (6): 311 – 317.

何立新、潘春阳：《破解中国的"Easterlin 悖论"：收入差距、机会不均与居民幸福感》，《管理世界》2011 年第 8 期。

胡荣华、孙计领：《消费能使我们幸福吗》，《统计研究》2015 年第 12 期。

李粉、廖红君：《休闲、收入与城镇居民幸福感——来自中国家庭追踪调查的证据》，《人口与经济》2018 年第 1 期。

罗伯特·斯特宾斯、刘慧梅：《休闲与幸福：错综复杂的关系》，《浙江大学学报》（人文社会科学版）2012 年第 1 期。

罗楚亮：《城乡分割、就业状况与主观幸福感差异》，《经济学》（季刊）2006 年第 2 期。

宋瑞：《时间、收入、休闲与生活满意度：基于结构方程模型的实证研究》，《财贸经济》2014 年第 6 期。

田国强、杨立岩：《对"幸福—收入之谜"的一个解答》，《经济研究》2006 年第 11 期。

G.12
北京市民"大中小休"满意度研究

王琪延　韦佳佳*

摘　要： 基于中国人民大学休闲经济研究中心于 2017 年进行的国家休假制度改革调查数据，首先从周休制度、法定节假日制度、带薪休假制度三个方面探讨北京市居民休假现状，发现北京市居民休闲需求越发旺盛，但能全部享受休假天数的群体仅占 34.2%，带薪休假落实率也仅达 62.9%，居民迫切需要更多的休闲时间。周休时间长短会影响居民对周休制度的满意程度；春节休假时间太短使人们对法定节假日制度表示不满；带薪休假执行力度是职工认为影响带薪休假满意程度的关键因素。最后提出我国休假制度改革中长期方案，即实施"三步走"战略推进落实带薪休假制度；延长春节休假，增加元宵节假日；逐步推行"做四休三"制度。

关键词： 带薪休假　休假制度　满意度

一　引言

习近平同志在十九大报告中指出："我国社会主要矛盾已经转化为人民

---

* 王琪延，教授，中国人民大学休闲经济研究中心主任，中国人民大学统计学院博士生导师，研究方向为休闲经济；韦佳佳，中国人民大学统计学院博士研究生，研究方向为社会经济统计。

日益增长的美好生活需要和不平衡不充分的发展之间的矛盾。"2016 年，我国人均 GDP 为 8123 美元，扣除价格因素，实际增长 6.3%①，按照这一增长速度，到 2020 年小康社会全面建成后，毫无悬念，我国人均 GDP 将超过 1 万美元。伴随着科学技术的进步，中国经济持续增长，国民基本生存需要将获得全面的满足，居民生活方式和消费结构将发生重大变化，休闲消费成为人们日益增长的美好需要。休闲消费需要以休闲时间为前提，否则即使有休闲欲望和需求能力，休闲需求也不能转换为有效需求。因此，充足的休闲时间是进行休闲消费的前提。

休假制度关乎居民休闲时间的长短。从休假时间长短看，我国休假制度可以分为"大中小休"，其中，"大休"指带薪休假制度；"中休"指法定节假日及黄金周；"小休"指以周为单位的周休制度。1949 年，《全国年节及纪念日放假办法》规定，我国法定假日的基本格局为每年四个节假日，元旦 1 天、春节 3 天、"五一" 1 天、"十一" 2 天，国民法定假日共 7 天。与此同时，实行一周工作 6 天，星期天公休制度。国民休假天数一共 59 天。到 1994 年，实行了 45 年的单休制度开始松动，国家开始试行 "1 +2" 休假模式，即每逢大礼拜休息 2 天，而在小礼拜只休息 1 天。国民拥有 82 天休假天数。1995 年，我国开始实行 5 天工作制和双休制度后，国民拥有了 111 天的休假天数。1999 年，国务院修改假日制度，增加了 3 天法定假日，形成了"五一""十一"黄金周假期，国民的假期总天数增加到 114 天。到 2008 年，"五一"黄金周被取消，中秋、端午和清明被定为法定假日，天数增至 115 天。相比 30 年前，国民法定节假日天数增加了 56 天。在带薪休假方面，2007 年 12 月 16 日，我国正式公布了《职工带薪年休假条例》，规定职工累计工作已满 1 年不满 10 年的，年休假 5 天；已满 10 年不满 20 年的，年休假 10 天；已满 20 年的，年休假 15 天。这标志着我国带薪休假制度进入了一个新阶段。2013 年，《国民旅游休闲纲要（2013~2020 年)》提出，到 2020 年，职工带薪休假制度基本得到落实（见表 1、表 2）。

① 《2016 年全国居民收入稳步增长，居民消费进一步完善》，中国政府网，http://www.stats.gov.cn/tjsj/sjjd/201701/t20170120_ 1456174. html。

表 1　休假制度相关政策法规

时间	工时制度	休假制度	休假天数
1949～1992年	第二、第三次起草《劳动法》规定:实行每日工作8小时、平均每周工作6天。实行单休制度	《全国年节及纪念日放假办法》:每年4个节假日,公休7天。元旦1天,春节3天,"五一"1天,"十一"2天	59
1993～1994年	《劳动法》试行规定:每日工作8小时,平均每周工作44小时,平均每周工作5天半。实行大小礼拜周休制度	—	82
1995年	《国务院关于修改案〈国务院关于职工工作时间的规定〉的决定》:每周40小时,每天8小时。实行双休制度	—	111
1999年	—	《全国年节及纪念日放假办法》:从1999年10月1日起,国庆、春节、五一三个假日实行7天"黄金周"	114
2008年	—	《全国年节及纪念日放假办法》:于2008年1月1日,保留国庆和春节两个"黄金周",五一放假3天,同时增加清明、端午、中秋3天	115

表 2　国家带薪休假制度相关的政策法规体系

年份	政策法规内容
1991	中共中央、国务院印发的《关于职工休假问题的通知》规定:"各级党政机关、人民团体和企事业单位,可根据实际情况适当安排职工休假。"
1995	《劳动法》第四十五条规定:"国家实行带薪休假制度。"
2007	国务院公布的《职工带薪年休假条例》明确了职工带薪年休假的资格条件、休假时间、安排方式、监督检查、纠纷处理等内容
2008	人力资源和社会保障部公布的《企业职工带薪年休假实施办法》进一步细化了企业职工带薪年休假的实施办法
2013	《国民旅游休假纲要(2013～2020年)》提出"2020年职工带薪年休假制度基本得到落实"的发展目标
2014	《国务院关于促进旅游业改革发展的若干意见》中提出要"切实落实职工带薪休假制度"
2015	《2015年国务院政府工作报告》明确提出要"落实带薪休假制度"

从上述休假制度变迁来看，国民制度性休闲时间有所增加。但是，目前我国法定节假日天数和带薪休假天数远远低于世界平均水平。国际劳工组织2012年报告数据显示，报告中所列的118个国家（不含中国）中平均最短带薪休假天数为16.8天，其中发达经济体达到21天。[①] 而我国最短带薪休假天数仅为5天。全球人力资源咨询公司在《全球员工应享假期》报告中对62个国家的就业人员假期进行了国际比较，假期包括法定节假日和带薪休假。我国合计天数为21天，在62个国家中排名倒数第四。[②] 再加上休假制度监管不到位，居民休闲时间得不到满足。因此，随着我国劳动生产率的提高以及人们休闲意愿的增强，有必要了解居民的休假需求以及对现行"大中小休"制度的满意程度，从而为我国休假制度改革提供参考。

二　休假制度满意度分析

（一）数据来源

数据来源是中国人民大学休闲经济研究中心2017年10月进行的国家休假制度改革调查。笔者负责框架设计、问卷设计、调查督导和数据整理及分析，具体抽样过程由中国人民大学休闲经济研究中心成员协助完成。调查方法采用多阶段随机抽样，问卷为自填式结构型问卷，由被调查者亲自填写，均为真实意愿的表达，调查数据真实、客观、准确。最终获取有效问卷1310份。调查问卷共分为四个部分，包括休假制度现状调查、休假制度满意度调查、休假制度期望调查以及人口统计变量信息的调查。样本结构如表3所示。选取有业群体的数据进行分析。

---

① "Working Conditions Laws 2012," http：//www. ilo. org/travail/whatwedo/publications/WCMS_235155/lang－en/index. htm.

② 《中国带薪休假处在全球什么水平?》，新浪网，http：//blog. sina. com. cn/s/blog_16ec33b7a0102x3kk. html? tj＝2。

表3　样本结构

变量		频率(%)
性别	男	48.2
	女	51.8
年龄	19 岁及以下	4.0
	20 ~ 24 岁	21.0
	25 ~ 29 岁	28.2
	30 ~ 39 岁	24.2
	40 ~ 59 岁	19.9
	60 岁及以上	2.7
学历	小学及以下	3.6
	初中	6.2
	高中	19.3
	大学	66.2
	研究生及以上	4.7
年收入	0 ~ 5 万元	27.1
	6 万 ~ 10 万元	38.6
	11 万 ~ 15 万元	19.2
	16 万 ~ 20 万元	6.7
	21 万 ~ 25 万元	4.2
	25 万元以上	4.1
工作状态	无业	10.1
	有业	89.9

（二）北京市居民休假现状

1. 居民享受休假天数现状

从日常周休情况看，75.2%的有业群体可以享受周末双休，这一比例高于 2011 年的 72.5%；16.1%的群体只能享受周休一天，其余 8.8%的群体日常周休天数则更少。周休状况与有业者所属的行业有关。数据显示，周休一天的群体主要从事的行业为住宿和餐饮业（14.7%）、批发和零售业以及居民服务业（15.9%）、修理和其他服务行业（14.3%）。

这些传统服务业的劳动效率相对较低，从业人员主要从事体力劳动，工作替代性强，工时协商能力弱，周工作时间都在 43 小时以上，休闲时间短。

2013 年《全国年节及纪念日放假办法》规定，国民享有 11 天法定节假日。数据显示，仅有 59.2% 的有业群体能完全享受 11 天法定节假日。其中，69.1% 的群体有清明假期，69.4% 的群体能过劳动节，69.2% 的群体有端午节休息，76.6% 的群体能享受中秋佳节，75.2% 的群体能完全享受到元旦假期，81.0% 的群体有国庆假期，86.6% 的群体能享受春节休假。黄金周的休假执行力度较其他传统节日的执行力度要大，说明相较于其他法定节假日，国家对黄金周休假更重视，监管执行相对到位。

在带薪休假方面，北京市 2016 年有业群体中能完全享受带薪休假的比例达到 62.9%，高于 2015 年人社部调查的全国带薪休假落实率（50%），且平均带薪休假 7.2 天。其中，累计工龄不足一年的群体中有 62.7% 的群体不能享受带薪休假；累计工龄在 1~10 年的群体中，有 64.5% 的群体能享受 5 天以上的带薪休假，14.0% 的群体能享受少于 5 天的带薪休假，21.5% 的群体无法享受带薪休假；累计工龄在 10~20 年的群体中，有 68.3% 的群体能享受到 10 天以上的年假，而 9.4% 的群体可以享受少于 10 天的年假，22.3% 的群体还不能享受带薪休假；累计工龄在 20 年以上的群体，在过去一年里有 37.8% 的群体能享受 15 天以上的假期，32.1% 的群体可以享受少于 15 天的假期，另外有 30.1% 的群体没有享受过带薪休假。

调查显示，有业群体没有带薪休假的主要原因是工作太忙，没有时间休，这一比例达到 45.6%。其次是单位无带薪休假制度，比例为 20.0%。竞争压力太大，担心失业也是另一个原因，占到 12.8%。其他的原因还有担心上司批评（2.6%），加班费丰厚，主动放弃休假（4.2%）。在回答有无带薪休假单位所给的补偿时，36.2% 的群体表示没有补偿，59.5% 的群体表示单位会补偿工资，29.3% 的群体表示会更换休假时间，12.7% 的群体表

示会有其他补偿措施。

综上，北京市居民有业群体周休制度、法定节假日制度、带薪休假制度完全落实率分别达到79.2%、59.2%、62.9%，三类休假制度能完全享受的群体仅占34.2%。

2. 居民休假生活现状

在法定假日或是带薪休假期间，超过半数的群体会选择吃饭、睡觉、看电视，比例占到62.7%，43.4%的群体会去旅游，探亲访友也是休假期间的一项选择，占到39.0%，其他的还有健身运动（22.3%）、学习（27.1%）、上网玩游戏（22.7%）。在休假期间有业群体以休息或是旅游活动为主。

在过去一年的旅游（过夜游）活动中，34.1%的群体旅游次数在2次以上，61.8%的群体有过1~2次经历，仅有6.3%的群体表示没有过旅游活动。在旅游时间的选择上，29.6%的群体会选择周末过夜游，选择在元旦、清明节、端午节、中秋节出游的群体占7.4%，大多数群体会选择在黄金周出游，其中60.5%的群体选择在国庆出游，38.6%的选择在春节期间出游，带薪休假也是有业群体选择出游的时段，占到40.8%。在旅游花费上，选择在"十一"黄金周出行的群体，平均花费为2242元；春节出游的群体平均花费5584元；带薪休假出游的群体平均花费6260元。

（三）居民休假制度满意程度

市民对"做四休三"制度呼声高。调查显示，43.1%的有业群体对现行的休假制度表示满意，但仍有31.2%的群体表示不是很满意。进行交叉列联表分析发现，居民周休情况、周工作时间与周休制度满意度有密切关系。享受周末双休的群体更倾向于对周休制度感到满意，而周休天数较少的群体则更容易表现出对周休制度的不满。同样，周工作时间越长，特别是超过规定的40小时时，人们对周休制度的满意程度会递减。可见，国民期望有更多的休闲时间来进行休息或是进行休闲消费来满足休闲需求。数据显示,对周休制度不满意的群体中,有 15.1% 的群体希望每周休息 2 天,有 72.9% 的群体希望休息 3 天,这一比例比对周休制度较为满意的群体要高。这进一步说明,对周休制度不满意的群体迫切希望减少工作时间、增加休闲时间。鉴于此,当询问是否同意实施"做四休三"制度时,仅有 12.5% 的群体倾向于不同意,76.8% 的群体倾向于同意,其中,57.2% 的群体表示非常同意。

市民对延长春节和增加元宵节假日意愿强烈。对于现行的法定节假日制度,倾向于不满意的群体占 32.7%,40.8% 的群体倾向于满意。其中,对"十一"黄金周不满意的群体占 24.8%,较为满意的群体占 54.6%;43.7% 的群体对目前春节黄金周休假制度不是很满意,这一比例超过对春节黄金周满意的群体(38.2%)。进一步说明居民对法定节假日制度的不满意主要来自对春节黄金周休假制度的不满意。调查表明,居民普遍认为春节的 7 天假期太短,延长春节和增加元宵节假日的呼声很高。

带薪休假制度执行越好,市民对带薪休假的满意程度越高。从北京市居民对带薪休假制度的满意程度来看,34.1% 的群体表示还不是很满意,41.4% 的群体较为满意。带薪休假制度的满意程度与居民带薪休假天数有关。没有带薪休假的群体中有 50.1% 的人对带薪休假制度不满意,休假时间少于 5 天的群体的不满意程度为 42.6%,这两类群体的不满意比例都要超过满意的比例。休假时间为 11~15 天时,群体的满意比例超过了不满意的比例,达到 43.9%。另一个影响带薪休假满意度的因素是带薪休假的执行力度,数据表明,42.2% 的群体对带薪休假执行力度不满意,高于满意程度的比例(34.7%)。其中,对带薪休假执行力度不满意的群体中,有 69.1% 的群体对带薪休假制度不满意,远远高于满意的群体(15.2%)。

总体来看,居民对现行休假制度的满意程度(39.1%)略高于不满意程度(34.3%)。其中,周休时间长短是影响居民周休满意度的关键因素,周休一天群体对周休的满意程度要低于周休两天的满意程度;有业群体对

"做四休三"的呼声很高；对法定休假制度的不满主要来自对春节休假天数的不满意；影响有业群体对带薪休假制度满意程度的因素是带薪休假的执行力度。

三　结论与建议

（一）结论

综上，从"小休""中休""大休"三个方面探讨了北京市民对休假制度的满意程度。从北京市居民休假现状看，只有34.2%的群体能完全享受休假制度，其中，仅有62.9%能完全享受带薪休假制度，平均带薪休假时间为7.2天。从休假制度满意程度看，周休时间越短，对休假制度满意程度越低，周休现状未能满足职工需要；市民普遍认为现行春节假期太短，对延长春节和增加元宵节假日呼声很高；职工对带薪休假制度的不满来主要来自对带薪休假制度执行力度的不满，仍有近四成群体无法完全享受带薪休假制度。根据上述结论，对我国"大中小休"制度提出针对性建议。

（二）政策建议

1.加速推进带薪休假制度的落实

带薪休假具有时间相对较长、安排自助灵活的特点，对错峰休假、缓解集中消费具有重要意义。加速推进我国带薪休假制度落实势在必行。

《国民旅游休闲纲要（2013～2020年）》要求我国2020年基本落实职工带薪休假制度，但从休假现状看，实现这一目标仍需要时间。推动我国带薪休假制度落实可实施"三步走"，第一步即在2020年前，在政府机构、事业单位及国有大中型企业及东部的其他类型的大中型企业逐步落实带薪休假制度；第二步即2025年前，在其他所有制大中型企业、东部所有企业以及中西部的大中型企业逐步落实带薪休假制度;第三步即 2030 年前,在全国范围内落实带薪休假。

另外,政府还要采取强有力的措施,加强对带薪休假落实情况的监督检查以及职工休息权益方面的法律援助。对执行带薪休假制度好的企业,可予以减免税费的奖励,提高企业实施的积极性。对拒不执行"带薪休假"制度的单位及主要负责人明确相应的处罚规定。

2. 2030 年实现"做四休三"

国际经验表明,随着劳动生产率的提高,工作时间会大幅缩短。表 4 反映了美国、日本等六国 1965 ~ 2015 年的劳动效率与工作时间的关系。可以看出,这 50 年来,各国的劳动效率都在大幅提高,伴随着劳动效率的提高,各国的工作时间也在不断减少。以美国为例,这 50 年来美国年均劳动效率增长率为 5.34%,工作时间由 1979 个小时减少到 1786 个小时,年均下降率为 0.20%。因此,在我国劳动生产率达到一定水平的前提下,可在我国实行每天工作 9 小时,每周工作 4 天的四天(36 小时)工作制。

届时,国家就可以取消每年通过前挪后借形成的黄金周或小长假制度。员工可根据自身需要与单位进行协商,灵活安排自己的假期。

表 4   各国工作时间与劳动效率

	年工作时间(小时)						劳动效率(美元/人)					
年份	美国	法国	英国	日本	挪威	芬兰	美国	法国	英国	日本	挪威	芬兰
1965	1979	2163	—	—	1951	2075	—	—	—	—	—	—
1970	1902	2007	1899	2228	1835	1982	5245	3716	3659	3240	3368	3397
1975	1837	1880	1860	2129	1728	1899	7819	5957	5368	5180	5692	5668
1980	1813	1823	1710	2104	1580	1849	12569	9731	8467	8673	9870	9240
1985	1836	1670	1763	2096	1542	1813	18224	13338	12228	13338	14846	13371
1990	1831	1665	1762	1965	1503	1769	23901	17727	16741	19442	18444	18159
1995	1841	1605	1731	1865	1488	1776	28748	20860	20409	23417	24321	19556

续表

年份	年工作时间（小时）						劳动效率（美元/人）					
	美国	法国	英国	日本	挪威	芬兰	美国	法国	英国	日本	挪威	芬兰
2000	1834	1535	1705	1798	1455	1742	36419	26210	26232	16797	36950	26748
2005	1795	1507	1669	1785	1423	1697	44236	30625	32430	31667	47775	31993
2010	1774	1494	1634	1745	1415	1668	48303	36056	35914	35003	58025	38774
2015	1786	1482	1676	1713	1424	1641	56420	41199	42136	34421	61713	42059

资料来源：OECD。

3. 延长春节休假时间，增加元宵节假期

春节是中华民族重要的传统节日，是传承和弘扬中华文化的重要载体，是增强中华民族凝聚力和向心力的标志和象征。调查数据显示，市民普遍认为春节法定 3 天假期太短，近八成受访者表示希望春节法定休假天数可以有 7 天以上，更有五成受访者希望至少达到 10 天；且有六成受访者希望将元宵节作为法定节假日，可见居民对延长春节和增加元宵节假日的呼声很高。从汉代开始元宵就是中国最重要的节日之一，也是合家团聚、其乐融融的日子，设立元宵节为法定节假日，有利于家庭和睦与社会稳定。因此，政府可以考虑延长春节假期到 8 天，同时增加元宵节为法定节假日。

总之，只有将我国休假制度落实到位，才能提高居民的休假满意度。因此，我国休假制度改革势在必行。第一，实施"三步走"战略，逐步完善落实带薪休假制度；第二，延长春节休假，增加元宵节假日；第三，进一步研究改革日常休假制度，逐步推行"做四休三"。

参考文献

卿前龙、吴必虎：《闲暇时间约束下的休闲消费及其增长——兼论休闲消费对经济增长的重要性》，《杭州师范大学学报》（社会科学版）2009 年第 5 期。

孟续铎、杨河清:《工作时间的演变模型及当代特征》,《经济与管理研究》2012 年第 12 期。

王琪延、刘晓芳:《休假制度的未来:"带薪休假"+"作四休三"》,《中关村》2016 年第 7 期。

G.13
中国老年居民休闲旅游行为分析

王明康*

摘　要： 在中国人口老龄化态势日趋明朗的背景下，银发群体已成为休闲旅游消费市场的重要力量，发展老年休闲旅游产业为提升老年人晚年生活质量、满足其对美好生活的需要提供了有效的途径。基于2016年的"中国国民旅游休闲状况调查"相关数据分析，我们发现，中国老年居民休闲旅游存在出游频率与消费水平较高、消费主要集中于交通与餐饮方面、侧重于家庭出游、住宿设施的选择更加讲究舒适实惠、侧重于静态及观赏性强的传统性旅游产品及对目的地公共服务总体评价较高等总体行为特征，并针对上述特征提出了有针对性的建议与措施，以期有效激发老年居民休闲旅游的消费潜力。

关键词： 老年居民　休闲旅游　行为特征

一　引言

　　按照"65岁以上的人口即为老年人"与"老年人口占总人口比例超过7%即为老龄化社会"的国际规定，中国早于2000年进入老龄化社会。国家统计局的数据显示，截至2016年底，中国老年人口占总人口的比重已经高达10.8%，老年人群体已经成为消费市场不可忽视的力量，与银发市场相

---

* 王明康，中国社会科学院研究生院博士研究生，主要研究方向是旅游经济与管理。

关的商品与服务需求不断增加，给予了许多行业前所未有的发展机遇。五大幸福产业（包括旅游、文化、体育、健康、养老）中的两个与老年消费群体直接相关，而在旅游、文化与体育等休闲产业层面，银发市场的地位与作用不断提升，尤其是老年休闲旅游产业的发展，对提升老年人晚年的生活质量与促进家庭、社会关系的和谐发挥了重要作用。而《国民旅游休闲纲要（2013~2020年）》也多次提及针对满足老年群体休闲旅游需求的政策要求。因此，针对老年休闲旅游市场开展微观研究，不仅有助于从整体上把握老年旅游市场的整体发展态势，而且为旅游目的地开展有针对性的精准营销提供了较为客观的参考。

二 总体分析

（一）数据来源与基本描述

本文所使用的数据来自中国国家旅游局 2016 年的"中国国民旅游休闲状况调查"。调查主要在中国不同区域的 16 个城市通过拦截访问与网络问卷两种途径进行，调研所获取的数据能够满足随机性要求。本文主要提取了 65 岁以上老年人的相关休闲旅游调查数据来探究其休闲旅游概况。本研究所涉及的老年人共 638 人，其中男性占 53.5%，女性占 46.5%。在调查对象的文化程度构成中，小学及以下的占 24.2%，拥有中学学历的占 69.5%，大学及以上学历的占 6.3%。在婚姻构成中，未婚的占 5.8%，已婚无孩子的占 1.7%，已婚有孩子的占 90%，而离异或丧偶的占 2.5%。

（二）老年群体休闲旅游的条件分析

1. 收入方面

当前老年人的收入主要包括退休工资收入，除此之外，还有存款利息、投资红利及子女赠送等，正呈现多元化趋势，这也为老年人开展休闲旅游活动提供了重要条件。① 如图 1，2016 年的老年居民调查结果显示，月收入在 1000 元及以下的占 9.3%，1001~3000 元的占 35.3%，3001~5000元的占 38.8%，5000 元以上的占 16.6%。由此可见，所调查的老年人收入水平相对较高。而通过调查 2016 年已经参加外出旅游休闲活动的老年人群体发现，月收入在 3001~5000 元的占主体地位，占比约为 44.8%，其次为 1001~3000 元的收入群体，占比约为 32.7%。由此说明，月收入在 3001~5000 元的小康型老年群体是银发休闲旅游市场的重要需求力量。

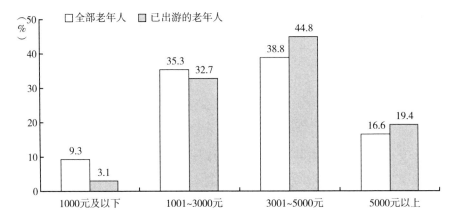

图 1　2016 年受调查的全部老年人与已出游老年人的收入构成

2. 闲暇时间方面

众所周知，闲暇时间是开展休闲旅游活动的另一重要条件。如图 2，调查显示，相比其他群体而言，由于退休、子女独立等，老年人的闲暇时间相对充裕，在"每周闲暇时间在 3 天及以上"的选项中，老年人群体占44.9%，超过了 18~30 岁与 31~45 岁两个年龄段的群体，而 46~65 岁年龄段群体的占比则超过了老年人群体，这主要是由于不少老年人退休较早，如果放宽对老年人的年龄界定的话，他们可以归类为老年人群体行列，而

① 胡平：《老年旅游消费市场与行为模式研究》，《消费经济》2007 年第 6 期，第 86~89 页。

"每周拥有 2 天闲暇时间"的老年人群体占比也超过了 20% ，也就是说每周至少拥有 2 天闲暇时间的老年人比重将近 65% 。而在闲暇时间的感知方面，如图 3 所示，有 31.1% 的老年人群体表示"现有的闲暇时间正好够用"，而表示"闲暇时间比较多或很充足"的老年人群体共占 43.9% ，而仅有 25% 的老年群体表示"现有的闲暇时间不够用"。由此可见，无论是在客观时间配置还是在主观闲暇时间的感受方面，老年人群体的闲暇时间优势可以转化为休闲旅游的条件优势。

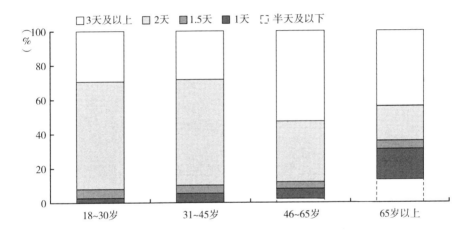

图 2　2016 年受调查的不同年龄段居民休闲时间构成

3. 休闲偏好方面

老年人的休闲偏好是其开展休闲旅游活动的内在动力，老年人对休闲的态度与看法可以间接衡量其休闲偏好，本研究通过 5 个题项来评估老年人的休闲偏好，根据李克特 5 点量表法的等级标准对老年人的休闲认同度进行评分，其分值在 1 ~ 2.4 表示不认同，2.5 ~ 3.4 表示不确定或态度中立，3.5 ~ 5 表示认同。关于"休闲是公民基本权利"的选项，受调查的老年人群体表达了比较高的认同度，其均值为 4.06，关于"休闲是缓解压力达到幸福生活的必备内容"，老年人群体对其认同均值也高达 3.89，老年人也高度认同"为了休闲投入金钱与时间是值得的"及"旅游是休闲的重要内容"的观点，其认同均值分别为 3.73 与 3.7。总体来看，老年人对这些题项认

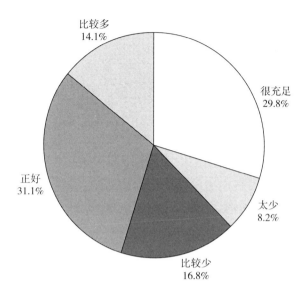

图3　2016 年受调查的老年居民休闲时间感知构成

同度较高，显示了老年人群体较强的休闲旅游偏好。这也不难理解，由于退休在家或子女独立，撇除身体条件的限制，老年人群体外出休闲旅游的愿望与倾向较为强烈。

（三）老年居民休闲旅游总体行为分析

1. 休闲旅游频次

　　如图 4，调查结果显示，在 2016 年外出开展休闲旅游活动的老年人群体中，约有 49.1% 的老年人外出休闲旅游 2～3 次，出游 1 次的老年人占 38.4%，而出游 4 次及以上的占 12.5%，这说明老年人的出游频次以 2～3 次为主。就逗留时间而言，如图 5 所示，老年人全年外出开展休闲旅游活动的逗留时间主要集中在 10 天及以下，其中 5 天及以下的占 30.6%，6～10 天的占 31.0%，而 11～20 天的占 24.9%，20 天以上的仅占 13.5%。由此可见，老年人群体外出旅游频率相对较高，逗留时间相对较长。

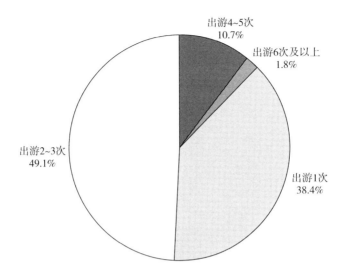

图4 2016年受调查的老年居民出游频率构成

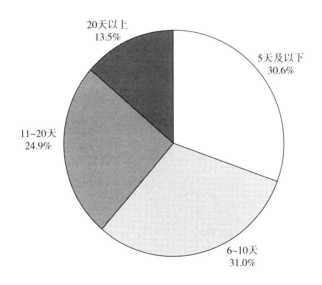

图5 2016年受调查的老年居民出游逗留时间构成

2.休闲旅游消费：老年人旅游消费水平较高，消费较为谨慎，主要集中于交通与餐饮方面

如图6，据调查结果统计，2016年老年人旅游消费在10000元以上的占

比为 31.8%，然后依次为 5001～10000 元、3001～5000 元、1001～3000 元、1000 元及以下，其占比分别为 25.3%、21.8%、19.0% 与 2.1%，显示了老年人休闲旅游市场消费水平较高，市场潜力巨大。但就老年人休闲旅游消费倾向①而言，如图 7 所示，老年人休闲旅游消费倾向较低，其休闲旅游消费与收入之比大部分在 0.2 以下，占 54.4%，远高于消费倾向处于 0.2～0.5 的老年人群体比重，此外，消费倾向在 0.5 以上的老年居民占比最低，仅为 19.5%，这说明老年人在进行休闲旅游活动中，保持着相对理性与谨慎的态度，其消费市场还存在较大的提升潜力。在老年人休闲旅游消费构成要素中，如图 8 所示，总体消费水平最高的是餐饮，其平均消费额为 2295.1 元，其次为交通，平均消费额为 2120.7 元，购物与住宿紧随其后，分别为 1692.1 元与 1593.8 元，而景区门票平均消费相对较低，为 1102.8 元，这说明交通与餐饮是老年群体休闲旅游消费的重头戏，老年人在休闲旅游过程中更注重基本设施的舒适性。

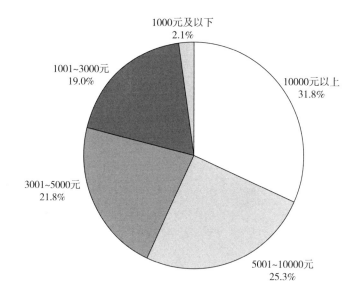

图6　2016 年受调查的老年居民休闲旅游消费水平构成

---

① 休闲旅游消费倾向 = 休闲旅游总消费/可支配收入。

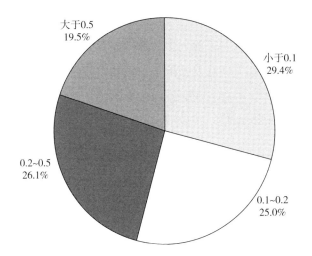

图7 2016年受调查的老年居民休闲旅游消费倾向构成

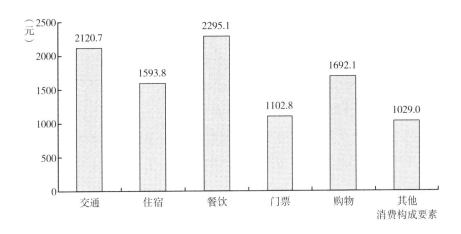

图8 2016年受调查的老年居民休闲旅游要素构成

（四）不同人口统计特征下的老年人休闲旅游行为总体比较

基于性别、受教育程度、婚姻及收入等不同人口统计特征的老年人休闲旅游频率及消费水平的比较结果见表1。

1. 性别

对不同性别的老年人群体进行单因素方差分析的结果显示，女性老人出

游频率高于男性，女性每年平均出游 2.66 次，而男性每年平均出游 2.35
次。究其原因，老年家庭的子女大多已经成家立业，其所承担的家务劳动及
照顾孩子职责大大减轻，同时女性由于长期从事紧张的职业工作以及繁杂的
家务劳动，产生生理、心理上的疲惫和压力，于是其休闲旅游需求比男性更
加强烈。① 而女性的外出休闲旅游消费也显著高于男性，女性外出休闲旅游
年均消费 10800 元，而男性外出休闲旅游年均消费为 8655.9 元，这主要是
因为相对于男性，女性外出休闲旅游消费一方面更加注重舒适享受，另一方
面在购物方面花费占据比重较高。由此可以看出，女性老年人外出进行休闲
旅游具有高出游率与高消费水平的特点。

2. 受教育程度

通过单因素方差分析发现，老年人出游频率及旅游消费在不同受教育层
次上呈现显著差异。具体而言，拥有小学及以下学历的老年人平均每年出游
2.33 次，中学学历的老年人平均每年出游 2.47 次，而拥有大学及以上学历
的老年人平均每年出游 3.75 次，而在旅游消费方面，三个学历层次上的老
年人平均每年的旅游消费依次为 7556.7 元、9775.4 元与 16500 元。由此可以看
出，随着老年人受教育程度的提高，其出游频率与休闲旅游消费呈现不断增加
态势。究其原因，一方面，随着受教育程度的提高，其学识、阅历及休闲意识
也在提高，从而导致较高的外出休闲旅游需求；另一方面，较高的受教育程度
意味着较高的收入水平，从而为外出休闲旅游活动提供了较好的条件。

3. 婚姻

通过单因素方差分析发现，老年人外出旅游频率和消费水平与其婚姻状
态密切相关。年均出游频率在婚姻状态分布上由高到低者依次为已婚有孩
子、离异或丧偶、未婚、已婚无孩子。而年均旅游消费水平由高到低者依次
为已婚有孩子、未婚、已婚无孩子、离异或丧偶。由此可以看出，已婚且有
孩子的老年人具有高出游率、高消费水平的特点，这也不难理解，该类老年

---

① 朱应皋、周小培：《南京女性旅游消费实证研究》，《消费经济》2007 年第 5 期，第 35 ~
43 页。

人以家庭旅游形式出游居多，其出游频率及消费均较高，而离异或丧偶的老年人出于继续寻求生活伴侣与排解失落情绪的需要，外出休闲旅游的频率也较高。而未婚的老年人可能由于思想观念超前，选择高消费水平的休闲旅游活动的机会也较多。

4. 收入

由表 1 可以看出，随着收入水平的提高，老年人群体的出游频率与旅游消费水平也随之增加，月收入水平不足 1000 元的，其出游频率为 1.75 次，年均旅游消费为 6065.6 元，而月收入在 5000 元以上的，其出游频率则高达 2.79 次，年均旅游消费水平为 11800 元。由此可以说明，跟其他不同年龄段的群体一样，收入水平的提高为老年人外出开展休闲旅游活动提供了必不可少的物质条件，这与前文的分析也较为一致。

表 1 不同人口统计特征下的老年人休闲旅游频率及消费

变量	属性特征	出游频率（次）		旅游消费（元）	
		均值	标准差	均值	标准差
性别	男	2.35	1.505	8655.9	10563.9
	女	2.66	2.174	10800.0	13359.2
	方差分析	F = 2.992 , p = 0.045		F = 3.437 , p = 0.033	
受教育程度	小学及以下	2.33	1.279	7556.7	9697.0
	中学	2.47	1.865	9775.4	12127.9
	大学及以上	3.75	2.964	16500.0	14331.8
	方差分析	F = 3.151 , p = 0.039		F = 4.182 , p = 0.030	
婚姻	未婚	2.00	1.08	7188.5	9689.8
	已婚无孩子	1.00	0.00	6453.3	8053.0
	已婚有孩子	2.53	1.860	9815.3	12084.1
	离异或丧偶	2.14	1.345	5674.3	6620.8
	方差分析	F = 4.111 , p = 0.031		F = 5.533 , p = 0.027	
收入	小于 1000 元	1.75	1.291	6065.6	5807.1
	1000 ~ 3000 元	2.16	1.602	8614	11481.6
	3001 ~ 5000 元	2.62	1.832	9526.5	11590.8
	5000 元以上	2.79	2.088	11800	13703.4
	方差分析	F = 2.654 , p = 0.049		F = 3.26 , p = 0.035	

三 老年居民休闲旅游行为与服务环境感知特征分析

（一）休闲旅游行为特征分析

本研究从出游类型、出游形式、信息获取途径、住宿类型、交通方式及活动类型等方面对老年人休闲旅游行为特征进行具体探究，其结果见表2。

1. 休闲旅游类型：以家庭出游与自助游为主

调查显示，在2016年已出游的老年群体中，有73.9%的老年人主要与家人一同外出旅游，与朋友或同事出游的占48.4%，而独自出游的不足5%。这说明老年人主要通过外出旅游活动来增进亲情与友情，促进家庭关系和谐与人际交往。有56.6%的老年人外出休闲旅游选择自助游，这主要基于短距离的外出休闲旅游，大多跟随家人自助出游，另外，有49.3%的老年人选择跟团出游，主要是因为跟团出游具备安全、周到、优惠等优点。而老年人选择自由行的比例相对较低，仅占31.3%，究其原因，受安全、身体条件等限制，自由行所面临的风险较高。

2. 休闲旅游信息获取途径：主要来自亲朋好友的介绍，但也日趋多元化

据调查统计，老年人休闲旅游信息主要来自亲朋好友的介绍，占43.9%，这说明老年人休闲旅游信息的获取主要基于"面对面"式的口头传播；而随着互联网的日益普及，老年人通过手机或电脑网络途径获取相关旅游休闲信息也日益频繁，占37.7%；通过旅行社了解相关旅游信息的老年人也较多，占12%；通过媒体广告了解相关休闲旅游资讯的占比不足5%。

3. 住宿类型：以经济型连锁酒店为主

据调查，老年人外出旅游住宿以经济型连锁酒店为主，占41.1%，住星级酒店的老年人比重也较高，达32.7%，其中，住宿三星级酒店的比重

最高，高达54.2%，这说明老年人在休闲旅游选择住宿方式时既考虑舒适又讲究实惠。

4. 交通方式: 以汽车为主，长短途交通方式的选择存在显著差异

据调查，在长途休闲旅游交通工具的选择上，选择乘坐飞机出游的老年人比重最高，占27.7%，其次为长途汽车，占23.2%，再次为高铁，占19.5%。而在中短距离的交通工具选择上，备受老年人青睐的交通工具依次为长途汽车、私家车、高铁，占比依次为41.6%、25.7%与19.3%。这说明无论是长途还是中短途交通，长途汽车是老年人比较喜欢的出游交通工具，其原因主要是汽车能够为老年人提供"点对点""门到门"的便捷服务。而飞机、高铁等交通工具成为老年人出游的重要选择，说明老年人出游更加注重便捷、安全、舒适。

5. 旅游活动类型: 以静、亲、慢为主，侧重于传统性旅游产品

据调查，老年人对乡村风情、都市文化及特色民俗旅游活动比较感兴趣，传统文化及生态旅游活动也占较高的比重，而专项旅游及主题旅游活动占比相对较低，这说明老年人相对热衷于静态、修身养性的旅游活动，自然观光及传统文化民俗类的活动备受青睐。

表2　2016年受调查的老年居民休闲旅游行为特征

变量	指标	比重(%)
出游类型	家庭出游	73.9
	与同事或朋友出游	48.4
	独自出游	4.1
出游形式	自助游	56.6
	跟团游	49.3
	自由行	31.1
信息获取途径	网络	37.7
	旅行社	12.0
	亲朋好友	43.9
	媒体广告	4.1
	其他	2.3

续表

变量	指标	比重(%)	
住宿类型	星级酒店	32.7	
	经济型连锁酒店	41.1	
	其他	26.1	
交通方式	飞机	27.7*	0.0
	普通火车	7.0*	6.4
	高铁	19.5*	19.3
	轮船	0.5*	0.9
	长途汽车	23.2*	41.6
	私家车	15.5*	25.7
	其他	6.6*	6.1
活动类型	乡村风情游	82.5	
	都市文化游	70.0	
	特色民俗	65.8	
	自驾游	58.8	
	专项旅游	43.6	
	传统文化游	59.0	
	生态旅游	60.0	
	自然观光游	58.1	
	主题休闲游	52.6	

注：出游类型、形式及活动类型的题项均为多选，故其比重之和不等于1。
在交通方式的比重数值中，带＊号的表示长途交通，而不带＊号的表示中短途交通。

（二）休闲旅游服务环境感知特征分析

众所周知，休闲旅游服务环境的营造对于老年人开展休闲旅游活动至关重要，这关乎着老年游客的满意度的有效提升与忠诚度的培育，是老年休闲旅游市场营销的重要环节，本文主要从信息服务、交通便捷服务、安全保障服务、惠民便民服务及行政执法服务等方面探究老年人群体休闲旅游服务环境感知态度，其感知态度的衡量主要以满意度为指标，根据李克特 5 点量表法的等级评分标准，其值在 1 ~ 2.4 表示不满意；2.5 ~ 3.4 表示不确定或态度中立；3.5 ~ 5 表示满意，其具体的评价结果见表 3。

表 3　2016 年受调查的老年居民休闲旅游服务环境感知评价

变量	得分值	分变量	得分值	指标	得分值
总体满意度	3.68	休闲旅游信息服务	3.56	旅游咨询网站服务	3.45
				移动旅游信息服务	3.48
				旅游导览图、标识牌	3.77
				旅游咨询中心	3.62
				旅游热线服务	3.47
		休闲旅游交通便捷服务	3.55	旅游集散中心	3.46
				景区直达专线	3.77
				城市旅游观光巴士	3.80
				城市公共自行车租赁服务	3.38
				自驾车营地、停车场等	3.36
		休闲旅游安全保障服务	3.62	旅游安全救援和医疗救助	3.41
				旅游安全标识(警示牌等)	3.82
				景点安全管理(如游乐设施安全、消防安全、治安安全等)	3.81
				旅游安全教育、培训与宣传	3.45
				旅游安全保险(种类、覆盖面、服务)	3.59
		休闲旅游惠民便民服务	3.54	免费公园、博物馆、科普馆等	3.85
				旅游消费券、旅游年票等服务	3.42
				旅游景区 WLAN 无线服务	3.25
				游客通信、邮政、金融、医疗、无障碍设施等	3.50
				旅游厕所	3.71
				旅游志愿者服务	3.54
		休闲旅游行政执法服务	3.45	旅游投诉受理和旅游纠纷调解服务	3.29
				旅游市场秩序和旅游行业环境	3.64
				旅游政策法规(如条例完善程度、宣传力度等)	3.53

1. 休闲旅游信息服务感知

在老年人对休闲旅游信息服务感知方面，老年人总体上对目的地的旅游标识（导览图、标识牌）与咨询中心的信息服务比较满意，而对于网站咨询、移动信息服务等评价值相对较低。相对于其他群体而言，老年人比较热衷于传统的"面对面"式的咨询方式，而对于比较现代化的网络型咨询方式的熟练度较低，使用频率较低，由此带来较低的感知度。

2. 休闲旅游交通便捷服务感知

据调查，老年人对城市旅游观光巴士最为满意，其满意度均值为3.80，其次为景区直达专线（3.77），而对集散中心，自行车营地、停车场，城市公共自行车租赁服务等满意度较低。究其原因，老年人对于"点对点"的交通服务需求比较高，而中国不少休闲旅游城市开设了旅游观光巴士，景区直达专线交通网络也日益完善，这为老年人提供了休闲观光的便利条件。而由于老年人年龄、身体等因素，其对于自驾游、自行车等交通工具需求相对较低，因此对这方面的感知度较低。

3. 休闲旅游安全保障服务感知

据调查，老年人对旅游安全标识（警示牌等）与景点安全管理满意度最高，均值分别为3.82与3.81，对旅游安全保险也有较高的满意度（3.59），但对旅游安全救援和医疗救助，旅游安全教育、培训与宣传的感知度较低，其值不足3.5。不难看出，为了给老年游客营造安全的游览环境，无论是旅行社还是景区都从各方面加大了安全管理力度，尤其是在预防性安全管理方面，老年人对其感知度较高。而由于发生事故的概率较低及在目的地的逗留时间较短，他们对旅游救援及教育培训等方面的感知程度相对较低。

4. 休闲旅游惠民便民服务感知

据调查，老年人对于免费公园、博物馆、科普馆等满意度最高（3.85），这既与老年人谨慎消费有关，也与老年人热衷于文化类旅游消费密切相关，而中国越来越多的文化设施面向社会免费开放，给予了老年人较好的文化休闲体验。其次，满意度较高的是旅游厕所（3.71）、旅游志愿者服务（3.54）及其他便利服务（如通信、邮政、金融、医疗、无障碍设施等）（3.50）。随着中国大部分地区"厕所革命"的推广，如厕环境质量大幅提升，志愿者服务在信息咨询、导引、援助等方面为老年人提供了较大的便利，而随着全域旅游的开展，各种便利服务（通信、邮政、金融、医疗等）与旅游的契合度越来越高，景区与目的地城市对特殊群体旅游条件日益重视，无障碍旅游设施的建设也日益完善，这均给予老年人较好的旅游体验，而老年人对旅游消费券与年票、景区无线网络服务的感知度相对较低，分别为 3.42 与 3.25，这主要与老年人使用消费券与年票的低频率有关，同时老年人并不善于利用网络服务，因此对无线网络服务感知度较低。

5. 休闲旅游行政执法服务感知

据调查，老年人对旅游市场秩序和旅游行业环境、旅游政策法规的感知程度均较高，其均值分别为 3.64 与 3.53，说明近年来，随着国家对旅游市场环境整治力度的加大以及目的地对老年游客的维权法律法规的宣传力度的加大，老年人对此感知较深，但旅游投诉受理及纠纷调解服务感知度较低，不足 3.5，这不仅是国内旅游行业面临的普遍问题，同时反映了在外出休闲旅游过程中，老年人维权意识较差。据统计，面对旅游过程中不满意的服务状况，约有 70% 的老年人选择忍气吞声，认为"算了，反正不会待太久"。而仅有 20.6% 的人选择投诉维权，8.4% 的人选择不投诉，而是通过网络进行曝光，这也说明了强化老年人的旅游消费维权意识势在必行。

6. 总体满意度感知

据计算目的地服务环境满意度均值发现，老年人对目的地旅游服务环境的满意度感知呈现旅游安全保障服务（3.62）、旅游信息咨询服务（3.56）、旅游交通便捷服务（3.55）、旅游惠民便民服务（3.54）与旅游行政执法服务（3.45）依次递减的分布特征，根据李克特 5 点量表的等级评分标准，老年游客除了对旅游行政执法服务呈现不确定的感知态度外，对其余服务感知都表现出满意的态度，因此旅游行政执法方面已

成为老年游客不满意态度的主要来源，而其中老年人的投诉与维权成为关键的影响因素。

总体上，老年游客对旅游服务的总体满意度较高（3.68），如图9所示，持"非常满意"与"比较满意"态度的老年游客分别占21.9%、49.2%，而持"不太满意"态度的游客仅占3%，由于"比较满意"的老年游客比例远高于"非常满意"的，所以老年游客的旅游服务满意度感知还有较大的提升空间。

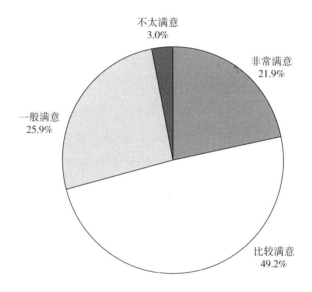

图9　2016年受调查的老年居民休闲旅游服务总体感知构成

四　措施与建议

（一）针对老年人群体进行精准化营销

具有不同人口统计特征的老年游客休闲旅游行为特征存在显著差异，女性、高学历、高收入及已婚有孩子的老年群体出游频率及消费水平均较高，是开展银发市场营销活动的重要群体，有助于提升老年旅游市场的营销效率。鉴于老年人勤俭节约、消费理性、价格敏感的特质，可以通过价格优惠、特殊活动与景点免费等方式刺激该群体的出游需求。鉴于老年人的主要陪同群体为家人，可以通过有效开展家庭旅游营销活动，从而推动银发市场的有效开发。

（二）为老年人群体提供定制化的休闲旅游产品

由于老年人群体在旅游六要素方面的消费同其他群体存在显著差异，因此需要积极开发设计针对老年人的休闲旅游产品。例如，在住宿方面，老年人比较讲究舒适、便捷及性价比，旅行社在组织旅游住宿产品时，可以适当考虑向经济型连锁酒店与中档星级酒店方面倾斜，各地独具特色的老年公寓也可以适当考虑。在餐饮方面，老年人花费比重较高，考虑到老年人的健康状况，可以向老年人提供既具有地方特色又生态环保、清淡可口的家常便饭。在旅游活动方面，老年游客更倾向于传统性观光与文化旅游产品，其观赏性强，开发的旅游活动尽量满足老年人散心需要及怀旧情结，尤其是求知型、爱好型及娱乐型休闲旅游产品需要进行重点开发。

（三）积极维护老年人旅游消费权利，拓宽老年人旅游投诉渠道

老年人对旅游行政执法服务环境感知评价相对较低，这主要源于老年人对旅游投诉受理及纠纷调解服务感知较低，而大多数老年人表示面对出游过程中不满意的地方会采取忍气吞声的态度，这既折射了老年群体维权意识不强，同时反映了老年人旅游消费维权途径并不畅通。一方面，需要通过多种教育宣传手段提升老年人的旅游消费维权意识；另一方面，要积极拓宽老年人旅游消费维权投诉渠道，鉴于现有的投诉渠道多集中于网络、电话，并不便于老年人进行投诉维权，因此可以有效创新"面对面"投诉途径，例如，相关旅游管理部门设立现场投诉机构，积极主动征求老年人的感知意见等。

参考文献

胡平：《老年旅游消费市场与行为模式研究》，《消费经济》2007 年第 6 期。

朱应皋、周小培：《南京女性旅游消费实证研究》，《消费经济》2007 年第 5 期。

广场舞：基于休闲视角的研究[*]

沈 涵 王 鹏[**]

摘　要： 现代城市中社区休闲空间对社区居民的人际关系、生活模式和休闲质量具有重要作用。本文通过实地访谈，对社区广泛流行的广场舞进行研究，对这个社区空间中产生的休闲活动、社交关系进行了分析。结合广场舞产业发展现状和面临的问题，通过广场舞社群人际关系的实证研究，本文分析了广场舞构建的休闲空间人际关系特点，从城市公共空间和非商业休闲空间角度，结合社会文化角度，提出了城市休闲空间发展的新要求和社区休闲空间管理策略建议。

关键词： 广场舞　社会交往　休闲空间　中老年群体

一　研究背景

社区公共空间作为城市的重要组成部分，在居民日常休闲活动中常常扮演着重要角色，但是现代城市中，在社区土地经济利益最大化驱动下，城市规划者和社区建设者忽视了社区公共空间建设，社区休闲功能比较有限。尤其是中老年人，拥有较多的空闲时间，但缺乏适合的娱乐项目，社区公共空

* 本文是国家社会科学基金一般项目（14BGL202）和复旦大学卓学人才计划（授予人：沈涵）的研究成果。感谢课题组成员罗艺、李茜的实地调研和资料收集。

** 沈涵，复旦大学旅游学系副教授，管理学博士，研究方向为消费者行为；王鹏，复旦大学旅游学系硕士研究生，研究方向为旅游规划。

间能提供的休闲活动很少。在此背景下，自发性的社区广场舞成为许多中老年人重要的休闲活动，在全国各地广泛流行。

根据我国老龄办的统计，截至 2017 年底，我国 60 岁及以上老年人口有 2.41 亿人，占总人口的 17.3%，预计 21 世纪中叶老龄人口将达到 4 亿，老龄化已经成为我国社会常态，如何提升老龄人口的生活质量成为一个重要问题。广场舞源于 20 世纪 90 年代全民健身风潮下的体育舞蹈，目前发展成融合各种舞蹈种类、元素的集体性舞蹈，参与对象在我国主要为中老年妇女，广场舞这一现象极具中国特色。中老年人在社区公共空间中重新找到了集体的归属感和群体间的人情往来。中国中老年群体对广场舞这一社区公共空间的集体性活动的热衷，其背后的原因、人际社交网络的特点都值得探讨和研究。

二 广场舞产业发展现状

广场舞作为城市休闲空间的重要活动，已经成为全民健身活动政策背景下的群众性体育健身活动。国家对群众体育建设越来越重视，近年来在全民健身活动和体育工作方面不断进行引导，加大扶持力度，陆续出台了一系列的政策，如：2009 年颁布的《全民健身条例》，设立了"全民健身日"，推行新版《全民健身计划（2011～2015 年)》，推动群众体育的大发展；2014年，国务院颁布实施《关于加快发展体育产业，促进体育消费的若干意见》，明确把全民健身上升到国家战略的政策高度。

在此政策背景下，广场舞作为全国普及的中老年健身活动形式，也得到了政府部门的重视和相应的政策引导。2015 年，广场舞登上央视春晚，3月，国家体育总局和文化部发布了广场舞的 12 套标准动作，9 月，文化部、国家体育总局、民政部、住房和城乡建设部联合颁发《关于引导广场舞活动健康开展的通知》。

广场舞具有自发组织、简单易学、轻松休闲、大众娱乐的特性，因此迅速被广大人民群众所接受，孕育了很大的市场和产业发展空间，以中老年人为目标市场群体的产品开始通过广场舞切入市场，广场舞比赛和赞助成为针对中老年市场的重要营销途径，众多面向广场舞市场的公司如雨后春笋般出现。

2015 年发布的《中国广场舞行业研究报告》引用淘宝数据表明，淘宝平台销售的广场舞服装、音响、唱戏机以及其他与广场舞相关产品，月销售额超过 2500 万元。该报告根据中老年人群线上线下购买行为的比例进行估算，认为广场舞市场的年销售额达到 30 亿元人民币。2016 年初，《经济学人》（*The Economist*）发布名为《中国开赛：崛起汇总的中国体育健身产业》的报告认为，健身已经逐渐成为中国国民主要的生活方式，同时蕴藏着巨大的发展和消费潜力。报告显示，国内有 8000 万～1 亿老年人热衷于"广场舞"这种舞蹈健身运动。

随着舞者规模的不断扩大，影响力也越来越大，广场舞已经成为资本关注的新市场，催生了"广场舞经济"。相继有播视网、糖豆网、舞动时代、99 广场舞、就爱广场舞、恰恰广场舞等一些广场舞创业公司下载量达到千万，获得不同程度的投资。但是由于中老年群体对线上商业的消费比例总体偏低，因此目前的广场舞 APP 主要依靠广告、电商旅游等盈利，未来将流量转变为盈利的商业模式仍在探索阶段。广场舞的社群关系成为解决中老年群体中普遍存在的对线上交易不信任问题的重要工具，将线上流量引导至线下人际关系搭建的商业模式中，发展零售和旅游，成为很多广场舞电商尝试的主要方法。对广场舞社区人际关系的研究成为产业发展的重要问题。

三 广场舞构建的休闲空间人际关系

（一）广场舞为中老年群体提供非正式社会支持

广场舞作为一项现代社区中的重要休闲活动，以社区公共空间为依托，以社区居民的非正式支持为背景，产生社会交往功能，在中老年群体中受到了广泛的青睐。林敏慧、保继刚在对公共空间和休闲行为做文献综述时发

现，广场舞作为公共空间中的典型活动形式，承担重要的社会交往功能。[1]数据表明，97%的广场舞大妈会与舞友进行交流互动，并且广场上由休闲关系所衍生出来的社会关系，对于50～60岁年龄段的中老年妇女来说有着非常重要的意义，她们认为这是她们除了亲戚和好友之外最为重视的社会关系。王玉对广场舞人际社交网络的构建进行了专业的描述[2]，杨雪晶论证了社区公共空间在非正式支持中发挥的重要作用，不仅建构了人们新的非正式关系，也为新的非正式支持资源的产生提供了可能性[3]。

（二）广场舞构建新型公共社区关系

在我国经济高速发展与城市化的改革背景下，传统社区生活氛围日渐衰落，社区认同感和归属感下降，城市社区更多地关注了行政管理单元的方面，而忽视了社区共创的情感联系，使城市居民，尤其是退休的中老年人，产生了集体失落感。与此同时，他们参与公共性活动如社区自治、社会公益参与等，有一定的参与门槛与限制条件。因此，广场舞作为一种自组织构建起了一个新的"公共性"社区，弥补了当前社区所匮乏的情感联系与共同体的感受，使参与其中的中老人重获集体归属感。广场舞参与人群通过这种形式追求个性，展示自我，调整负面情绪，激发正能量，是一种群众对美好幸福生活的有效表达方式。首先，它既能满足人们身心健康的需求，还能满足其休闲和交往的需要，对摒弃不良生活习惯，形成健康、积极向上的生活方式有显著效果，因此，它是居民休闲活动的重要形式之一，对于很多大城市的中老年人，尤其是中老年妇女而言，是休闲首选。其次，就广场舞所传达的文化精神及其所展示出的中老年群体蓬勃向上的生命活力层面，广场舞已然成为我国当代和谐、美丽社会文化不可或缺的一部分，是我国综

---

① 林敏慧、保继刚：《城市广场舞休闲研究：以广州为例》，《旅游学刊》2016年第6期，第60～72页。

② 王玉：《空间视角下的广场舞研究》，硕士学位论文，华东师范大学，2015。

③ 杨雪晶：《个体化与城市老年人的非正式支持——以上海市ST社区的经验为例》，硕士学位论文，复旦大学，2011。

合国力强盛、人民对美好生活表达的重要手段，不仅有利于参与者的身心健康，丰富群众的文化生活，同时有利于促进和谐群众文化的构建。

（三）广场舞改善人际关系，提高心理健康水平

广场舞还能够改善人际关系，减少孤独感。这不仅是对身体的锻炼与康养，也是对心理的健康发展和适应，更是与人交往、与人交流的过程。在这个过程中，舞者不仅可以调节情感，产生积极向上的思维方式，也能在一定程度上缓解敌对、孤僻、漠然的消极情绪。广场舞在增强自尊与自信心方面起着良好的作用，进而在一定程度上有利于中老年人的心理健康，也对其幸福感水平提高有着积极的影响。目前，广场舞已经发展成一种普遍的不可忽视的社会文化现象和文化景观，成为人们文化生活中不可或缺的重要组成部分。

四 广场舞社群人际关系的实证研究

为了更好地研究广场舞所构筑的人际交往，笔者采取了观察法和访谈法进行研究。笔者作为旁观者和初学者观察广场舞群体的组织结构、人际交往情况，并且在各个广场舞群体中选取舞友进行采访。为全面了解广场舞群体，我们将采访问题划分成动机、组织形式等基本问题，家庭成员往来关系，广场舞社交关系强度，矛盾或冲突四个大类。其中，根据 Mark S. Granovetter 对弱关系的定义①，我们将广场舞社交关系强度划分为四个部分测度，分别为互动时间、情感紧密度、相互信任程度、互惠性。

笔者以上海杨浦区五角场的 5 个主要广场舞社团为研究对象，这些广场舞社团活动主要集中在早上七点半到九点、晚上七点到九点的时间段。早上有两个团体——交谊舞团体和民族舞团体，晚上有三个团体——一个交谊舞

---

① Mark S. Granovetter, "The Strength of Weak Ties," *American Journal of Sociology*, 1973, 78 (6): 1360–1380.

团体和两个排舞团体，每个团体在整个过程中有 30 ~ 40 人参加。首先，对几个团体的组织形式、人员往来和团体的运作等方面进行了观察。其次，笔者作为初学者参与了广场舞团体，以期与受访者建立初步的情感基础。随后，我们对广场舞群体进行了访谈，受访者涉及组织核心人员、参与者和边缘人物。研究发现，广场舞社群的人际关系存在以下特点。

（一）广场舞的社群人际关系可以弥补家庭关系缺失的情感

参与广场舞的中老年群体家庭关系大致相同。大多数受访者表示，子女都已经成年工作，不和他们住在一起，即使住在一起子女也由于白天忙于工作而很少陪伴自己。全家共同出游等活动较少，而老伴有自己的爱好，大家都忙，来自家人的情感慰藉比较少。在中国年轻人生活被工作侵占的常态下，这部分中老年群体很难实现向子女寻求情感支持这一目的。因此，每天共同活动营建起来的广场舞社群，成为很多人的社交朋友圈，并从中得到了一定的情感支持。尤其是那些家庭成员难以满足其情感支持需求的中老年人，在这样的情况下，转而寻求广场舞群体的接纳以实现其社会交往、娱乐消遣的需求，重视广场舞舞友间社交关系，在这里获得较大的情感慰藉。

（二）广场舞人际社交网络具有"浅、广、动"的特点

广场舞社群的社交关系，体现出"浅、广、动"的特点。从广场舞社交关系强度的四个方面即互动时间、情感紧密度、相互信任程度、互惠性分析，舞友们往往采取礼貌而适度的交往模式，交往时间也一般局限在跳舞时，体现为较浅淡的人际关系。

同时，中老年人在退休之后不完全拘泥于原有的生活圈子，积极和陌生人交流，扩大自己的交际圈。而广场舞社群的公众性使参与者比较广泛，城市公共空间的开放性使人们可以不断扩展交往范围，形成广泛的社交网络，因此，在广场舞社群中，人际交往呈现"广"的特点。

在对多个广场舞团队的调查中，我们发现团队成员都存在一定的流动

性，旁观者和路人可以随时加入，可以随时退出，这个公共空间不断吐纳着新的成员。来者各取所需，或是认识新的朋友，或是锻炼身体，或是出于短暂的好奇。广场舞团队核心成员保持一定的稳定性，但是外围成员的流动性很大。

（三）广场舞的社交网络结构呈现多样性和小团体归属性

根据我们的实地调研，对广场舞社交网络结构进行抽象，发现广场舞社群的人际关系网络结构比较多元，核心成员形成的交往关系比较深入，沟通频繁，形成密集的网络关系；外围也会有少量的人集合成小团体，互相之间形成较为频繁的互动和沟通。其他的外围成员有时只和核心圈子有交往，有时也和其他人产生联系，有时甚至完全没有交集。

但是，交往并没有因其浅淡而失去意义。根据我们在访谈中接收到的反馈，成员们对小团体的归属感比较强，和谐相处，相互帮助，还时不时出门聚会和结队出游。在相处较好的小团体中，获得的温暖和关怀、带来的情感慰藉超出他们的预期。

（四）广场舞的社交网络成为中老年群体信息传播的重要渠道

城市生活的空间开放性有利于弱关系社交的培养，广场舞社群的广泛性和流动性有利于成员结交新朋友，交换新观点，并有助于群体中的创新。浅而广的社交关系也有利于他们交流信息，识别骗局，相互帮助。因此，广场舞社群成员的弱关系网络在不知不觉中扩展了他们的社交圈边界，使他们结识更多新朋友，形成更有效的信息传播。

广场舞社群成员在活动之余会结伴聊天，互相交流，平时也会保持沟通。此外，广场舞社群成员的社交媒体使用比较普遍，依托于现实人际关系形成线上虚拟网络关系，微信群里的信息交流非常频繁。上述沟通途径使广场舞社群成员个体突破了原有家庭关系的信息局限，形成了非常广泛的信息传播网络。

休闲绿皮书

五 广场舞对城市休闲空间的新要求

在现代城市中，公共休闲空间是城市空间的重要组成部分。它不仅承载居民的日常休闲活动，也在一定程度上体现了城市的精神。但由于广场舞发展迅速，广场、公园、商场外休闲空间、地铁口、街头绿地，随处可见休闲的广场舞者，这对原有的城市公共休闲空间提出了新的要求。目前城市休闲空间存在的问题，主要体现在公共空间的活动场所数量较少，不能满足人们日益增长的公共文化活动场所的需求。另外，公共空间结构不完善，空间配置不合理，部分地区出现场所紧张及大量空间闲置的矛盾局面。城市公共空间的配置不合理和数量的有限直接影响了人民群众的文化生活需求的满足程度。

（一）城市休闲空间数量有待增加，以满足老年人需求

广场舞快速发展与城市公共休闲空间的不匹配导致了很多问题，如"广场舞噪声扰民""广场舞群体争夺公共空间"等已经成为普遍存在的社会问题。这一方面体现了部分居民在城市公民道德和公民素质方面的缺失，另一方面在一程度上体现了城市公共空间缺乏、配置不合理、管理不创新等诸多城市管理方面存在的问题。尤其是在公共场所，群体性的责任分散，个人的社会责任感降低，缺乏一定的规章制度的规范和要求，加剧了广场舞引发的城市休闲空间方面的矛盾。

以上海为例，根据2017年《上海市老年人口和老龄事业监测统计调查制度》统计，截至2016年12月31日，上海全市户籍人口1449.98万人，其中60岁及以上老年人口457.79万人，占总人口的31.6%，同比增加21.84万人，增长5.0%，占总人口比重增加了1.4个百分点，上海市人口老龄化问题日益凸显。而全市老年活动室共6396家，相当于716位60岁及以上老人有一个活动室，这显然供不应求。

（二）城市休闲空间结构亟须调整，以匹配老年人需求

城市休闲空间的很大一大部分是商业休闲空间，如商场、咖啡厅、茶楼、酒吧的休闲形式、服务和价格等对于老年人来说并不友好。需求与空间结构的矛盾问题使人们只能寻找为数不多的公共休闲空间，通过免费的广场舞形式满足自己的休闲需求。但是这些公共休闲空间在设计之初并未考虑集体性的广场舞活动，因此在功能上往往不能满足广场舞的需求，或者会带来与空间原有使用者的矛盾。在大量的老年人跳广场舞新闻中，舆论往往关注老年人休闲活动带来的负面影响，如扰乱公共秩序等，很少有人思考他们除此之外还可以在哪儿见面，去哪儿聊天。因此，政府部门、企业、社团应该重视这一群体的社交需求，提供更加多元的休闲空间，推动服务老年人的合理休闲活动正常开展。

（三）城市休闲空间体系有待完善，进行老年文化建设

广场舞群体作为重要的社群团体，具有很强的社会影响力和个体影响力，在大众文化的传播中发挥积极的作用，在一定程度上成为大众文化建设的一部分。广场舞由于其广泛的群众基础迅速成为群众喜闻乐见的活动形式，成为与群众的生活密切相关的社区文化传播和发展载体。社区文化主要包括环境文化、制度文化、精神文化等，社区为民众提供多方位的服务能有效地增强社区的凝聚力，增强社区认同感。在城市休闲空间体系的建设中，需要将老年文化纳入社区文化建设中，这对于政府来说是一项惠及民生福祉的工程。党的十八大报告指出要"加强重大公共文化工程和文化项目建设，完善公共文化服务体系"。在城市休闲空间的建设中，需要维系良好的人际关系，提高社区居民精神文化生活水平，不断推动城市文明进步。

六　结论

休闲是21世纪的重要社会生活形态，不但对经济发展具有重要作用，

221

而且是社会进步的重要因素。从个体层面看，休闲是个体生存的重要方面，与个体生存质量、个体幸福感、自我价值认同息息相关；从社会层面看，休闲为历史、社会和文化的转换提供了理想媒介，促进规范的达成，社会价值取向和习俗的形成。

在城市空间中，工业时代倡导的以生产空间为中心的理念随着休闲的兴起，逐渐转向对休闲空间构建的重视。尤其是在我国城市化进程逐渐加快的背景下，城市人居系统日益复杂，对居民休闲行为及其对应的休闲空间的认识和布局，对城市问题的解决具有重要意义。

休闲是中老年居民生活的重要方面，影响中老年人的个体生存质量、幸福感、自我价值认同。在构建社会主义和谐社会的政策背景下，对中老年居民休闲行为的研究有助于更好地了解居民群体的个人与家庭休闲及生活状态、生活满意度；考察城市居民社会网络结构和休闲模式的重大变化，对改善该群体的生活质量具有重要意义，对城市社会综合发展具有深远的社会和政治意义。关于广场舞的研究可以从一个视角为我们的城市社会发展提供改进的途径。

参考文献

林敏慧、保继刚：《城市广场舞休闲研究：以广州为例》，《旅游学刊》2016年第6期。

王玉：《空间视角下的广场舞研究》，硕士学位论文，华东师范大学，2015。

杨雪晶：《个体化与城市老年人的非正式支持——以上海市 ST 社区的经验为例》，硕士学位论文，复旦大学，2011。

Mark S. Granovetter, "The Strength of Weak Ties," *American Journal of Sociology*, Volume 78, Issue 6 (May, 1973): 1360 – 1380.

探　索　篇

Exploration Reports

G.15
休闲与健康促进*

卿前龙　曾春燕**

摘　要： 休闲是决定个人健康水平的重要因素，对个人健康有良好的促进作用。休闲可以缓解精神紧张，促进心理健康，减少疾病发生；休闲可以促进生理健康，增强体质，提高对疾病的抵抗力；休闲具有健康投资功能，能降低个人医疗费用，减轻医疗负担。国家应从战略高度充分认识到休闲在提升国民健康水平中的重要意义，采取切实可行的政策、措施，保障国民的休闲权利，促进国民休闲的普及与休闲水平的提高。

* 广东省高等学校创新强校工程项目"城市社区户外公共休闲空间剥夺对居民休闲生活指数的效应研究"（2015WTSCX074）。

** 卿前龙，教授，广东金融学院休闲产业与高端服务业研究中心主任，博士（后），主要研究休闲与旅游；曾春燕，广东金融学院休闲产业与高端服务业研究中心助理研究员，硕士，主要研究服务经济与管理。

关键词： 个人休闲　体育运动　健康促进

　　根据人力资本理论，人的健康是一种资本储备，它不但是最重要的人力资本，而且是提升人力资本的主要承载者。健康经济学认为，休闲是积累健康资本的重要手段，高质量的休闲能促进个人和整个民族在智力、体力、精神和心理上的健康。而健康资本的积累可以增加人的"健康时间"，提高劳动生产率，并让人有更长的职业生涯，从而对人类的幸福和生活产生重要影响。

一　休闲是决定个人健康水平的重要因素

　　世界卫生组织的一项研究发现，个体健康水平有 40% 由遗传、社会和环境条件、医学条件决定，而 60% 取决于个人生活方式。可见，影响个人健康水平至关重要的因素是个人的生活方式，其重要性远远超出了医学条件所带来的影响。

　　在现代社会，休闲生活成了个人生活中越来越重要的内容，对个人健康水平的影响也越来越大，特别是其中的休闲体育，对个体健康水平的影响更为直接和关键。大量的研究表明，休闲尤其是运动类的休闲活动是增进个人体质和健康的最好方式，休闲体育投资对健康存量的增加回报最为明显，因为休闲体育是在身心愉悦的状态下完成的。根据现代医学理论，运动可使全身血脉流通，才能不生疾病或少生病。

　　国外对休闲与人类健康关系的关注由来已久，有学者从 20 世纪 70 年代早期就开始注意到休闲对健康的贡献（Siegenthaler，1997）。Roberts 等人（1989）认为，要保持健康的身心状态，经常性地参加各类休闲活动显得极为重要。Caldwell 等人（1992）在一项有关大学生的研究中发现，一个人若能经常参与多样化的休闲活动，将会获得更良好的身心状态。Wanke（1994）认为，一个人拥有的休闲技能越多样化，就越容易拓宽其社交网络，丰富其生活经历，促进其身心健康。Ornstein 与 Erlich（1989）认为，自 1900 年以来，死亡率的下降只有 3.5% 是由于医学的进步，而有 80% 是因为我们的生活环境、人际关系、教育质量、社会状况及我们的自我观念的改变。例如，即使今天能将所有的癌症治愈，我们的人均预期寿命也只能延长 2 年，而良好的营养、运动和良好的健康习惯却能使我们的预期寿命延长 7 年。

二 休闲对个人健康的促进作用

休闲对个人健康的影响是多方面的。Mark 等人（1994）、Peterson 和 Stumbo（2000）认为，休闲对健康的促进作用主要体现在心理的、身体的和社会的三个方面，休闲能够促进身体健康、协调身体机能、激发自身潜能、提升自我认知、增进自信和自省意识、改善心血管、净化心灵、获得友谊、提高注意力等。

（一）休闲可以缓解精神压力，促进心理健康，减少疾病发生

随着社会竞争的日益激烈以及生活节奏的不断加快，压力已成为现代人生活中普遍存在的问题，其中尤以工作压力为甚，几乎是如影随形，以至于世界卫生组织将工作压力称为"世界流行病"。紧张和压力会降低和抑制人体免疫功能，增加负面情绪，造成生理或心理的不适，若不能适当排解将会影响身心健康，导致"紧张状态病"，也称"现代文明病"。此外，如焦虑症、忧郁症、肥胖症、睡眠障碍、心脏病，以及莫名的头痛、胃溃疡、胸闷等，很多与压力特别是工作压力脱离不了干系。现在，精神性疲劳积累引发的心理疾病等问题越来越突出、越来越严重、越来越尖锐，因此如何减轻压力、保持身心健康，成了当代社会的一项重要课题。

众多的研究表明，休闲是一种有效的缓解和消除压力、促进心理健康的方式，它可以调节人体紧张情绪，促使人们恢复良好的情绪和稳定的心情，保持和促进人体机能的稳定。Wheeler 和 Frank（1988）利用因素分析法找出四个压力缓冲因子，休闲便是其中之一。Coleman（1993）指出休闲可帮助

抵抗压力、减少疾病、维持身体和心理的健康。Godbey（1994）认为休闲不仅会提高个人的幸福感，也可减轻生活中之压力，维持身心健康。Caltabiano（1995）的研究显示，适量的社交休闲可减轻生活压力。一项针对大学生的研究发现，经常参加休闲活动的学生感受到的学习压力要比那些不参加休闲活动活动的学生小（Ragheb 和 Mckinney，1993）。

休闲是人的一种精神的和心灵的需要。野外的休闲活动，可以消除快节奏的工作所带来的身心紧张和疲劳，如野外旅游、划船、登山等，这样既可以欣赏大自然美丽的景色，又能通过自身活动感受到一种明快、喜悦、乐观的精神体验，体味休闲的无穷乐趣。进行游泳、游戏、跑步、打球等身体运动，不仅能够放松精神、缓和紧张、调节情绪、避免极端和保持良好的心态，还能够增强体质、提高身体素质水平。因此，休闲是将人们从现代社会紧张的工作环境中解放出来的一种有效手段。

（二）休闲可以促进生理健康，增强体质，提高对疾病的抵抗力

运动生理学的研究表明，人的健康离不开身体各器官的和谐与平衡，而适当的休闲特别是运动休闲是人类找回自身健康的主要途径。众多的研究证明，休闲运动对生理的益处极多，可以预防癌症、骨质疏松、心血管疾病、糖尿病与肥胖等病症。定期且规律的休闲活动如走路、慢跑、打球、爬山、游泳等，有助于增加肌肉氧化能力、消耗多余脂肪、控制体重、降低胆固醇及高血压，并可改善身体适应力、肌耐力、敏捷度与身体协调性等机制。有关体质测试的数据显示，相比不参加体育锻炼的人，经常参加体育活动的人群的多项体质指标均有更好的表现。因为经常锻炼可以减少血清胆固醇和三甘油，促进心血管活力，有效地改善脑循环与供氧能力，为脑神经细胞提供更多的养料和氧气，还能增加肌肉力量和生成连接组织，提高肺活量，增强器官机能和系统的耐受能力，从而使人的生理各系统处于平衡和健康状态，促进机体健康水平的提高和人体生存的基本活动能力的加强，强化免疫系统抵御各种疾病的能力，降低发病率。

休闲还有特殊的治疗疾病的功能，这就是现在时兴的休闲治疗。休闲治

疗是指依据患者的医疗需要，利用舞蹈、运动、音乐、艺术、社交活动、宠物、游戏等各种休闲活动，让患者的生理、心理、社交等各方面早日恢复健康，进而促进个人的成长及发展。美国休闲治疗协会亦指出可利用游憩服务（recreation services）及休闲经验（leisure experiences）来帮助那些在身体、心智或社会互动上受限制的人，使其能充分利用及享受生活。实践证明，当人们在遭受身心压力或身心疾病时，采用休闲活动来辅助医疗的方式的确可以减轻人们的痛苦与压力。有关研究发现，游戏治疗可以安定过动症儿童的情绪，减轻其显在症状，提高其控制自我的能力。

（三）休闲具有健康投资功能，能降低个人医疗费用，减轻医疗负担

现在，随着物质产品的不断丰富和生活水平的提高，人们已由过去对物质缺乏而导致饥饿的担忧更多地转向了对营养过剩所导致的健康问题的担忧。一个让人焦虑的现象是，现在人们的健康更多是依赖药物而不是运动，花在疾病治疗上的费用呈现急剧增加的趋势，而用于维持健康和预防疾病的费用却下降了。医疗费用的迅猛增长使各国政府都感到非常棘手，为了解决医疗费用不断上涨的问题，各国学者进行了大量的研究，但是截至目前，还没有找到一条行之有效的途径。不过，关于休闲尤其是运动类的休闲活动在促进人类身心健康从而减少医疗费用方面的作用，学者们得出的结论是基本一致的。他们认为，积极参加一些休闲活动特别是体育休闲活动，能够增强人的身体素质，从而减少大量的医药费用。Ornstein 和 Erlich（1989）认为，良好的营养和健康习惯、健康的生活环境、对疾病的预防以及适当的运动是影响人们预期寿命的主要因素，其中之一就是休闲可以创造健康。

关注休闲与健康的学者认为，休闲消费特别是运动休闲消费与医疗费用之间存在替代关系，即休闲消费增加，医疗费用就会减少，增加个人健康投资，就会节省庞大的医疗费用支出。事实上，休闲消费除了能给消费者带来健康效用外，还能带来用"快乐、满足、刺激"等形容的正效用，而医疗消费刚好相反，除了健康效用外，它带来的却是"痛苦、恐惧、烦闷"等

负效用。休闲消费与医疗消费的这一显著差异使消费者愿意用更多的休闲消费替代医疗消费，这时消费者将获得更大的休闲激励，会愿意将更多的收入用于休闲消费从而增进健康，而不是用于治疗疾病。

三　政策建议

《休闲宪章》指出，休闲权是一项基本人权，政府有义务保障其公民的休闲权利。现在，随着经济社会发展，民众对生活品质的关注度越来越高，生活需求已经从"求生存、盼温饱"转向了"重健康、要休闲"，"乐活"成为越来越多人的生活理念。因此，国家应从战略高度充分认识到休闲在提升国民健康水平、促进社会进步中的重要意义，采取切实可行的政策、措施，保障国民的休闲权利，促进国民休闲的普及与休闲水平的提高。

（一）加强休闲健康的宣传教育，提高国民对休闲促进健康的认识

要在全民中持之以恒地开展休闲健康教育和宣传，宣传休闲、运动与健康的基本原理和知识，使人们充分认识到休闲对健康的益处，深刻认识到休闲对身心健康的促进作用，从而树立起正确的休闲健康观念，更进一步积极主动地参与休闲运动，从休闲中得到实际的好处。要让人们认识到，除了运动休闲，其他积极的、健康的休闲方式也对提高身心健康水平有利，休闲方式应该多样化。深入宣传教育，使"防病胜于治病"的观念深入人心，使人们能积极主动地参与休闲，树立正确的休闲消费观，开展健康、文明的休闲活动。

要加强终身休闲健康教育，要在中学和大学阶段开设相关课程，向学生传授这方面的知识和技能。社会要通过潜移默化的影响，将休闲理念融入人们的健康理念中，促使他们的价值观从工作伦理向休闲伦理转变，鼓励他们改变过去的价值观，有意义地享受休闲。政府在制定全民健康政策和医疗保障政策时，要注意转变思想、改变思路，要在政策中充分体现休闲的价值。

政府应采取有效措施，鼓励人们养成健康良好的休闲生活方式和生活习惯，自觉抑制过度休闲和不健康的休闲。

（二）构建符合中国国情的国民休闲系统，提高国民的休闲参与率

国内众多学者的研究发现，当前我国很多人的休闲方式还比较单调，居民休闲参与率普遍较低，其中一个很重要的原因就是我国还没有建立起一个面向社会各阶层不同休闲需求的多样化的国民休闲系统，尤其是中低收入阶层以及特殊群体如青少年学生、儿童、残疾人的基本休闲需求没有引起应有的重视，普遍休闲服务体系基本缺失，休闲供给结构失衡，休闲创新能力低下，很多人的休闲需求得不到满足。这种局面的长期存在将不利于国民身心健康水平的提高。因此，国家必须从战略的高度，统筹规划构建一个与我国国情相符的国民休闲系统，这个系统至少应该包括如下几个子系统：国民休闲公共管理系统；国民休闲服务系统；国民休闲组织系统；国民休闲产业系统；国民休闲教育系统；国民休闲保障系统；国民休闲创新系统；国民旅游休闲度假系统；等等。

（三）加快国民健康立法，强化休闲在国民健康中的法律地位，鼓励和促进全民休闲健康运动

健康权是国际人权法承认的一项基本人权，有些国家很早就进行了这方面的立法，并在立法中明确了运动、娱乐、休闲等在促进国民健康中的法律地位，如 20 世纪 60 年代，加拿大开始对人口较低的健康水平表示关注，运动员在各种国际运动比赛中的不佳表现也受到了抱怨。为此，加拿大政府于 1961 年通过了《健康和业余运动法》（Fitness and Amateur Sport Act），该法对政府在运动、娱乐、休闲中扮演的角色进行了重新定义，并且确立了联邦政府与省政府合作的原则。我国也在 1995 年颁布了《全民健身计划纲要》，明确"提倡家庭和个人为体育健身投资，引导群众进行体育消费，拓宽体育消费领域，开发适应我国群众消费水平的体育健身、康复、娱乐等市

场"。但迄今我国还没有一部专门的国民健康促进方面的法律。全国立法部门可以考虑进行相关调研，争取出台一部这方面的专门法律，在其中明确休闲对促进健康的法律地位，明确各级政府和组织（企事业单位）为公民和员工提供基本休闲健身机会（包括休闲服务、休闲培训、休闲设施与空间等）的法律义务，并依法成立或鼓励民间成立有关组织，以推动全民积极参与休闲促进健康行动。

（四）加强对休闲与降低医疗费用之间数量关系的相关调查研究

适当的休闲可以促进健康并进而降低医疗费用，这在理论上已经达成了共识，并获得了一些实证研究的支持。但是，关于休闲支出与医疗费用降低之间数量关系的研究，即休闲支出能在多大程度上替代医疗支出，目前学术界尚没有给出一个明确的答案。而且休闲的方式、休闲活动的种类是多样的，不同的休闲活动及休闲程度对健康水平和医疗费用的影响也是不同的，如运动休闲与娱乐休闲，哪一个在促进健康和降低医疗费用中的作用更大？而且每一种休闲方式又可以细分为许多不同的休闲活动，如运动休闲所包括的具体运动休闲项目又多达几百种，那么不同的运动休闲项目在促进健康与降低医疗费用中的机能与作用有何不同？最有利于不同年龄阶段身心健康的休闲生活方式是什么？对这些问题，都有必要通过相应的调查研究来确定它们之间的关系特别是数量关系，只有这样才能为国家在进行休闲投入决策时提供真正有益的参考。可以考虑在全国范围内开展一次休闲与健康的大型调查，并建立起相应的数据库向社会开放，以便让更多的学者和研究机构充分利用这一数据库进行研究，全面深入地了解休闲普及、健康促进和医疗费用降低之间的关系。

参考文献

Siegenthaler, K. L., "Health Benefits of Leisure," *Parks and Recreation*, 1997,

32（1）:1 -4.

Roberts, K. , Lamb, K. L. , Dench, S. & Brodie, D. A. , "Leisure Patterns, Health Status and Employment-status," *Leisure Studies*, 1989（8）: 229 -235.

Caldwell L. L. , & Smith, E. A. , "Leisure: An Over-looked Component of Health Promotion," *Canadian Journal of Public Health*, 1988, 79（March/April）: 44 -48.

Wanke, L. M. , "Health and Leisure: Inextricably Linked," *Journal of Physical Education Recreation and Dance*, 1994, 65（4）: 28 -31.

Ornstein, R. and Erlich, P. *New World-New Mind: Moving to-ward Conscious Evolution*. NY: Doubleday, 1989.

Peterson, C. A. , & Stumbo, N. J. *Therapeutic Recreation Program Design: Principles and Procedures*. Needham Heights, MA: Allyn & Bacon, 2000.

Mark S. Searle, Russell E. Brayley. *Leisure Services in Canada: An Introduction*. Venture Publishing, Inc. 1994.

Wheeler, R. J. , & Frank, M. A. , "Identification of Stress Buffers," *Behavioral Medicine*, 1988, 14（2）, 104 -122.

Coleman, D. , "Leisure Based Social Support, Leisure Dispositions and Health," *Journal of Leisure Research*, 1993, 25（4）, 350 -361.

Godbey, Geoffrey. *Leisure in Your Life: An Exploration*, Venture Publishing, Inc. State College, PA, U. S. A. , 1994.

Caltabiano, M. L. , "Mainand Stress-moderating Health Benefits of Leisure," *Society and Leisure*, 1995, 18（1）: 33 -52.

Ragheb, M. G. & Mckinney, J. , "Campus Recreation and Perceived Academic Stress," *Journal of College Student Development*, 1993（34）: 5 -10.

G.16
互构性视角下的城市休闲产业发展探析

吴金梅　周吴雪涵*

摘　要： 进入中国特色社会主义新时代，人民对美好生活的向往更加强烈，百姓的休闲需求呈现更加多样化、多层次、多方面的特点，以城市休闲为代表的休闲产业发展迅猛。在城市休闲产业的发展中，行政管理者、产业、消费者的行为与之密切相关，多元主体在相互影响中既同源共生，又共变同长，对城市休闲产业的发展产生着动态的影响。本文从互构性的视角出发，对行政管理者、产业、消费者在城市休闲产业发展中的嵌入关系、变革与创新、合法性与自主性建构、多主体共同参与等问题进行了研究，提出了我国城市休闲产业发展的建议。

关键词： 互构性　城市休闲产业　发展体系

党的十九大将"美好生活"明确为党和人民共同奋斗的目标，休闲产业不仅是人民"美好生活"的重要内容，更肩负着不断促进人的全面发展、社会全面进步的责任和使命。休闲产业的发展与很多因素相关，城市休闲产业作为满足人们休闲需求的产业，与经济发展、城市治理、政策规范、行业管理、市场需求等因素密切相关，在城市的界域内，这些因素相互影响、同

---

* 吴金梅，研究员，旅游管理学博士，中国社会科学院旅游研究中心副主任，北投集团副总经理；周吴雪涵，北京航空航天大学经济管理学院学生。

源共长，这些影响与相互作用不一定是线性的、单一方向的、定性的，而是多元主体间既同源共生又共变同长的动态的相互作用、相互影响过程。本文以多元主体的互动机制、互动方式及动态变化作用为视角，对城市休闲产业的发展进行审视和研究，力图对城市休闲产业发展进行多维、动态、全面的解析。

一　互构性的理论与主张

进入现代社会以来，以科技进步为核心推动力，社会的生产方式、生活方式以及社会组织方式都呈现与以往不同的特点，社会问题发生了结构性变化，社会关系各个主体之间相互影响、相互作用的机制和方式也发生了变化。基于现实的变化，在社会学研究领域，中国学者提出了互构性的理论。

（一）"社会互构论"的提出

21 世纪初郑杭生等学者提出的"社会互构论"① 着力阐释了多元社会行动主体间的相互形塑、同构共生关系。基于现代性、全球化与本土社会转型背景下的个人与社会这两大社会行为主体间的互构共变关系，提出了中国的社会互构理论。

社会互构论的基本理论指出：个人是社会的终极单元，社会则是个人的存在方式，个人和社会分别体现了人类生活共同体相互关联的双重含义。从共同体的构成而言，它是众多的个人，从众多个人之间的关系看，它就是社会。人类生活共同体的发展就是个人与社会的互构关系的演变过程。关于个人和社会之间的基本关系，既承认两者的区别又强调它们的相互联系，这种相互联系既是差异的、对立的和冲突的，也是适应的、协调的和整合的。两

---

① 杨敏、郑杭生：《社会互构论：全貌概要和精义探微》，《社会科学研究》2010 年第 4 期，第 102 页。

者是互为前提、互为存在条件、不可分割的。人与社会之间是相互建构与形塑的关系。

（二）互构性的视角

互构性是参与互构主体间的互相建塑、相互影响、动态构型关系的基本特性。基于这一特性，社会关系的多元主体在互构过程中，已不再是过往人们关注的单向与定性的影响，这些主体在相应性变化状态中呈现同源共变的基本特征。同源共变是指各个主体同时存在于同一时空，并在这个时空中一同发生着变化，这种共变有正向的，也有反向的，有同时发生的，也有时间上不同步的，多元主体间的影响不是以点对点、单向影响的方式存在，而是呈网状交织状态并随时间改变。当前城市旅游发展各主体间的互构大方向是共同向好，但也存在管理理念与市场发展之间的冲突，产业水平与消费需求之间错位、失衡等问题。

研究城市休闲产业的发展，需要厘清城市休闲产业发展的多元主体，分析在城市休闲产业发展中的影响因素，通过对这些因素归类、抽象，明确核心主体；探讨各主体的行为演进和变化中的动态变化情况及影响机制；进而从现象中找到规律性、普遍性，并对城市休闲产业发展提出建议。

二 城市休闲产业发展的多元主体

产业是具有某种同类属性的企业经济活动的集合，企业因满足同一方面需求提供同一类产品服务而归属于同一个产业。城市休闲产业是以城市空间界域范围界定的休闲产业，是以满足人们在城市空间内的休闲需求为目的，由多个产业组成的产业体系。城市休闲产业基于城市功能、依托城市公共服务、满足居民及游客在城市中的休闲需求，由旅游业、文化产业、娱乐业、体育产业、服务业等共同组成。

（一）城市休闲产业的发展

随着我国城市的发展，城市功能不断改善，城市服务不断升级，人们对休闲的需求不断增长，以城市为空间的休闲活动蓬勃兴起，满足人们休闲需求的城市休闲产业快速发展。旅游、文化、娱乐、体育、服务等成为城市休闲产业的主体，相关产业各自独立，也相互关联，成为一个休闲产业系统。

旅游业一直被认为是发展最迅速、前景最为广阔的产业之一，随着人们生活水平的提高，旅游已成为人们主要的休闲方式之一。2017 年，我国旅游总人数首次超过 50 亿人次，旅游已经成为人们日常生活的重要组成部分，是人们获得幸福感的重要渠道，是人民生活水平提升的重要标志。交通的改善推动了城市旅游人次的增长，使更多的人可以从乡村到城市，从一个城市到另一个城市，城市功能的完善和休闲产业的发展，则给人们提供了全方位的城市旅游产品和城市旅游体验。

文化娱乐业的发展满足了人们日益增长的文化需求，并逐步成为城市休闲的重点产业。基于城市历史的文化展示、电影、演艺等形式的文化娱乐活动，以科技为依托的文化体验等，使人们在休闲中感受文化氛围，接受文化熏陶，这些积极健康的文化娱乐活动，不仅使人们在闲暇时间获得了有益的休闲体验，还得到了高雅美好的艺术享受。随着文化市场的日益活跃、电竞等新娱乐形式的不断兴起，文化娱乐业具有巨大的市场潜力。

体育健身正在成为城市休闲产业的新宠。随着人们对生活质量的不断追求，体育健身正在成为都市时尚。在游泳馆、网球场、羽毛球场、健身步道等各类城市体育运动场所，都能够感受到人们运动健身的热情。观看、参与体育赛事，已经成为度过休闲时光的重要选择。参与体育休闲的人群不断增加，投入体育产业运行的资本也逐年增加，政府更是给予了不同层面的扶持与引导，体育健身产业的成长趋势一路向上，这类休闲消费的市场前景也一路向好。

商业、餐饮、培训、医疗等城市服务业满足了不同的休闲需求。在城市的转型升级中，城市交通的改进、城市公共空间的建设、城市基础设施的完善等，促进了城市服务业的进一步细分，使更多功能性的休闲需求得到满

足，也使个性化的休闲需求获得了产业化发展的可能。城市中的服务业创新不断，新的业态、新的服务层出不穷，传统的服务不断升级。商场注重文化氛围打造，使购物成为一种享受；餐饮业在假日经济的大潮中得到长足的发展，各类与文化结合的餐馆、酒吧以及各种流行的"吧"成为休闲新时尚；针对不同人群的培训，从大众到小众，引导着都市人拓展新的休闲娱乐方式；与健康和美相关的各类保健成为休闲消费的新宠……

活力十足的城市休闲产业不仅是政府行政管理的重点，更受到资本的青睐和企业的关注，而休闲产品与服务的创新提升又在不断创造更多的休闲需求……蓬勃发展的城市休闲产业中各主体密切互动，不断成长。

（二）城市休闲产业的多元主体

我国的政治、经济、文化与社会正处于转型发展时期，众多主体在我国城市普遍转型升级的大背景下推动着城市休闲产业的发展与变化。承担社会治理的政府管理部门、从事行业管理的协会等主体，推动各个企业发展的投资者、技术创造人、经营者、以各种形式存在于产业链条各个结点上的生产者等主体，休闲产品的需求方和消费者……共同构成了城市休闲产业发展中的多元主体。这些主体虽然林林总总，但我们可以从本质上将它们划分成三个主要类别，即行使管理职责的主体，从事休闲产品和服务生产经营的主体，直接或间接购买休闲产品服务、消费休闲相关产品和服务的主体，在下文中用"管理者、产业、消费者"概括这三个类别的主体。

管理者，是指对城市休闲产业发展及与之相关的城市建设、城市公共服务等行使管理职责、提供公共服务、制定行业标准、进行行业管理的机构与组织，包括各级政府及职能部门、行政管理机构，也包括从事行业管理的协会、组织，制定行业标准并进行管理的相关组织等机构，我们在以下的互构中将此类主体概述为"管理者"。管理者发挥职能的主要方式为制定政策和推进政策实施，管理市场秩序，制定行业规范，通过资金支持、税收减免等方式对企业等经营实体进行支持引导，通过准入管理等方式进行限制、维护市场秩序、保护消费者权益等。

产业，本文中界定的产业是指为城市界域内的休闲需求提供产品和服务的企业，以及与这些产业直接相关的投资者、经营者等主体的集合。产业中不同的主体围绕休闲产品的生产与服务的提供互相联结、互相作用、互相影响，本文将投资者、经营者等这些主体的行为视为企业内部的互动与同构，主要以企业群形成的产业为分析对象，这些企业包括直接提供休闲产品和服务的企业，也包括在产业链的上下游间接提供产品和服务的企业。

消费者，是市场供需关系中的需求方，是城市休闲产业服务的对象，是以个人、家庭、群体等为单位的众多消费者的集合。消费者既是行政管理者、社会公共服务的对象，也是城市休闲需求的创造者、城市休闲服务和产品的购买人和消费主体。

三　城市休闲产业发展中的互构

城市休闲产业发展依托于城市功能，城市休闲产品中的一部分具有公共产品的属性，需要城市公共服务的支撑，另一部分有按照市场规则运营，体现市场经济主体运行的特征。从互构性的视角与主张出发，管理者、产业、消费者在城市休闲产业运行中依从自己的轨迹发展，各种行为同时在相互作用中动态构建。

（一）管理者与产业的互构

由于城市休闲既包括对公共产品和公共服务的需求，也有对市场化、个性化的休闲商品（含服务）的消费，所以在管理者与产业建立互构关系时，首先要明确在城市休闲产品与服务的提供中管理者与产业的边界，其次要明确管理者与产业互相构建的影响，最后要探析管理者与产业在互构中发展的方式。随着国民休闲成为社会的共识，城市出台的政策和规范中很多内容涉及休闲产业发展，诸如促进城市生活性服务业发展的政策、全民健身的相关政策、加强文化设施和文化服务的政策等，这些政策促进了商业零售业、美容美发、文化服务、康体健身等城市休闲产业的快速发展；又促进了行业规范、行业管理的不断提升与深化，如杭州针对新十大休闲产业出台的政策与

标准，各个地方出台的行业标准等。在这样的互动下，城市中的休闲产品不断丰富，不断发展。

从城市休闲产业的内容和结构来看，管理者与产业间的边界是，管理者（这里主要指政府）承担城市基础设施建设、城市公共服务的提供、城市基础设施运营方面的保障，负责实现对城市公共休闲空间、公共健身场所、公众的文化活动组织、市场秩序维护等城市公共休闲的保障职能。休闲产业则根据人们在城市界域内对休闲活动的多种多样的个性化需求，基于不同的行业类别特点提供丰富多样的休闲产品（服务）。产业中的主体是企业，它们按照市场经济的运行规则自主经营、自负盈亏，并通过缴纳税费使政府能够进行公共治理。

管理者对产业的构建变化影响的方式主要是：通过立法、制定政策并推进实施确定行业发展的基本要求和规则；通过行业管理部门对企业运营的监管、行业标准的制定实现产业发展规范有度发展；通过优惠政策和具体支持等方式倡导产业发展，实施支持鼓励；通过行业准入、严格规范管理等方式对相关企业的发展进行限制或者禁止等；为以提供公共服务、城市基本运行条件为内容的产业发展提供基础性支持；管理者提供公共服务以解决市场失灵问题。

产业对管理者的互构影响方式主要有：产业发展推动立法和政策制定，以需求为引领，城市休闲的新业态、新企业层出不穷，当某一领域的企业发展到一定规模往往就会推动立法及相关政策的出台来规范管理；产业的运行影响管理者的行为，随着行业规模的变化，行业中职责的细分、经营模式的创新变化等会引发管理者完善制度、修订标准、改变管理方式（如网上审批）等；行业承接部分管理者的职责，比较典型的是政府向企业购买服务；等等。

行政管理者与产业互构有三个主要特征：首先，两个主体行使职责的时间是交叉的，行业发展具有领先性，政府管理和行业管理在行业发展到一定程度后发力；其次，两个主体的作用是正向负向同时存在的，既有支持、鼓励、推动，也有限制、影响、禁止；最后，作用与反作用同时存在，并且动态变化（见图1）。

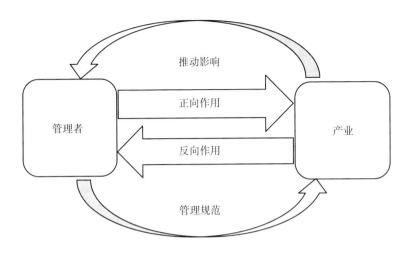

图 1　行政管理者与产业之间的互构关系

（二）管理者与消费者的互构

管理者无论是政府还是行业管理机构，最终的服务对象都是由众多消费者构成的"社会"。管理者的管理意图目的就是为消费者提供良好的服务和商品，促进产业发展以保障为消费者提供好的产品和服务。在管理者与消费者的互动中主要有两个方向，即管理者为消费者提供公共服务并回应消费者的需求，消费者则以广泛参与市场经济活动来配合回应管理者的服务。从结果上来看，消费者群体的满意度是对管理工作成果的最终评价。近年来，在城市提升改造中，环境的治理和公共空间的建设取得了显著的成效，健身步道、城市广场等使人们可以走到户外。政府支持的产业不断实施，城市休闲的自然环境和市场环境都得到了良性的改善。

管理者对消费者的构建影响方式主要有：通过为消费者提供直接的服务来满足人们对城市休闲的需求，主要内容为城市公共休闲空间的建设，城市公益性休闲活动的组织和推动，交通、环境、通信等城市休闲活动的基础性服务；通过行政管理手段促进产业向消费者的需求靠近，推动以市场化的方式解决城市休闲产品和服务的供给问题；通过管理活动维护市场秩序，保护消费者权益等。

消费者对管理者的构建影响方式主要有：一是提出对城市休闲的需求和

休闲绿皮书

意愿，引导管理者的工作方向；二是积极参与管理者推动的市场活动，配合行政管理活动；三是对管理者的工作进行评价，促进行政管理活动的改进（见图2）。

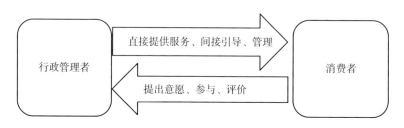

图2　管理者与消费者之间的互构关系

管理者与消费者互构有三个主要特征：首先是目的一致性，政府、行业机构、协会行为的目的就是满足消费者的需求；其次是目标的同一性，消费者对产业提出的需求正是管理者管理规范和调控的目标；最后是协变性，管理者的管理目标和行为会因消费者的需求意愿的变化而调整，并在变革中不断创新。

（三）产业与消费者的互构

从市场经济的角度来看，产业与消费者是市场中的供给方与需求方，这两个方面在市场中紧密联系、互为依存、同生共长。因为有消费者对城市休闲的需求才产生休闲产品的生产者，进而形成产业，同时产业在消费者需求的促进和引导下不断发展，与此同时，创新的产品与服务也会引导消费者产生新的需求，进而促成消费升级、产业升级。城市休闲产业与文化、科技等城市要素密切相关，技术的进步促发人们的休闲需求，如近年来兴起的新的休闲活动，电竞、动漫、VR等都是来自技术和产业的推动，同时消费者的需求又反过来推动了动漫节、电竞大赛、VR应用等多种服务和产品的产生与发展。

产业对消费者的互构：首先是构成产业的各个企业的活动的同一目的是满足消费者需求；其次是通过产品与服务创新引领消费需求，通过产品与服务的升级创造需求。

消费者对产业发展的构建：消费者是产业发展的"上帝"，城市休闲的

240

消费是众多个性化消费的总和，休闲产品和服务的提供也来自众多的行业。对于城市休闲产业来说，首先，消费者的消费能力和消费水平决定着产业的发展动力和成长空间；其次，消费者是产业的评价机制，消费者的选择最终会决定产业中各类企业的生存与发展；最后，消费者是产业发展的监督者，消费者通过各种机制对产业的发展进行监督（见图3）。

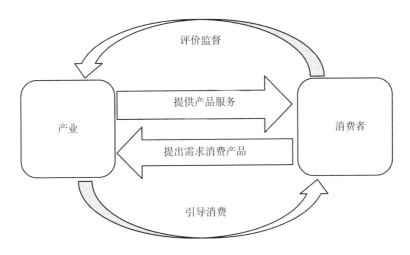

图3　产业与消费者之间的互构关系

产业与消费者的互构有三个主要特征：首先是共生共变性，作为市场经济中的供需双方，两个主体互相依存，互相影响，共同变化；其次是同构性，在经济健康发展的中国，市场各要素可以自由流动的条件下，产业与消费者呈现同构的特征，即有怎样的需求，就会有怎样的供给，创新供给也会引领需求；最后是合法性与自主性建构，无论是产业体系中的企业，还是消费者个体，都具有合法的主体地位，具有独立的成长能力。

从三个主体间的相互关系可以看出，由三个主体构成的多主体空间是紧密联系、多重互构的。三个主体之间多维度的互相构建，多维度的互相影响，形成了动态的互构过程，即在自组织基础之上的互动演化过程。互构不断地影响系统的结构和功能，从简单到复杂表现出了系统的演进，最终形成了城市休闲产业适应市场需求的优化机制。

四 建立良性互构的城市休闲产业发展体系

城市休闲作为城市生活的重要组成部分，其发展需要通过多个主体间良性互构来实现。

（一）建立城市休闲产业发展的互构性视角和思维

从以上分析可以看出，在城市休闲服务业的发展中，三个类别的主体呈现相互影响、相辅相成的互构状态，主体在存在和发展中是互为条件、共生共荣的互构关系。社会主体之间的互构关系是互为因果且彼此交织、反复发生作用的，是系统形成或系统运动的过程。基于此，在城市休闲产业发展的命题下首先要建立多主体互构的视角，全要素地判断形势、谋求发展，以动态互构的思维来实施管理、推动市场繁荣、满足消费者需求。

（二）基于共生同构性建立城市休闲产业发展的共变机制

从场域的维度，城市休闲产业发展的三个主体在城市的界域内共生，在城市休闲产业发展中相互影响并按照自身的规律变化。从促进城市休闲产业发展的目标出发，我们要在同时、相应、协变的互构的基础上建立机制，提高共变的效率。这些机制应主要包括动态互动信息沟通机制、主体行为调整机制、主体行为评价机制等。

（三）用制度创新保障城市休闲产业的良性互构

制度、规范、标准及其管理活动是城市休闲产业发展的保障机制，发挥着稳定器的作用。这就要求休闲产业相关制度、规范和标准具有成长性，同时在一定时期内保持稳定，还要有创新体制的容错和保护机制，更重要的是在管理体制的运行中注重激发产业中技术因素等活力因子发挥作用。形成城市休闲产业发展实践的成长性的制度体系和保障机制，有助于实现城市休闲产业发展中各主体的协同推进和同步发展。

（四）在城市休闲产业发展坚持推进合法性与自主性建构的原则

合法性机制强调主体的行为应该具有合法性，在社会认可的基础上与其他主体建立关系。城市休闲产业中有很多服务性的产业是小微企业，我们要给予这些小微企业合法的身份和市场主体的地位。同时，城市休闲产业中的各主体应本着独立性、自主性方向成长，无论是管理者、产业还是消费者都要避免因资源依赖、制度依赖偏离使命和目标。每个主体都应该秉持自身的价值理念和伦理观念，坚持社会公平正义的根本宗旨，以自身发展为前提，共同推进城市休闲产业发展。

参考文献

李东颖、严春辉：《"社会互构论"视角下的中国竞技体育产业发展》，《西安体育学院学报》2016 年第 4 期。

G.17 中国中产阶层旅游的休闲化发展

王笑宇*

摘　要：　随着经济社会转型发展，中产阶层日渐成为旅游市场的核心
力量。本文从旅游需求出发，聚焦中产阶层旅游需求分层化
演变，分析了国内外中产阶层旅游的休闲化特征。在后工业
时代消费型社会背景下，中产阶层旅游休闲化引领中国休闲
旅游市场分层化的全面发展，推动中国休闲旅游目的地及相
关产品的新发展。

关键词：　中产阶层　旅游需求　旅游产品

当今，中国已经成为世界第二大经济体与第一大客源国，正在进入一个
后工业时代以休闲旅游为重要组成部分的消费型社会。在这一新的历史阶
段，以中产阶层为主要社会组成部分的橄榄型社会结构正逐渐成熟，中产阶
层也逐渐成为中国休闲旅游市场最为活跃的主体，必将引领中国休闲旅游发
展的全面发展。随着中国中产阶层的全面崛起以及新生代消费者的逐渐成
熟，其旅游需求已经从简单的观光游览，向复合的"观光＋休闲"等体验
更加深入、要素更加多元的休闲旅游发展。同时，旅游供给侧还未能应对这
一变化，存在诸多产品错配、管理失位现象。在这一背景下，针对中产阶层
的休闲旅游需求及产品的研究，具有重要的实践意义和学术意义。

---

* 王笑宇，留法旅游管理学博士，旅游经济学博士后，副研究员，北京云蒙山旅游投资集团副
总经理，北京旅游学会理事，主要从事旅游企业管理、旅游产品开发的理论研究及实践操作。

一 国内外中产阶层发展历程

中产阶层即"Middle Class",一般是指西方社会学家以收入、职业、教育程度等维度定义的社会阶级。中产阶层并非拥有一个精确的定义,具有一定的主观认定性和不稳定性。其中,主观认定性是指究竟何种收入人群、何种职业人群、何种受教育人群定义为中产阶层,在全球范围内还未达成一定的共识,各国各地区都有自己的个性化表达,存在一定的社会局限与时空局限。同时,中产阶层也存在一定的不稳定性。随着生产方式的演化、社会的进步以及生活方式的变化,中产阶层这一群体一直都在变化,不论是收入结构、受教育水平还是职业划分,都随社会经济的发展变化而变化。针对中产阶层需求演化、旅游活动休闲化发展的国际化比较研究,能为国内研究者及管理者提供更为全面的行业视角。

(一)欧美中产阶层的形成及旅游市场休闲化发展历史

1. 欧美中产阶层的产生与工业化革命及城镇化发展紧密相连

随着18世纪前后英国发起的第一次工业革命浪潮,大批的农民进入城市参与到工业化进程中。一方面,城市化进程加快,催生了大批的管理与服务人员及新行业,诸如律师、教师、行政管理者以及各种金融服务业与生活服务业的新职业,以支持工业化、城市化发展;另一方面,随着社会保障制度的完善、高等教育的普及以及收入的增加,这批最早出现的社会群体成为第一批中产阶层,其规模也迅速扩大。总结当时学界对中产阶层的定义,即"从事非体力劳动、有稳定收入且生活体面的社会群体"[1]。而美国的中产阶层形成、发展也与之类似,唯一不同的是其形成时间更晚,工业化影响更大。随着欧美中产阶层的形成,其影响渗透到社会生活的方方面面。其中,旅游和休闲生活也受到深刻的影响。

---

[1] 尤春燕:《18~19世纪英国中产阶级的社会生活》,硕士学位论文,内蒙古大学,2008,第7页。

2.欧美旅游市场发展历史

欧美发达国家的工业革命及城市化进程，为其旅游的发展提供了原生动力。一方面，因经济发展、收入增长、中产阶层群体扩大以及带薪假期普及等因素，旅游业有了第一批中产阶层消费者；另一方面，工业技术的进步，铁路、公路、飞机等交通网络的发达，为旅游业的进步带来了发展机会和手段。从19世纪中叶英国的托马斯·库克组织火车团队旅行，参观世界工业革命博览会开始，由中产阶层引导的大众观光旅游业在发达国家逐渐盛行，旅游半径也随着科技进步及交通工具的改善逐步扩大。20世纪七八十年代，即第二次世界大战结束后，西方国家逐步进入工业化后期或后工业社会，欧美等国人均GDP纷纷跨过9000美元大关，福利社会及休闲消费型社会逐渐形成。[1]进而，旅游形式也随之演化，逐渐由传统的观光型旅游向观光、休闲并重的旅游发展，即旅游的休闲化趋势越发明显。伴随这一旅游形式的变化，旅游主题也逐渐多元化，由单一的旅游景区景点向全域旅游转变。旅游群体与旅游产品也发生了分层演化的趋势。一方面，大众旅游人群更加广泛，标准化的观光旅游产品价格透明、品质提升；另一方面，西方中产阶层的旅游人群内部根据文化认知、职业属性及收入结构又细分出不同的小众群体，旅游主题也更加休闲化、多元化，对旅游产品的需求也逐渐向高层次的文化满足发展。

（二）中国中产阶层的形成及旅游市场发展现状

根据2018年政府工作报告数据，2017年，中国人均GDP已经接近9500美元。同时，一方面，北京、上海、深圳等一线城市的人均GDP已经远远超过了12000美元，即达到甚至超过初级发达国家水平；另一方面，根据瑞士信贷研究院[2]等机构及李春玲[3]等专业学者的研究分析，截至2015年，中国的中产阶层群体已经超过全部人口的10%（以人均年收入5万~

① The World Bank, "United States Data," https://data.worldbank.org/country/united-states.
② 瑞士信贷研究院：《2015年度财富报告》，2016，第4页。
③ 李春玲：《中等收入群体与中间阶层的概念定义》，《国家行政学院学报》2016年第6期。

50 万美元为标准），并预测至 2020 年，中国中产阶层比例将超过 30%，即超过 4 亿人。而根据麦肯锡咨询的分析预测，至 2022 年，中国人均收入超过 9000 美元，迈入中产阶层门槛的群体将达到总人口的 44%，即超过 6 亿人，中产阶层将全面崛起。[①]

随着中国的人均 GDP 水平快速接近初级发达国家水平，中产阶层群体规模的快速扩张，旅游市场也迅速扩大。但是，总体来看，相对于欧美超过百年的旅游发展历史，中国在短短 40 年中发展的现代旅游市场还处于初级阶段，正经历着旅游形式休闲化、旅游群体分层化的发展阶段，与欧美的旅游、休闲市场还存在一定的差距。

首先，文化认知与经济发展错位，旅游、休闲消费行为与收入结构不匹配。中国的工业化、城市化发展进程是跨越式、速进式的。经过 40 年的急速发展，社会体现了压缩性现代化的局面，即传统性、现代性与后现代性被挤压在一个时空中[②]，但人们的文化认知、旅游消费行为还存在明显的滞后性，体现出两者不匹配的错位现象。

其次，旅游、休闲需求存在不成熟现象。快速崛起的中产阶层群体内，大部分还仅仅是收入迈入了中产门槛，但在文化认知、职业群体及生活方式、道德水平等诸多方面还远未达到中产阶层相应的水平[③]，其旅游、休闲需求及相关行为还非常不成熟。同时，也存在一定的旅游、休闲消费文化匮乏现象。

最后，观光旅游与休闲旅游产品配置失衡。当下，中国正处于休闲旅游需求爆发期，休闲旅游占比超过 50%，但旅游市场供给产品超过 84% 为观光型纯旅游产品，休闲旅游产品供给不到 16%，供给与需求严重错位。[④]

① 麦肯锡：《下一个十年的中国中产阶层——他们的面貌及其制约因素》，《中国发展基金研究会——研究参考》2014 年第 4 号。
② 景天魁：《中国社会发展的时空结构》，《社会科学研究》1999 年第 6 期。
③ 李春玲：《中等收入群体与中间阶层的概念定义》，《国家行政学院学报》2016 年第 6 期。
④ 徐春：《供给侧改革系列之景区篇：顺势而为布局休闲旅游》，《长江证券研究所研报》2016 年 6 月，第 5 页。

二 旅游与休闲：国内外中产阶层的
旅游休闲化发展特征

旅游与休闲一直是人类重要的社会行为，两者相互独立，又互为依托。它们体现了人类在个人社会生活不同阶段、不同环境所表现出的差异化需求。

（一）旅游与休闲相互独立，又互为补充

在休闲的相关定义方面，国内外学者一般从时间、社会、心态三个角度去定义休闲，即休闲是从劳动和工作时间中解放出来[1]，在尽到职业、家庭等社会职责后，一种自由、不受压抑、放松心情的行为[2]。在旅游的相关定义方面，1991年，世界旅游组织曾将旅游定义为："人们由于闲暇、事务和其他目的而到其惯常环境之外的地方旅行，且连续停留不超过一年。"综上所述，我们得出，休闲与旅游都包含了闲暇的"时间"因素，游历放松的"心态"因素。但唯一不同的是，旅游中既包含闲暇类的"休闲旅游"，也包括其他目的的"非休闲旅游"。其中最大的差异是"时间"和"地点"因素：一方面，休闲是依托于日常工作、社会责任之外的一种在惯常环境附近的行为，即时间较短、地点较近、频率可能较高；另一方面，旅游是一种在惯常环境之外，距离较远且时间较长的行为。总而言之，休闲目的性较弱，时空距离较近，全域体验性较强；旅游目的性较强，时空距离较远，景区景点活动较多。

（二）西方中产阶层旅游的休闲化发展特征

根据前文所述发达国家的旅游休闲化的发展历程，笔者认为其中产阶层

---

① Noel P. Gist and S. F. Feva, *Urban Society*, 5th ed. (New York : Thomas Y. Crowell Company, 1964), p. 411.
② Richard Kraus, *Recreation& Leisure in Modern Society*, 1997, p. 41.

的需求存在分层演化的发展逻辑，即旅游基础产品的质量提升需求与旅游高层次产品的休闲化、多元化的细分需求。一边是旅游产品六要素"吃、住、新、游、购、娱"等对应中产阶层基础需求的品质提升与标准化、规范化，包括：更便捷的州际高速公路、铁路与密集的国内外飞行航线；更安全可靠的风景观光道、徒步与骑行游览线路、解说标识系统；更卫生的餐饮、住宿条件等。另一边是旅游产品休闲化、多元化等对应中产阶层高层次的精神、文化需求，包括：通过旅游产品分布的全时化，游客能以休闲的心态、休闲的时间去感受异地的文化；通过旅游产品的全域化，游客能随时随地与当地居民、商贩等深入交流，以休闲化的方式去社交互动，加强情感交流。简而言之，传统观光旅游已然不能满足中产阶层更加休闲化、多元化的高层次需求，旅游产品的休闲化、多元化发展应运而生。

简而言之，单纯的高山流水、乡村美景、历史遗迹等单一观光旅游元素已经不再能满足中产阶层分层演化的旅游休闲化需求。一方面，他们需要更高品质的旅游产品，另一方面，他们需要旅游的休闲化、多元化发展，以提供更加深入、全面、富含文化元素，更能体现个人价值的高层次休闲化旅游产品。因此，旅游的休闲化、多元化发展，是社会发展到一定阶段，社会阶层分化到一定程度的结果。也正是西方中产阶层引领了旅游方式的休闲化发展，并在中产阶层崛起阶段（即欧美国家在二战后，尤其是 20 世纪七八十年代，即人均 GDP 超过 9000 美元，跨过初步中产阶层门槛后）衍生出众多主题公园、博物馆、体育旅游等休闲旅游产品。这一历史发展进程、规律及产品与服务模式，可以对中国旅游休闲化的发展起到参考借鉴作用。

（三）中国中产阶层崛起后旅游需求的分层特征与旅游的休闲化发展

根据周晓虹对中产阶层旅游需求的定义：一方面，中国中产阶层的旅游具有趋同性，即在获得愉悦之外，还具有"符号"属性，以证明自己的阶层地位、身份；另一方面，也具有唯一性，即阶层内部的旅游行为具有个性

化特色，例如文化、时尚、品牌等。① 另外，王笑宇通过对全国 1000 份以上的中产阶层系统性调研问卷与统计分析得出以下结论：首先，中国中产阶层的短途出游频率高于非中产，是后者的 1.3 倍；其次，中产的出游以释放压力为主，释放压力需求高于非中产 14 个百分点；再次，中产对景区景点的关注度低于非中产 10 个百分点；最后，中产对目的地文化内涵关注度高于非中产 6 个百分点。②

综上所述，根据欧美国家旅游的休闲化发展历程、中产阶层需求的分层化趋势以及中国学者针对中产阶层旅游休闲化的需求分析、调研结果，笔者推导出以下结论：随着中国后工业时代消费型社会的逐渐形成以及中产阶层的快速崛起，其旅游需求已经发生了分层演化趋势，旅游的休闲化进程已经开启，即基础需求与高层次需求分层演化，具体包括以下两个方面。

一方面，基础旅游需求全面升级：满足安全、卫生、便捷等基础需要，且与中产阶层品质追求相匹配的基础"食、宿、行、游、购、娱"相关旅游产品，诸如安全、便捷的交通；卫生、洁净的餐厅；干净、便利的住宿；有安全认认证及明确卫生标准的游玩、娱乐、购物环境；等等。

另一方面，高级旅游需求休闲化、多元化发展：满足文化、阶层身份认同、自我价值实现等高层次需要，且与中产阶层的阶层特性相匹配的旅游休闲化产品，诸如通过全域旅游而非围绕景区景点的休闲旅游，满足社交互动需求；通过高频次的休闲旅游，深度体验本地文化、提升技能、满足自我成就需求；等等。简而言之，根据中产阶层旅游需求的分层理论，其对应的旅游产品应具备如下特征：在升级原有围绕景区景点的"食、住、行、游、购、娱"等基础产品品质的同时，还需要通过旅游主题、产品、方式的休闲化、多元化，满足中产阶层高层次的需求（见表1）。

---

① 周晓虹：《中国中产阶层调查》，社会科学文献出版社，2005，第 3 ~ 8、69 ~ 80 页。
② 王笑宇：《中产阶层旅游》，中国社会科学出版社，2018，第 11 ~ 15 页。

表1 旅游需求分层

需求分层	关键要素	共性特征
基础旅游需求	食、宿、行、游、娱、购	时效性、安全性、卫生性等
高级旅游需求	文化体验、技能获得、社交标签	感悟文化、提升认知、自我满足等

三 中产阶层与中国旅游市场休闲化发展

在中国逐渐从工业化向后工业化转型的历史阶段，消费型经济逐渐代替生产型经济，旅游消费行为也逐渐从生产型经济时代的功能需求为主，转变为消费型经济的休闲、体验为主，并逐步成为中产阶层的基本生活方式之一。

（一）旅游市场规模庞大、增速加快，旅游休闲化趋势明显

1.出游频次提升，国内旅游市场火爆

根据国家旅游局数据中心公布的数据，2017年，中国国内旅游达到50.01亿人次，同比增长12.8%，其中城镇居民出游人次为36.77亿，占比为73.5%。国内旅游收入4.57万亿元，同比增长15.9%；旅游总收入5.4万亿元，同比增长15.1%（见图1）。旅游业GDP贡献率达11.04%。[①] 根据国家统计局数据，2017年中国城镇化率58.52%，即以城市常住人口8.13亿人计算，2017年中国城镇居民出游频次为4.52次，同比增长36.9%；农村人口出游频次为2.25次，同比增长25.4%。

2.休闲需求快速增长，但产品供给错位

2017年10月28日，中国首届休闲度假大会上发布的《2017年旅游中国休闲度假指数》数据显示，目前中国城镇居民休闲度假类出游需求在整体旅游市场份额超过50%。但同时，中国的休闲产品供给严重不足。根据

[①] 国家旅游局数据中心：《2017年全年旅游市场及综合贡献数据报告》，旅游教育出版社，2018，第1页。

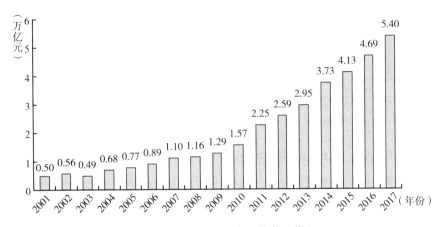

图1　2001~2017年全国旅游总收入

资料来源：笔者根据国家旅游局公开数据绘制。

中国旅游研究院2017年发布的数据，中国观光类旅游产品占比超过84%，但休闲类旅游产品不到16%。①

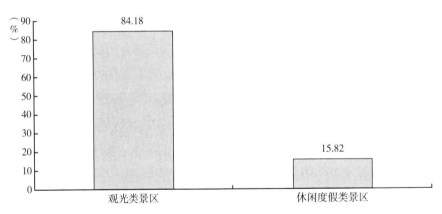

图2　中国观光类、休闲度假类旅游目的地占比

资料来源：笔者根据国家旅游局2016年统计数据绘制。

　　一方面，中国的城镇居民旅游频次已经达到4.52次/年，同比增长超过36.9%，正快速向发达国家年均7次左右的出游频次靠近，休闲旅游需求占

① 中国旅游研究院：《中国休闲发展年度报告2015~2016》，旅游教育出版社，2016。

超过一半的市场份额，旅游休闲化市场的需求已经明显成熟。另一方面，中国目前的旅游休闲化产品供给明显不足，低于 20% 的休闲产品难以满足超过 50% 的市场需求。

（二）由单一观光向复合多元的观光、休闲、度假旅游发展

随着中产阶层的崛起，高层次旅游需求的增加，中产阶层逐渐从简单的观光旅游向观光与休闲并重的旅游方式转变，具体包括以下几点。

首先，旅游的休闲化趋势愈加明显。随着中产阶层旅游需求的分层演化与高层次需求的增加，诸多旅游因素发生了本质变化。其一，旅游目的性弱化，即区别于"点对点"的观光游览，休闲旅游更侧重全域全方位体验目的地，而非必须侧重某一景点；其二，出游距离短途化，大城市内部或近郊成为休闲旅游目的地；其三，出游频率提高，因休闲旅游目的性较弱、距离较近，往往形成周末休闲游的常态化。国内年均 4.52 次的出游频率，超过一半为休闲旅游，未来这一比例还将扩大。

其次，休闲旅游的主题化。较之以核心吸引物为主的观光旅游，休闲旅游目的性不明确，仅为释放压力、体验文化，因此目的地全域皆为吸引物。这就需要旅游目的地在统一的主题下，围绕旅游六要素进行主题规划，并设计有特色的高层级休闲旅游体验产品。

再次，休闲旅游的个性化。中产阶层的休闲旅游产品，既要有别于观光产品的范式化、标准化，需要赋予中产阶层游客更多自主性、选择性；又需要在产品和服务中体现其阶层特性，即区别于大众产品的限量定制、会员优先等阶层特权标签。

最后，休闲娱乐的体验性。相对于体验较浅的观光旅游，中产阶层游客在休闲旅游释放压力的同时，还将得到文化满足与自我认知升级等体验。其中，既有旅游目的地主题文化的系统性传导，又有游客在旅游过程中，通过互动体验结合自身文化认知，获得的文化感悟与认知提升。这种唯一性的休闲体验是传统观光产品不能替代的。

四　未来休闲旅游目的地及产品发展预测

休闲旅游目的地作为休闲旅游活动的主要场所，其发展速度一直滞后于住宿业、商业等其他旅游行业。究其原因，主要是大多数休闲旅游目的地处于都市郊区或远离都市的乡村，而中产阶层变化的需求与消费习惯，首先影响到位于都市中心的商业、住宿业等行业，随时间推移慢慢再传导到少量都市休闲旅游场所或近郊、乡村的大部分休闲旅游目的地。通过观察商业、住宿业的发展历程，我们可以清晰地判断未来中国休闲旅游目的地及相关产品的发展方向。

处于都市中心的酒店业在初期以观光旅游和商务旅行客群为主，随着中产阶层的崛起和体验消费的增加、观光及商务旅游的减少，原本以接待商务旅行和旅游观光为主的高星级酒店和经济型连锁酒店逐渐势颓。同时，强调休闲娱乐、文化体验的中档主题休闲酒店正大行其道。住宿业也因此重新定义了其职能，由旅游住宿接待转变为都市休闲生活空间，即正逐渐弱化其旅游、商务住宿接待功能，强化各种休闲、体验为主的各类文化、娱乐功能。例如，类似亚朵集团的书吧酒店、华住集团的社交酒吧酒店等。同时，这些酒店的入住客群80%以上是自有会员，而且重复入住客人中，会员占比超过60%。商业消费的演变也是如此，从纯功能型购物的贵友商城、王府井大楼，逐渐转变为以休闲为主、具有艺术文化休闲氛围的侨福芳草地。中产阶层新群体在这些空间内主要是放松和休闲，而非单纯地购物或住宿。

以上这些现象足以说明，类似于住宿业和商业的发展，旅游目的地也将发生两极分化的情况。一方面，市场倒逼原有观光旅游目的地升级产品及配套服务品质，以高品质观光产品来适应中产阶层的高品质观光需求，类似于酒店升级经济型连锁酒店的品质、商城将标准化的商品搬到线上售卖等。另一方面，根据中产阶层客群需求特征及高层级休闲化、体验化需求趋势，打造满足更高层次需求的休闲、游憩多元化休闲旅游目的地产品和服务，即休闲旅游产品的分层化，即观光产品品质提升＋休闲产品及服务休闲化、主题化、个性化、体验化发展，对应其需求分层，即基础需求＋高层次需求。

参考文献

亢春燕：《18～19 世纪英国中产阶级的社会生活》，硕士学位论文，内蒙古大学，2008。

瑞士信贷研究院：《2015 年度财富报告》，2016。

李春玲：《中等收入群体与中间阶层的概念定义》，《国家行政学院学报》2016 年第 6 期。

麦肯锡：《下一个十年的中国中产阶层——他们的面貌及其制约因素》，《中国发展基金研究会——研究参考》2014 年第 4 号。

景天魁：《中国社会发展的时空结构》，《社会科学研究》1999 年第 6 期。

徐春：《供给侧改革系列之景区篇：顺势而为布局休闲旅游》，《长江证券研究所研报》2016 年 6 月。

周晓虹：《中国中产阶层调查》，社会科学文献出版社，2005。

王笑宇：《中产阶层旅游》，中国社会科学出版社，2018。

国家旅游局数据中心：《2017 年全年旅游市场及综合贡献数据报告》，旅游教育出版社，2018。

中国旅游研究院：《中国休闲发展年度报告 2015～2016》，旅游教育出版社，2016。

The World Bank, "United States Data," https：//data. worldbank. org/country/united-states.

Noel P. Gist and S. F. Feva, *Urban Society*, 5th ed. (New York ： Thomas Y. Crowell Company, 1964), p. 411.

Richard Kraus, *Recreation & Leisure in Modern Society*, 1997, p. 41.

G.18
中国儿童休闲与亲子乐园观察报告

魏翔 蒋晶晶*

摘　要： 近年来，随着儿童早期教育市场的兴起，如何在休闲中对儿童的认知能力以及非认知能力进行干预，成为学者以及家长关注的问题。国外对于早期儿童教育的研究比较深入，赫克曼已经形成一套成熟的理论。国内的研究比较滞后，儿童乐园的功能也以休闲为主，忽视了儿童不同的性格特征，也缺乏对家长的引导，在早期儿童性格干预方面还比较薄弱。虽然存在一定的问题，但是国内儿童早期教育市场已经得到快速的发展，未来的发展方向是社区儿童专业设备铺设和运营，以及专业儿童馆或城市儿童专业乐园的配套等。报告在赫克曼研究的理论基础上，针对国内儿童早期教育市场的现状提出休闲益智乐园的构想，并认为儿童休闲益智乐园的开发应该由政府进行引导，企业进行创新，共同促进国内儿童早期教育市场的发展。

关键词： 儿童早期教育　儿童乐园　赫克曼理论

一　引言

随着社会经济和文化水平的提高，家长普遍认识到儿童户外休闲及旅

---

* 魏翔，经济学博士，中国社会科学院财经战略研究院副教授，北京大学国家发展研究院客座研究员，研究方向为服务经济、休闲经济和新人力资本；蒋晶晶，北京联合大学研究生，研究方向为非物质文化遗产旅游活化。

游能帮助儿童认知世界，感知社会，有助于儿童智商和情商的发展，故近几年，户外亲子休闲越来越火热，亲子休闲产品层出不穷。但是目前国内的相关研究尚处于起步阶段，研究的内容更多关注儿童的天性解放，重休闲、轻培养，关于儿童性格培养的儿童乐园更少。报告将基于 Heckman 的儿童早期教育研究理论，对现状进行分析，并在此基础上提出儿童益智乐园的构想。

二 理论分析

童年的经历对成年后的行为有什么影响？孩子的出身会不会影响孩子的未来？这一直是人类研究的重要问题，也是数世纪以来哲学和心理学专著的主要内容。研究表明，早期教育对孩子一生的发展起到至关重要的作用。国外对儿童早期教育的研究比较重视，在如何进行儿童早期教育方面进行了深入的探究。Rozelle 通过深入中国广大农村地区，对如何在养育中提高孩子的认知能力进行了探究。Rozelle 认为孩子的认知能力并不仅仅限制在遗传上，在早期阶段，认知能力的培养主要受到家庭与学校教育的影响。在研究过程中，Rozelle 认为，健康、资金与陪伴是影响孩子认知能力的三个重要因素。研究表明，健康状况在孩子早期的发展中起着重要的作用，如在研究给孩子鸡蛋还是维生素更能提高孩子健康水平和学习成绩的项目中发现，补充营养能够提升学生的学校成绩。同时，资金的投入也会影响到孩子认知能力的形成。通过对比试验，农民工子女一开始到北京时学习成绩不好，但是享有好的教育资源后，其成绩能够得到显著的提升。另外，陪伴也是一个重要的因素。Leibowitz 通过研究表明，唱歌、阅读和玩耍与孩子认知和行动能力正向相关。Österbacka 等人的研究表明，与父母孩子共处相关的非照料时间具有提升人力资本的效应。

在儿童早期教育的研究方面，Heckman 也进行了深入的研究。受其童年时期家庭教育的影响，Heckman 在个体计量经济学的建立和发展，以及微观计量经济学的理论研究与方法探索上做出了突出贡献。为此，近年来，儿童

早期教育成为其研究的重点。Heckman 认为一个人的能力主要受到家庭、学校、社会环境的影响，其中家庭对孩子的影响最大。人的认知和性格技能通过不同阶段的生命周期投入，会受到不同的影响。技能的形成是一个动态发展的过程。其不仅来自基因遗传，还受到环境，例如家庭、学校和同龄人的影响，是先天遗传和后天塑造共同作用的结果。[①] 在儿童成长的过程中，学校教育虽然起到了重要的作用，但是家庭在孩子发展过程中比学校教育重要得多，父母养育质量的不均等和对孩子在校学习的支持程度不一是造成孩子技能差异的主要因素。[②] 许多出生在弱势家庭的孩子往往表现得很落后，所谓弱势家庭不仅指在父母收入、受教育水平上低人一等，父母养育质量的低下也是重要的因素。一方面，贫困对孩子大脑的发展、健康、认知和性格都有持续的影响；另一方面，父母的引导、爱护、鼓励、支持也是影响孩子发展的主要因素。儿童的能力差异其实在早期（进入学校之前）就开始浮现，等到进入幼儿园再去缩短这种差距就为时已晚。[③] 著名心理学家雷蒙德·卡特尔将认知能力分为流体智力和晶体智力。流体智力（Fluid Intelligence）是一种以生理为基础的认知能力，比如一般的学习和行为能力，其测验度量的标准为反应的速度、个人的能量以及快速适应新环境能力，如知觉、记忆、运算速度、推理能力等。晶体智力（Crystallized Intelligence）指已获得的知识和技能；晶体智力受教育和经验的影响，一部分是早期流体智力发展的结果。流体智力在孩童时期急剧上升，青少年晚期达到高峰，然后下降，晶体智力在大多数生命周期内单调增长。因此，Heckman 认为，在任何年龄段，性格技能在不同的任务中都是稳定的，但在整个生命周期内，性格是可以被改变的，早期的发展为以后的成功奠定了基础。在其他条件相同的情况下，对一个人幼儿时期投入一美元所产生的回报，将比幼儿期之后投入同样

---

① Flavio Cunha, James Heckman, "The Technology of Skill Formation," *The American Economic Review*, 2007, 97（2）：31 - 47.

② James J. Heckman, John Eric Humphries, Tim. Kautz, *The Myth of Achievement Tests: The GED and the Role of Character in American Life*, University of Chicago Press, 2014.

③ J. J. Heckman, "Schools, Skills and Synapses," *Economic Inquiry*, 2008, 46（3）：289 - 324.

金额所产生的回报大得多。也就是说，与其他教育阶段相比，学前教育投入有着更高的回报率。此外，除了认知能力，儿童的非认知能力同样重要，非认知能力（个性）对成人取得成就有强有力的影响。

三　市场分析

（一）　竞争者分析

无论是国内还是国外，儿童早期教育都是备受关注的话题。目前市场上涉及儿童早期教育的领域有儿童早教、儿童乐园以及儿童服务机构。

1. 儿童早教

中国的早教发展大致经历了四个阶段（见图1），从最初的起步阶段，到经历市场的竞争，目前早教市场已经形成规模化发展趋势。早教市场的兴起不仅意味着经济水平的提高，更意味着儿童早期教育的重要性被更多的家庭所关注。通过在百度地图搜索"早教"关键词，全国共有11400所早教中心，但是这些早教中心分布并不均匀，如北京、上海、广州、深圳仅占全国人口总数的5%，但是其早教机构的数量却占全国总数量的15.1%（见图2）。这意味着一线城市人均早教中心数量是全国平均水平的三倍。除此之外，二、三线城市的发展十分迅速，未来随着城市经济的发展和教育消费的升级，中国人口早教行业会有广阔的发展空间。

从竞争结构来看，早教行业集中度不高。从表1中可以看到，前十大早教机构拥有直营或加盟早教中心约3700家。在此种市场状况下，虽然大型品牌机构发展比较迅速，抢占了较大的市场份额，但是小型个体机构还有很大的发展空间。而且，未来随着大型品牌机构的继续扩张，特别是业务延伸到三、四线城市，早教行业集中度也会得到进一步提升。虽然整个行业发展迅速，消费需求快速提升，但是大型早教机构的快速发展并不会对小型机构造成太多威胁，小型早教机构的生存空间也不会被明显挤压。但从更长远的发展来看，小型早教机构还需要建立

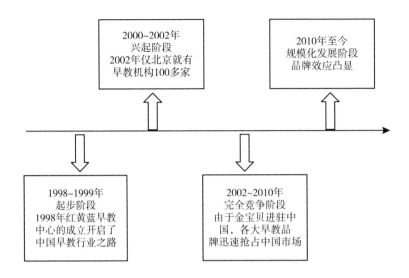

图1　国内早教市场的发展阶段

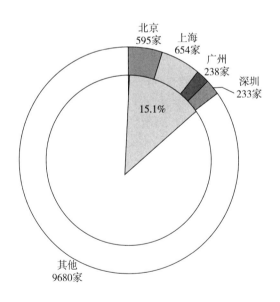

图2　国内早教中心分布情况

自己的品牌特色、差异化定位，扩大其所在区域的品牌影响力，才能保障长期发展的生命力。

表1　中国国内知名早教中心品牌

品牌	国家	课程价格	门店规模	对象
红黄蓝亲子园	中国	9000 + 元/96课时	1200多家	0~6岁
金宝贝	美国	21980元/96课时	295家	0~5岁
美吉姆	美国	22000元/96课时	204家	0~8岁
创艺宝贝	韩国	200元/次	100多家	2~7岁
聪明树	中国	—	400多家	0~6岁
东方爱婴	中国	100~150元/节	448家	0~3岁
培正逗点	中国	9500元/48节	近40家	0~6岁
亲亲袋鼠	澳大利亚	19980元/100节	60家	0~3岁
天才宝贝	美国	—	65家	2~6岁
新爱婴	中国	120~150元/次	639家	0~6岁
亿婴天使	中国	—	150家	0~6岁
悦宝园	美国	16000元/72节	102家	0~8岁
运动宝贝	中国	16000元/96课时	144家	0~6岁

2. 儿童乐园

儿童乐园一般是指以儿童游戏、休闲、娱乐为目的，以青少年、儿童为对象，进行科普教育、开展文化活动的场所。[①] 儿童乐园一般坐落在居住区或者学校附近，有些单独设置，具有比较完善的安全设施。儿童乐园是儿童开展休闲益智活动的最重要场所之一，它的发展程度和利用率体现了一个城市早期儿童教育发展的程度以及政府民生问题的落实情况。儿童乐园大致可以分为五种：主题游乐园、公园中的儿童乐园、购物中心儿童乐园、公共绿地中的儿童活动区域、社区儿童活动场地等。它们对于活动空间、用地面

---

① 中国勘察设计协会园林设计分会：《风景园林设计资料集·园林绿地总体设计》，中国建筑工业出版社，2006。

积、活动设施以及周边环境氛围有不同的要求。19世纪，欧美国家最先兴起儿童游乐项目，在公园中设置了儿童游戏设备，将其改造为儿童活动场地。20世纪，儿童乐园发展迅速，并逐渐成为城市公园的一种类型。之后美、日、英、法、德、苏联等国相继开展儿童游乐设施，并刺激了早期对儿童乐园的研究与发展。国内儿童乐园的起步较晚，新中国成立之后，国内开始接触儿童乐园的理念，在一些城市大公园中设置了儿童游戏区（见表2）。但是由于理念和技术相对落后，游乐设施比较简单，并没有取得较为理想的效果。20世纪90年代之后，房地产行业发展迅速，但是由于社区空间有限，儿童的游乐空间得到了较大的挤压，因此社区内儿童活动区的建立得到了重视。1953年建设、1956年命名的哈尔滨儿童公园，是较早开设的儿童乐园。之后随着儿童早期教育意识的提升，儿童乐园的数量逐年增加，从2012年起，中国每年都会增加1000多家游乐园。截至目前，仅北京的儿童乐园就有1300多家。

表2 国内外部分知名儿童乐园

	名称	位置	地位	功能分区或设施特色
国外	加州迪士尼乐园	美国加州	1955年7月17日开放，世界上第一个迪士尼主题乐园	8个不同的主题游乐区：1. 美国大街；2. 米奇卡通城；3. 边疆世界；4. 幻想世界；5. 动物天地；6. 明日世界；7. 冒险世界；8. 新奥尔良广场
	龙仁爱宝乐园	韩国首尔	以休闲、娱乐、教育为主题的欢乐世界	游乐设施齐全，由缤纷花节、嘉乐壁海湾、野生动物园、雪橇场等5个主题所构成
	德国鲁斯特的欧洲主题公园	德国鲁斯特	1975年成立，临近湖边森林里，具有中世纪风格的游乐场所	游乐园区以12个欧洲国家的不同风格为主题
国内	上海迪士尼	上海	2016年6月16日正式开园。中国大陆第一个迪士尼乐园	乐园拥有7个各具特色的主题园区
	哈尔滨儿童乐园	哈尔滨	1956年6月1日，国内第一个儿童乐园	园内现有22项游乐设备

3.儿童服务业

中国儿童消费正以每年 30% 的速度增长，目前，市场规模已接近 4.5 万亿元人民币。国家统计局、中国指数研究院、国际购物中心协会等公开数据显示，2017 年，全国一、二线城市商业购物中心儿童亲子项目的建设占比达 20%，同比增长 10%。"亲子"体验成购物中心娱乐体验的新趋势。可以说，在体验式商业成为主流的当下，作为有效带动亲子消费的体验式儿童业态，无疑将成为提升购物中心核心竞争力的重要突破口。

（二）儿童市场状况

国家统计局数据显示，全国人均教育、文化和娱乐支出从 2013 年的 1398 元上升到 2015 年的 1723 元，占总消费支出的 11%。随着"80 后""90 后"逐渐成为家庭的主力，年轻一代的家庭对于儿童早期教育格外关注，儿童市场日益成为"刚人刚需"。在图 3 中可以看到，整个市场上，儿童早教占比较大，其次是儿童服务业和儿童乐园。儿童乐园虽然当前占的比例较小，但是因其具有寓教于乐的功能，逐渐受到越来越多家庭的青睐。近年来，随着儿童早期教育研究的发展，有学者提出针对不同的性格要进行不同的教育，因

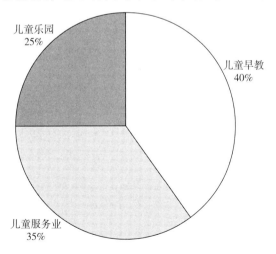

图 3　儿童早教、儿童服务业、儿童乐园市场占比情况分布

此开发出了儿童性格乐园。未来，儿童性格乐园有望切分8%的市场。市场前景虽然良好，但是目前儿童市场并未饱和，还需要新的项目来激活。

三 儿童早期教育的优劣势分析

（一）儿童早期教育的劣势分析

调查研究显示，以往高考状元的就业情况以及职业发展的实际情况与社会期望大相径庭，高考状元当中很少有人成为行业的"精英人才"，大多在职场中"泯然众人矣"。究其原因，是对其进行衡量的标准主要是书面成绩，但是书面成绩只能有效体现 IQ，体现认知技能；而决定职业成就的是非认知技能。美国和英国劳动力市场调查显示：性格所表现出的非认知技能，可以预测学生的学业成绩和未来的人生成就。[①] 非认知技能通过个人质量以及工作竞争能力得以体现。个人质量即责任感、社交能力、自我管理能力、诚实、自尊，工作竞争力主要表现在资源的配置能力、人际能力、获取和利用信息的能力、理解规划的能力以及技能运作的能力等方面。性格技能则认为，人具有开放性、尽责性、外向性、情绪稳定性和宜人性，不同的性格会对儿童的早期发展起到重要的影响。研究表明，尽责性（坚持、努力工作）是五大人格中最具成果预测力的特性[②]；情绪稳定性和尽责性是五大性格因素中对工作表现最具预测力的因素[③]；积极的自我评估（自尊、心理控制源和其他相关特征）可以预测人到中年的收入；更进一步说，

① Zemsky，R. *Skills and the Economy*：*An Employer Context for Understanding the School-to-work Transition*. In A. Lesgold, M. Feuer, and A. Black（eds.），Transitions in Work and Learning：Implications for Assessment. Washington, DC：National Academy Press，1997.

② Heckman，J. J.，T. Kautz.，"Hard Evidence on Soft Skills," Adam Smith Lecture. *Labour Economics* 2008，19（4）：451 – 464.

③ Salgado，J. F.，"The Five Factor Model of Personality and Job Performance in the European Community," *Journal of Applied Psychology*，1997，82（1）：30 – 43.

它是通过提升家庭的社会经济地位、学术成就来增加中年的收入的。因此，在儿童时期注重培养其非认知技能，对于儿童日后的发展将起到重要的作用。虽然目前大部分的家庭已经意识到早期教育的重要性，但是由于相关知识以及训练机构的缺乏，父母并不是很清楚如何与孩子相处，并根据孩子的性格特点以及需要来对儿童的早期教育进行干预。

3 岁以前，孩子的情绪感应非常灵敏，情绪管理也比较容易。该时期，与孩子建立稳定的亲密关系和信赖关系，比如陪伴儿童玩耍，与孩子进行睡前互动等，将对孩子和父母的感情维系起到决定性的作用。6 岁之前是儿童性格塑造早期介入的最佳时期，应该着重培养右脑的发展，让这种敏锐的感知力一直保持到成年，而理性思维开发的最佳时期应该在 7 岁以后。但是，年轻的父母往往由于精力有限，工作占据了他们大多数的时间，教育孩子变得心有余而力不足。还有些人初为父母，缺乏一定的育儿经验，因为教育方法不得当，并不能取得较好的效果。之所以出现这种情况，主要是因为国内的教育模式偏应试教育。对比国外，美国的早教理念是释放潜能，让孩子在游戏和体验中学习。中国的教育则更趋向于传统的应试教育，往往具有一定的盲从性。受传统教育观念的影响，中国的早期教育忽视了儿童的天性，虽然近些年也在引进国外先进的理念，但是因为文化差异等各方面，最终的效果并不是很好。

（二）儿童早期教育的优势分析

虽然在早期教育方面，国内还具有一定的滞后性，但是随着教育理念的提升，儿童早期教育同样面临巨大的市场空间。人口普查数据显示，2012 年，我国 0 ~ 6 岁儿童人数约为 1.8 亿。其中，城市 0 ~ 6 岁儿童人数为 4000 多万，每年新出生人口约 2000 万，其中城市人口就有 600 多万。自 2014 年开始，二孩政策逐步放开，再加上第三次婴儿潮的婴儿已经到了适育年龄。庞大的人口基数、稳定的需求增长，奠定了性格乐园坚实的客户基础。此外，中华民族五千年文化中积淀的"望子成龙"的传统观念，也为儿童乐

园的发展提供了强劲的动力。目前，在中国的家庭中，"1+2+4"的家庭模式已然成为社会主流，独生子女已成为家庭的中心，每年花在孩子身上的费用正水涨船高。2010年的调查数据显示，城市儿童扩展性教育支出占家庭可支配收入的27%，2010年城镇居民可支配年收入为19109元，而这个数字在2016年是33616元，那么2016年城市儿童扩展性教育年支出平均约为9076元，假设2016年0～6岁儿童数量为6500万，那么潜在市场规模约为5850亿元，儿童早期教育的发展空间巨大。

四　儿童乐园发展现状

（一）国外儿童乐园现状

国外对儿童早期教育已经进行了多年的深入研究，其理论体系比较成熟完备，管理更为完善，主题多样化且大胆。如哈利波特主题乐园，以名著《哈利波特》的内容为依托设计而成，因为展现了书中的内容，对于其读者以及粉丝具有很强的吸引力。除了主体鲜明，国外的儿童乐园也会对其游乐项目进行创新与改进，通过保持新鲜感而增强主体乐园的吸引力与生命力。如迪士尼乐园，在原有经典卡通形象米老鼠、唐老鸭等的基础上，与漫威等一些强大的电影公司进行合作，随着电影的放映，推出不同的主体人物，吸引游客。另外，为了提升娱乐体验，儿童也可以参与到项目的表演中。如"冰雪奇缘"主题活动，儿童可以穿上主题人物的衣服与表演人员一起进行表演活动。目前，迪士尼乐园拥有8个各具特色的主题区，不仅满足了儿童休闲娱乐的需要，同时对父母也具有吸引力，能够使父母与孩子一同在休闲中学习。

（二）国内儿童乐园现状

中国的游乐产业经历了从原样照搬到全面创新这一过程。进入21世纪，随着经济的发展以及教育意识的提升，游乐园逐渐走入人们的视野，与孩子一起在休闲娱乐中共同成长成为家长共同的心愿。随着早期儿童教育市场的崛起，很多大中小企业一拥而上，不断涌入儿童游乐市场，比如万达集团、兴隆集团等。目前，国内儿童乐园大概可以分为以下几类。

1. 科普型儿童乐园

科普型儿童乐园的主要目标人群为 7 岁以上的儿童。该种儿童乐园除了休闲功能外，以科普教育为主，在设备中增加了更多的互动元素，通过文化的传递，引发儿童对科学的兴趣。如常州中华恐龙园，运用情景营造手段再现中生代特有的生存环境，突破了传统博物馆严肃的文化氛围，集博物、科普、观赏、游乐、参与于一体，成为具有震撼力的现代新型恐龙博物馆，让儿童在轻松愉悦的环境中，学到科普知识。

2. 探险型儿童乐园

探险型儿童乐园主要针对 3 岁以上的儿童，通过设计具有一定挑战性的项目，让儿童在娱乐中培养勇敢、顽强的个性。但是其建立必须具有较高的安全保障措施，基础设施建设需要较为完备，以保证儿童在休闲娱乐过程中的安全。如北京市冒险家儿童乐园，充分发挥了儿童活泼勇敢的天性，在娱乐项目中加入具有刺激性与挑战性的因素，以 3～16 岁的青少年儿童为目标人群，让儿童的天性得到充分释放与锻炼。

3. 寓教于乐型儿童乐园

以儿童在休闲中学习为理念而设计，更多关注儿童在项目中的学习情况。通过娱乐项目向儿童传播一定的教育知识，让孩子们在玩耍的同时能建立起自我认知，达到学习游戏两不误的目的。如武汉万达儿童乐园，是万达全国首家儿童乐园旗舰店。该儿童乐园主要针对 3～12 岁的儿童及亲子家庭，拥有 30 余项大型科技体验设备及 100 余项亲子互动游乐设备，还有寓教于乐的主题体验空间及亲子创意餐厅。让孩子在游玩的同时得到快乐，享受学习，同时强身健体、促进发育，加强孩子之间的互动与交流。

4. 职业体验型儿童乐园

职业体验类的儿童乐园，项目种类繁多，内容形式比较灵活，针对不同年龄层次的儿童，可以开发出具有不同特色的项目。其主要目的就是让儿童

在特定的环境中，了解成人职场的规则，通过亲自参加工作，获得职业体验的自我感知，在娱乐中感受成人的生活，在参与中学习社会的知识。如希乐城儿童职业体验乐园，以少儿体验、儿童游乐为核心驱动，结合大数据的运用，全方位记录孩子成长。职业体验型儿童乐园将少儿体验和儿童游乐进行有力的结合，让孩子通过扮演各行各业的成年人角色，了解社会、培养理想、规划未来。

虽然目前国内儿童乐园数量较多，发展较快，但是在发展中还存在一定的问题。国内大中型的城市室内儿童乐园，游乐项目、设施内容结构同质化程度比较高，可替代性强，不需要进行较多的改变即可自行开发生产。因为内容缺乏创新，产品设施吸引力不强，多数儿童乐园面临经营危机，多数企业面临持续亏损、入不敷出的局面。因此在市场发展尚未完全成熟的情况下，盲目复制国外建设与经营模式，使同质化的儿童乐园项目过多，市场竞争十分惨烈。此外，目前市场上的儿童乐园门票的定价为 150～180 元，就中国人的收入水平来说价格较高，很难实现长期体验。

五 对策与建议

（一）国外早期干预项目

心理学家对性格技能进行了长达一个世纪的研究，并且形成了认同度较高的 Big Five 理论（见图 4），即"人格的大五模式"：开放性、尽责性、外向性、宜人性、神经质或情绪稳定性。这些性格特征主要反映了人的非认知技能。研究表明，非认知技能的形成主要在 3 岁之前，不仅受基因的影响，还受到所处环境的影响。因此根据儿童的不同性格特征，在早期对其进行干预，能对儿童未来的发展起到重要的作用。早期介入项目，在牙买加的研究中，对发育不良的 9～24 个月大的孩子进行牛奶救济，鼓励妈妈陪玩。结果显示：牛奶救济和高效陪玩都可以在短期（2 岁）改善孩子的认知技能；但是陪孩子玩却可以长期改善孩子的认知能力和非认知能力。芝加哥儿童家长中心，对生活在弱势家庭、贫民区 3 ~ 4 岁的孩子提供半天或全天的学前项目，教孩子基本的读、写、算技能；同时要求父母来看孩子和接受如何成为一位好父母的建议。结果显示，该项目提高了孩子的学历水平以及减少了犯罪行为。尽管很难辨别是什么改善了孩子后来的成果输出，但一些证据表明，早期干预对孩子性格能力的提升起到了很重要的作用。在儿童时期，父母对孩子进行投资是成本最低、成效最大的时期，因此儿童早期教育受到越来越多家长的重视。

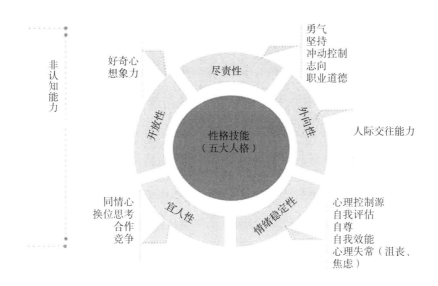

图 4　Big Five 理论

（二）国内儿童休闲益智乐园构想

目前，国内儿童早期教育市场虽然得到了较快的发展，但是以儿童休闲为主，尚未关注到儿童认知能力与非认知能力的培养。因此，针对赫克曼的理论以及 Big Five 理论，以下将提出关于儿童性格乐园——儿童休闲益智乐园的构想。

1. 儿童休闲益智乐园——性格乐园功能区

性格乐园功能区（见图5）主要针对儿童不同的性格特征进行开发，开放性性格主要设置一些能够激发儿童想象力的项目，如儿童手工制作等；尽责性以培养儿童的勇气、毅力等能力为主，可以设置一些探险类的项目；外向性培养儿童的人际交往能力，可以设置一些合作完成类的项目；情绪稳定性主要培养儿童心理素质，提升儿童的自我认同感，通过肯定孩子的表现，使其在寓教于乐中感受自我能力的体现；宜人性主要影响儿童的同情心、换位思考、合作与竞争等能力，可以通过职业体验型的项目来培养儿童的能力。

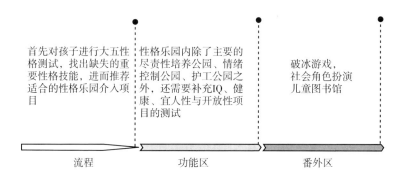

图5 性格乐园功能区设置流程

2. 儿童休闲益智乐园——梦想乐园功能区

梦想乐园功能区以培养儿童的能力为主，对儿童未来职业的认知与发展能够起到重要的启蒙作用。认知能力对于教授、科学家、高级管理人员来说比非认知能力重要。这个功能区主要通过预测孩子未来职业，通过社会角色的扮演提高孩子的职业技能，预测孩子的认知能力，让孩子认清自己感兴趣的方向和自己将来想要从事的职业。

3. 儿童休闲益智乐园——亲子乐园功能区

研究表明，父母的参与能够对儿童的认知技能以及非认知技能产生影响。但是目前，父母由于工作繁忙，无法陪伴孩子，对孩子不够了解，因此也不能掌握有效的早期介入方法。该功能区主要针对这种情况进行设计，通过专家培训，教授家长如何跟孩子相处，如何在早期影响儿童的能力。另外，该功能区也会设置一些寓教于乐的项目，通过亲子共同合作，促进亲子关系的融洽发展（见图6）。

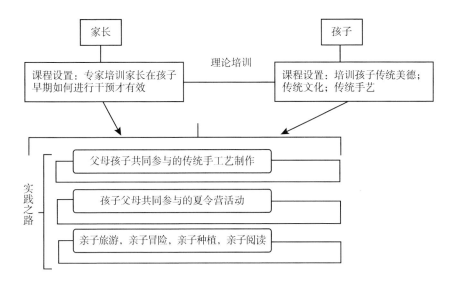

图6　亲子乐园功能区设置流程

六　展望

从研究的角度来看，通过对国内研究文献的梳理，目前国内对儿童早期教育进行的研究比较少，研究方向主要为儿童休闲。王小波①通过实证调查，分析了国内儿童休闲现状以及阻碍儿童休闲的因素。阮佳佳等②，以杭州儿童的休闲空间为研究对象，对儿童户外休闲空间满意度进行了研究，认为儿童户外休闲满意度总体较低，存在户外休闲场所匮乏、休闲空间的独立性缺失、休闲环境质量下降以及安全隐患等问题。虽然儿童早期教育也提倡

---

①　王小波：《儿童休闲：被遗忘的角落——我国城市儿童休闲状况调查》，《青年研究》2004年第10期。

②　阮佳佳、张海霞、陈晓旭、吴思慧：《儿童户外休闲空间满意度研究——以杭州市为例》，《青年学报》2015年第3期。

通过休闲促进儿童认知能力的提升，但是早期教育更注重在休闲中学习。而国内的研究更侧重于休闲，强调以儿童为中心，解放儿童，并不注重学习与求知。在儿童早期教育方面，国内研究尚处于起步阶段，还需进一步的探索。

从实践的角度来看，企业的目的是获得经济收益，只要能产生经济价值，并不会考虑儿童乐园的功能。因此，性格乐园在实践过程中依然面临诸多的问题。国内的儿童乐园现以商场或社区儿童服务中心为主，虽然这些儿童乐园在一定程度上能为孩子提供一方释放天性的天地，并且能使年轻的父母与儿童一起玩耍，但是由于国内儿童早期教育研究不够深入，产品缺乏创新性，同质化的情况比较严重。未来，儿童乐园的发展方向是社区儿童专业设备铺设和运营，以及专业儿童馆或城市儿童专业乐园的配套等。单独依靠企业的力量，并不能实现儿童乐园更好的发展。因此，除了企业之外，政府也应该给予一定的支持。政府是政策的倡导者，一定的政策支持，不仅能对儿童早期教育的研究与建立起到扶持的作用，还能引领企业在儿童早期教育领域进行更多的投入。因此，未来儿童乐园的发展，政府与企业应积聚力量，在设施上给予更新和完善，借鉴国外先进的经验，重视儿童早期教育的培养与干预，提升儿童的认知与非认知能力。

参考文献

Flavio Cunha, James Heckman. , "The Technology of Skill Formation," *The American Economic Review*, 2007, 97（2）：31 – 47.

Heckman, James J. , Humphries, John Eric, Kautz, Tim. *The Myth of Achievement Tests：The GED and the Role of Character in American Life*, University of Chicago Press, 2014.

Heckman, J. J. , "Schools, Skills and Synapses," *Economic Inquiry*, 2008, 46（3）：289 – 324.

中国勘察设计协会园林设计分会：《风景园林设计资料集·园林绿地总体设计》，中国建筑工业出版社，2006。

Zemsky, R. *Skills and the Economy：An Employer Context for Understanding the School-to-*

work Transition. In A. Lesgold, M. Feuer, and A. Black (Eds.), Transitions in Work and Learning: Implications for Assessment. Washington, DC: National Academy Press, 1997.

Heckman, J. J., T. Kautz., "Hard Evidence on Soft Skills," Adam Smith Lecture. *Labour Eco-nomics* 2008, 19 (4): 451 –464.

Salgado, J. F., "The Five Factor Model of Personality and Job Performance in the European Community," *Journal of Applied Psychology*, 1997, 82 (1): 30 –43.

王小波：《儿童休闲：被遗忘的角落——我国城市儿童休闲状况调查》，《青年研究》2004 年第 10 期。

阮佳佳、张海霞、陈晓旭、吴思慧：《儿童户外休闲空间满意度研究——以杭州市为例》，《青年学报》2015 年第 3 期。

海 外 借 鉴 篇

Overseas Observation Reports

G.19
美国优质休闲体育产品及对中国的启示

邓昭明*

摘　要： 随着中国进入后工业化社会和全民健身国家战略的提出，中
国的休闲体育产业迎来了新的机遇期。本文选取了美国在随
兴休闲、项目休闲和深度休闲三个层次中具有代表性的三个
优质休闲体育产品作为案例，分别为"观赏体育赛事""顶
级高尔夫""小学体育课"，并对其进行介绍和分析，结合我
国实际情况，从权利保障、体制改革、产品打造、人才培养
等四个方面提出了休闲体育产品发展的建议。

关键词： 美国　休闲体育　优质产品　比较分析

* 邓昭明，中国社会科学院研究生院—美国得州农工大学联合培养博士研究生，研究方向为旅
游地规划与营销、休闲教育。

一 引言

随着国民经济的不断繁荣、社会的不断进步以及居民收入的提高和闲暇时间的增加，休闲体育产业受到了政府及市场的广泛关注与重视。体育产业不仅是国民经济的重要组成部分，也是增强国民身体素质、提升生活品质、丰富生活内容的重要手段。习近平同志十分关心重视体育工作，指出"体育强国梦和中国梦紧密相连，发展体育事业是实现中国梦的必然要求"[1]。我国体育产业发展自 21 世纪初起步，受经济发展水平和国民消费习惯制约发展缓慢。2014 年 10 月，国务院印发《关于加快发展体育产业促进体育消费的若干意见》（国发〔2014〕46 号，以下简称《意见》），将全民健身上升为国家战略，提出"到 2025 年体育产业生产总值达到 5 万亿元，产业增加值达到 GDP 的 2%"的发展目标。[2]《意见》被市场视为重大利好，社会资本开始大量涌入体育产业，2015 年也因此有"中国体育产业元年"之称。然而，经历了这几年的政策引领、概念爆发、投资热捧，体育产业投资热潮开始减退，向着更为理性、务实的方向发展。[3] 尽管已取得了诸多成绩，但我国体育产业仍处于探索阶段，地区间发展不均衡，产品整体数量不多、质量不高，国民参与度不够、获得感不强等问题依旧突出。

西方发达国家在 20 世纪下半叶率先进入后工业化时代，人们普遍有闲有钱，各种休闲体育活动逐渐融入普通民众的日常生活当中。经过数十年的发展，西方休闲体育产业达到了较高的发展水平。美国是体育产业最发达的国家，也是体育综合竞技水平最高的国家。其体育产业规模庞大，经营模式成熟，产品丰富多样，民众对休闲体育活动参与度高，对我国休闲体育产业

---

[1] 央视网：《习总书记诠释"奥运精神"：体育强国梦与中国梦紧密相连》，http://news.cctv.com/2016/08/05/ARTIUg6Q2z8oQ2dGFuZpOOO1160805.shtml。

[2] 国务院新闻办公室：《国务院关于加快发展体育产业促进体育消费的若干意见》，http://www.scio.gov.cn/xwfbh/xwbfbh/wqfbh/2015/33862/xgzc33869/Document/1458267/1458267.htm。

[3] 薛原：《体育产业需沉下心培育》，《人民日报》2018 年 2 月 2 日。

发展十分具有借鉴价值。众多优质的休闲体育产品是美国高度发达的休闲体育产业的核心，而民众的参与感和获得感也来自对这些具体项目的体验。中国经济已进入高质量发展的新阶段，探索中的休闲体育产业非常需要有符合中国国情的优质休闲体育产品出现。本文选取了若干美国优质休闲体育产品并对其进行分析，以期为我国发展休闲体育产品提供参考。

二 休闲体育的定义及分类

（一）休闲体育产业及产品的定义

体育产业是综合性产业，涵盖面甚广。国家体育总局于 2015 年公布的《国家体育产业统计分类》以供给侧的不同主体为视角，界定了体育产业的范畴与类型①，但其中并未包含休闲体育行业。休闲体育产业是从市场需求角度，从"消费者能获得什么"的视角而得出的新概念。结合国外发达国家对休闲体育产业的定义以及我国相应的产业分类标准，本文将休闲体育产业定义为：以全体民众为对象，以满足消费者强身健体、愉悦身心、提升素质为目标，围绕体育运动项目而开展的一切经营活动。休闲体育产品是休闲体育产业的主要依托，是休闲体育产业供给主体提供给市场的，能够满足健身娱乐需求和创造商业利润的有形物品、无形服务或它们的组合。休闲体育产品面临着市场竞争，因此供给主体需要给予顾客最佳的"个人体验"以赢得市场，即提供优质的休闲体育产品。

（二）休闲体育产品的分类

考虑到"优质"本质上是消费者对产品质量的主观心理评价，本文采用以需求侧为视角的分类方法。斯特宾斯②根据人们参与休闲活动的投入程

① 国家体育总局：《国家体育产业统计分类》，http：//www. sport. gov. cn/n319/n4835/c573713/content. html。
② Robert Stebbins. "Right Leisure：Serious，Casual，or Project-based?" *Neuro Rehabilitation* 23 (2008)：335 – 341.

度，将休闲分为随兴休闲（Casual Leisure）、深度休闲（Serious Leisure）和项目休闲（Project Based Leisure），被学术界广泛认可。[①②] 随兴休闲是一种短暂性、即时性的愉悦活动，参与者仅需要少许或根本不需要任何专门训练即可进行的休闲活动。随兴休闲体育活动包括观看比赛、跑步、健身等。深度休闲是指参与者有系统、有计划且持续较长时间地参与某一休闲活动。他们投入事业般的专注，并掌握专门的技巧、知识和经验，将休闲活动视为生活的重要组成部分。例如，学校橄榄球队的学生、足球迷、登山爱好者等都是深度休闲体育参与者。项目休闲是指参与者需要具备特定技能或经过少量训练，并付诸一定努力才能进行的休闲活动。与深度休闲不同的是，若长时间参与项目休闲活动，会使参与者感到厌倦甚至不适，因此，项目休闲具有一次性参与和偶尔参与的特征。例如，打高尔夫球、划船、攀登高山、长途背包旅行等。

结合以上分类标准，本文将休闲体育产品分为随兴休闲体育产品、深度休闲体育产品及项目休闲体育产品。值得指出的是，三类产品之间的区别其实不在于休闲体育活动本身，而在于参与者投入了多少时间、精力和技能，以及他们对该产品的喜爱或痴迷的程度。三者也并无优劣之分，都是一个人休闲生活的组成部分，三者的有机组合可以使每个人达到理想的休闲模式。

三　美国优质休闲体育产品案例分析

（一）筛选方法

本文尝试各选一例对美国三类休闲体育产品进行详细介绍。为确保选出

---

① B. Christine Green, Ian Jones. "Serious Leisure, Social Identity and Sport Tourism," *Sport in Society* 8 (2005): 164–181.

② Jinmoo Heo, Youngkhill Lee, Bryan P. Mc Cormick, Paul M. Pedersen. "Daily Experience of Serious Leisure, Flow and Subjective Well-being of Old Adults," *Leisure Studies* 29 (2010): 207–225.

的案例具有典型性和代表性，我们按照以下四个步骤进行筛选。

第一步，笔者结合文献、Facebook（脸书）等线上平台评价以及实地观察与体验，以美国特色和产品质量为筛选依据，为每一类休闲体育产品预先选定两个（类）备选产品。分别为：①随兴休闲类：观赏体育赛事和公园露营；②深度休闲类：参与某项体育运动的有组织训练和玩竞技类网络游戏；③项目休闲类：Grand Station（"娱乐之城"，以保龄球为主的城市休闲体育综合体，室内，配套餐饮，真人 CS 镭战、迷你高尔夫、街机游戏等）、Topgolf（"顶级高尔夫"，以高尔夫为主的休闲体育综合体，室内外相结合，配套餐饮、乐队表演、纪念品销售等）。

第二步，邀请 6 名美国人和 6 名中国人参与深度访谈或焦点小组讨论。12 名被试者均为 22 岁以上的体育爱好者，在 6 名美国人中，有 4 名在美国得州农工大学所在城市卡城（College Station）工作，其他 2 名是得州农工大学在读研究生；6 名中国人均已在美国生活学习生活一年以上，4 名为得州农工大学在读研究生，2 名为访问学者。两组男女比例均为 1∶1。最小年龄为 23 岁，最大年龄为 56 岁。

第三步，设计一套访谈问卷，均为开放式问题。首先向被试者解释说明休闲体育产品及三个不同类别的含义，接下来按照问卷进行访谈：①您评价最高的休闲体育产品是什么？（每一类 1 ~ 2 个）②请详细描述该产品的优点及缺点；③请说出您对 6 个（类）备选产品的看法。通过以上三个步骤，保证被试者至少能对每一类中的其中一个产品进行详细描述。

第四步，结合访谈记录，由笔者和得州农工大学休闲、公园与旅游系的两位博士生（一位为韩国人、男性，另一位为美国人、女性）共同评选出最具代表性的优质休闲体育产品。

（二）案例分析

1. 随兴休闲体育产品分析——观赏体育赛事

随兴休闲体育产品按照被提及次数排在前三名的是观赏体育赛事、健身和公园露营，其他被提到的还有钓鱼、骑自行车、游泳等。被提及的体育赛事以四大体育职业联盟球赛为主，即 NFL（美国美式橄榄球大联盟）、NBA（美国男子篮球职业联盟）、NHL（美国冰上曲棍球联盟）和 MLB（美国职业棒球大联盟）。这四大联盟是美国休闲体育产业的支柱，在美国家喻户晓，形成了庞大的商业帝国，吸引了全世界体育迷的目光。在访谈中，橄榄球和篮球被提及次数最多。综合考虑美国特色和对中国的借鉴价值，选择观赏 NBA 赛事作为参考案例。NBA 是世界篮球运动的代名词。每年全世界都有不计其数的球迷通过网络或电视转播收看 NBA 赛事。一位美国人在访谈中说道："火箭队是休斯敦的骄傲，这个赛季他们打出了联盟第一的战绩，作为得州人我们都很自豪，火箭队的每一场比赛大家都会关注。"NBA 的成功与以下因素分不开。

首先是历史的沉淀。NBA 具有 70 余年的历史。一位参与访谈的中国学生坦言："几乎每个中国篮球爱好者都有自己喜欢的 NBA 球队和球星。我特别喜欢火箭队，从姚明时代开始就是它的粉丝，所以从小的梦想就是现场看一场火箭队比赛。"NBA 的成功证明了，打造世界级的休闲体育产品，需要有历史耐心和工匠精神，形成强大的品牌文化，这样自然会通过口耳相传的方式进入大众的休闲生活。

其次是包容的能量。NBA 本着开放包容的心态，吸纳了全世界最顶尖的球员。不仅将美国本土的篮球明星全部揽入麾下，中国的姚明、法国的帕克等其他国家的巨星都（曾）为之所用。NBA 的包容还体现在营销层面。例如，火箭队出于对中国市场的重视，继姚明之后，又引进了周琦。火箭队的一款球衣上，用中文书写着"火箭"二字。由哈登、保罗等当家球星代言的中兴天机手机广告在比赛现场反复播放。美国文化的兼容并蓄令 NBA 焕发出无限活力，实质上让 NBA 在世界范围内构建了一张利益共生关系网络，使 NBA 成为全世界球迷共享的休闲体育产品。

最后是沉浸的体验。丰田中心是一个不折不扣的休闲旅游综合体。小吃、正餐、饮品、游乐设施、纪念品商店等一应俱全，各种互动式的节目与游戏层出不穷，让观看比赛成为一场极致的娱乐体验。来到现场的观众都有自己喜欢的球队，同穿火箭球衣的球迷会像看到战友一样彼此微笑致意，也

休闲绿皮书

会对"敌方阵营"的球迷投去不失友善的挑衅目光。这种共同体的设定一方面极具趣味性，让每个人都在当中扮演了一个特定的角色，都是这个故事的参与者和见证者；另一方面增强了球队所在城市市民的荣誉感和凝聚力，例如，休斯敦火箭队是休斯敦的城市名片之一，球队若取得良好战绩会让市民觉得光荣。

2.项目休闲体育产品分析——顶级高尔夫

被访谈者关于本类产品的意见比较分散，分别谈到了 Topgolf（顶级高尔夫）、跳伞、蹦极、漂流、滑雪、Grand Station（娱乐之城）、狩猎、拳击、赛车等，可见不同的休闲运动在美国均有着各自不同的规模和消费市场。经过综合评价，选择 Topgolf 作为案例。Topgolf 是一个以高尔夫为主题的现象级休闲体育综合体，被誉为体育、娱乐、科技、社交相融合的典范。它于 2000 年发明于英国，总部位于美国得州达拉斯。目前在美国和英国拥有 42 个体验场馆和 15000 名员工，平均每年接待 1300 万名顾客。① Topgolf 的玩法类似于保龄球和飞镖，玩家挥杆击球，瞄准 11 个酷似飞镖圆靶的巨大目标，并根据其落点获得分数。球飞得越远，落点离"靶心"越近，则分数越高。若落点在圆靶以外，则不得分。Topgolf 主要面向的是年轻人和家庭市场，价格亲民，对技术基本没有要求。一名受访的美国人说："我认为 Topgolf 是奥斯汀最酷的地方，没有之一。在这里，你就算不会打高尔夫，仍然可以和朋友们玩得很开心。"我们可从以下两个方面剖析 Topgolf 的成功经验。

一方面，通过科技创新发掘蓝海市场。和中国类似，因为花费高、耗时长、技术要求高等弊病，美国的传统高尔夫也只是少数社会精英阶层的专属运动。Topgolf 本着差异定位的原则，将市场主要瞄准了 18～34 岁的年轻人，并使用科技创新解决了上述难题。他们通过添加娱乐元素将高尔夫运动游戏化，在保持竞技性的同时让体验更为亲民、有趣。具体来说，Topgolf 在特制的高尔夫球中内置了芯片，用于追踪球员击打的相关信息，球的落

---

① Wikipedia, "Topgolf," Last modified 22 March 2018, https: //en. wikipedia. org/wiki/Topgolf.

点、速度等在屏幕上得以即时显示，并与同伴的成绩进行排名。因为"圆靶"数量多且巨大，所以新手只需将球击出，就能获得分数。同时，Topgolf还通过数字游戏形式展现真实的高尔夫赛事，并且嵌入社交媒体和数字化互动渠道而成为数字高尔夫爱好者的聚集地。目前，Topgolf 在 196 个国家拥有 1000 多万个数字高尔夫参与者。

另一方面，通过跨界融合提供丰富体验。70% 以上的 Topgolf 顾客是高尔夫球的业余爱好者。对于他们来说，Topgolf 不仅是提升球技的训练场，更是和家人、朋友一起聚会和休闲的场合。一个标准 3 层的 Topgolf 球场配备 102 个击打位，同时配套有台球桌、桌上足球、Xbox 体感游戏机等可供娱乐以及多台高清电视播放体育比赛，实现了对空间的高效利用。最让人印象深刻的是，Topgolf 的美食品质很高，不逊于任何美式餐馆，且所有的美食都可在击球台享用。餐饮并非强制消费，但其收入占到了总收入的一半。收入结构的多样化让击球部分的价格控制得很低，这也成为其吸引人气的一个主要手段。低廉的价格让大多数人能享受到这项曾经的"贵族运动"。

3. 深度休闲体育产品分析

在讨论深度休闲体育产品时，访谈对象提到了橄榄球、鸟类观察、冲浪、登山、马拉松、深海捕鱼等多项产品。我们发现，虽然大家的选择并不一致，但相似的是美国人所特有的根深蒂固的体育意识和运动传统。与中国受访者相比，美国人在谈论休闲体育运动时更加兴奋和投入。一位身为基督徒的美国人在谈到橄榄球的时候说："在我们得州人心中，橄榄球排第一，上帝排第二，得州排第三，家人排第四，朋友排第五，美国排第六。"许多美国人对于有着"全美第一运动"之称的橄榄球都达到了"痴迷"的程度，即本文中所言的"深度休闲"。而这种"痴迷"的根源在于美国与体育深度融合的教育体系，换言之，休闲体育产品其实就是教育产品的重要组成部分。一位受访的中国人是得州农工大学的访问学者，她所描述的美国小学体育课正是深度休闲体育产品的优秀案例。

美国每个州对学校体育的要求不尽相同，但教育原则都是"培养学生进行体育锻炼的兴趣"。根据这位中国学者的讲述，她 10 岁的女儿随她从

武汉来到美国,现在在卡城当地一所小学就读。在国内时,女儿不爱上体育课,尤其不喜欢长跑,但这又是升学必考科目,因而体育课成为一种煎熬。但到美国不久,女儿就告诉她,体育课成为她的"最爱"。女孩说,这边的体育课提供了多种运动让大家选择,有篮球、足球、飞盘、棒球、舞蹈等,就连跑步项目也设计得非常用心。例如,老师会把跑步和地理课结合起来,告诉大家今天的计划是从休斯敦出发往西跑。跑1圈后,老师会恭喜你成功到达了得州首府奥斯汀,然后就会结合地图介绍奥斯汀的地理情况和历史知识。学生再跑两圈又可以到达下一个城市。由于好奇下一个城市的信息,孩子们就有动力多跑几圈。丰富多彩、妙趣横生的体育课不仅让学生享受到了体育运动带给他们的快乐,增长了休闲技能,更重要的是培养了他们对休闲体育的兴趣,为他们未来的休闲提供了无限的可能性。

小学体育课仅是美国体育教育的一个缩影,事实上美国的体育教育是由家庭和学校共同完成的。美国家长将孩子的体育锻炼视为头等大事,原因是美国社会有一个共识,即未来的竞争是综合实力的比拼,而健康体魄、抗压能力、团队协作及良好性格均需要通过体育休闲活动来培养。在周末,经常会看到孩子在家长的陪伴下进行体育运动或观看球赛。无数的优秀运动员、"体育明星"和体育产业运营管理人才在这样的环境里被源源不断地发掘和培养出来。正是家庭教育和学校教育的双轨推进,才使休闲体育成为美国人生活的重要组成部分。一位中国留学生在访谈中说,"在大学里,如果你不懂体育,几乎无法和美国学生社交"。在美国,你能真正地感受到美国人对体育的那种近乎狂热的爱。

四 对中国实践的启示

蓬勃发展的休闲体育业不仅为美国带来了巨大的经济效益,也带来了良好的社会效益。休闲体育产业是人民群众美好生活需要的重要组成部分,它通过促进人的全面发展,为经济社会的发展输送着强大的动能。中美两国在经济、社会及文化层面都存在差异,从根本上决定了两国休闲体育产业发展阶段和管理体制的不同，但民众对于美好生活的需要是一致的。中国已是世界第二大经济体，随着经济社会的不断进步，人民群众对休闲体育的需求日益强烈。但是，我国目前还存在休闲体育产品供给不足、质量不高、民众消费体验意识不强等问题，这些问题导致了国民的在随兴休闲、项目休闲及深度休闲三个层次的需求无法得到有效满足，从而难以达到理想的休闲状态。参考美国成功经验，结合我国实际情况，笔者对发展休闲体育产品提出四点建议。

（一）充分认识休闲体育的重要性，保障大众享受休闲体育产品的基本权利

美国能够较好地保障国民参与休闲体育活动的基础在于其数量充足、形式多样的休闲体育产品供给。[①] 但目前，中国人的休闲体育活动的数量和种类均比较有限，室内休闲是主流选择，户外运动尚处于起步阶段。首先，政府要倡导和普及健康的生活方式和运动知识，促进民众的健康运动观念的形成。在宣传过程中，将休闲体育文化内化为新时期中国文化的重要组成部分，让文化的内生力去激发民众的休闲体育活动需要，让参与休闲体育活动成为一种时尚。其次，要规划与建造公共休闲体育设施并进行日常维护，让普通民众能够免费或低成本地参与休闲体育，为民众的休闲权利提供基本保障。再次，要鼓励多元的供给主体进入市场，完善休闲产品的供给层次。给予参与体育产品供给的私营俱乐部、协会和企业税收减免优惠政策，提高其积极性。最后，增强休闲体育产品的公益服务性、志愿参与性和社会福利性，让更多的人认识到休闲体育业的重要性，参与到这个行业中来，并满足社会中弱势群体对休闲体育产品的需要。

（二）推进体育管理体制改革，发挥市场在资源配置中的决定性作用

美国休闲体育产业发展的主要依托是四大职业联赛及其高度发达的相关

---

① 杨岚凯、周阳：《国外发达国家休闲体育产业发展及启示》，《理论与改革》2017 年第 3 期，第 138～145 页。

产业。相比之下，我国休闲体育资源整合度比较低，职业联赛经营状况不佳，对产品深层价值的挖掘不够。首先，要持续推进体育管理体制改革。要让篮球、足球等行业协会有更大的自主权，完成产业链的横向与纵向整合。其次，要创造自由有序的竞争环境，让企业在竞争的过程中自发创新，推出更多休闲体育产品，不断推动休闲体育潮流并创造需求。最后，要扩大对外开放。一方面，积极引进国外优秀的休闲体育产品，加速我国休闲体育运动观念和产业发展水平与国际接轨；另一方面，鼓励有中国特色的休闲体育产品或运动形式走出去，使其成为传播中国文化、讲述中国故事的重要窗口。

（三）促进科技娱乐多元素融合，发扬工匠精神打造休闲体育精品

在美国甚至世界范围内，类似于 Topgolf 的休闲娱乐综合体代表了未来休闲体育产品的发展趋势。首先，要增强休闲体育产品的科技含量和娱乐元素，提升体育产业的附加值和文化内涵。未来体育产业的"平台效应"将进一步凸显，要让核心产品链接诸多业态，集观赏性、娱乐性和竞技性于一体。其次，要加大在互联网领域的产品创新探索力度。"微信运动""Keep"这些体育类应用软件将运动爱好者连接起来，借助对比、激励等方法，提升了参与者对体育的兴趣。未来需要有更多的针对不同运动类型的软件，以满足不同用户社群的休闲体育需要。最后，有实力的领军企业要肩负起打造精品的重任。近几年恒大、万达、腾讯、阿里巴巴等头部企业纷纷涉足休闲体育产业，这些企业需要保持历史耐心，聚焦产品，深耕细作，努力成为各细分领域的标杆企业，引领行业的高质量发展。

（四）大力培养体育人才，从根本上改变体育教育被边缘化现象

和美国相比，中国一方面大量缺少体育行业运营管理人才，直接制约了我国休闲体育产业的发展水平；另一方面，虽然高水平运动员不少，但有影响力的体育明星不多。而要想普及休闲体育文化，体育明星的示范作用是不可替代的。这些都与现行教育体制中体育教育被边缘化有关。首先，要在教

育改革中提升体育教育的地位，加大对学校体育教育在政策上的支持力度。其次，在研究不同年龄阶段青少年心理的基础上，增强体育课程的趣味性，更加科学地设置体育课程内容。要注重和自然教育结合，培养学生的多项运动技能，让孩子在成长过程中爱上户外，爱上体育。再次，要在大学本科和研究生阶段增设体育管理、休闲教育类的课程和专业，培养更多的管理人才。最后，要促进学校体育教育与竞技体育的接轨，将体育训练和比赛常态化，提升体育设施质量和教练员指导水平，为发掘和培养未来的体育明星打下坚实的基础。

参考文献

央视网：《习总书记诠释"奥运精神"：体育强国梦与中国梦紧密相连》，http：//news. cctv. com/2016/08/05/ARTIUg6Q2z8oQ2dGFuZpOO01160805. shtml。

国务院新闻办公室：《国务院关于加快发展体育产业促进体育消费的若干意见》，http：//www. scio. gov. cn/xwfbh/xwbfbh/wqfbh/2015/33862/xgzc33869/Document/1458267/1458267. htm。

薛原：《体育产业需沉下心培育》，《人民日报》2018 年 2 月 2 日。

国家体育总局：《国家体育产业统计分类》，http：//www. sport. gov. cn/n319/n4835/c573713/content. html。

Robert Stebbins. "Right Leisure：Serious，Casual，or Project-based？" *Neuro Rehabilitation* 23（2008）：335 – 341.

B. Christine Green，Ian Jones. "Serious Leisure，Social Identity and Sport Tourism," *Sport in Society* 8（2005）：164 – 181.

Jinmoo Heo ，Youngkhill Lee，Bryan P. Mc Cormick，Paul M. Pedersen. "Daily Experience of Serious Leisure，Flow and Subjective Well-being of Old Adults," *Leisure Studies* 29（2010）：207 – 225.

Wikipedia. "Topgolf"，Last modified 22 March 2018，https：//en. wikipedia. org/wiki/Topgolf.

杨岚凯、周阳：《国外发达国家休闲体育产业发展及启示》，《理论与改革》2017 年第 3 期。

G.20
澳大利亚自驾游：风险规避
与旅游体验提升

孙道玮*

摘　要：　澳大利亚是国际上备受欢迎的旅游目的地，其自驾游体系已
非常完善。随着国际游客量的剧增，特别是由国际游客引发
的多起恶性交通事故的产生，自驾游的风险问题引起了澳大
利亚政府和社会的广泛关注。澳大利亚政府在大力吸引国际
游客的同时，积极采取一系列措施来降低国际游客的自驾游
风险，并取得了显著成效。全面呈现澳大利亚自驾游体系、
系统识别自驾游风险因素，特别是阐述澳大利亚政府积极支
持自驾游体系和规避风险的措施，可为中国发展自驾游提供
有效参考，也可为中国游客赴澳自驾游提供风险规避建议。

关键词：　自驾游　澳大利亚　风险规避　旅游体验

　　澳大利亚旅游业非常发达，自驾游在澳大利亚极为普遍。自驾游以自由、
灵活、个性化等突出特点被旅游者接受。随着国际游客增多，澳大利亚的自
驾游主体也逐步多样化，越来越多的国际游客加入澳大利亚自驾游的行列。①

---

*　孙道玮，博士，澳大利亚阿德莱德大学商学院管理专业研究员，博士生导师，研究领域为
利用系统理论设计方案解决管理领域的复杂问题。感谢本书主编宋瑞研究员对本文写作给
予的悉心指导和耐心修改。当然，文责自负。

① 于海波、吴必虎：《国外自驾游研究进展》，《旅游学刊》2011 年第 3 期；刘欢：《国内自
驾游研究进展》，《经济研究导刊》2011 年第 18 期。

澳大利亚统计局统计数据表明，2017 年，澳大利亚的入境游客达到了 880 万[1]，在所有到澳大利亚旅游的国际游客中，中国是第二大客源地。就游客消费能力而言，中国游客则是澳大利亚国际游客中旅游消费的绝对主力军。2017年，中国游客为澳大利亚的经济贡献了 100 多亿澳元，为位居第二的美国游客消费额的 2.7 倍。[2] 不同市场调研机构的研究表明，澳大利亚对中国出境游游客的吸引力十分强劲，中国游客在澳大利亚自驾游的数量增长迅速。

毫无疑问，确保安全前提下的自驾游能大幅度提高游客的旅游体验。[3]然而，旅游体验提升与风险增加并存[4]，自驾游国际游客数量的剧增特别是由国际游客引发的交通事故也相应增加。近期若干恶性交通事故的连续发生，在交通高度安全的澳大利亚利亚民众中引起了极大反响。[5] 很多社会团体和组织开始游说政府进一步采取措施，规范自驾游特别是国际游客的自驾游。

一 成就澳大利亚成为自驾游旅游目的地的主要因素

澳大利亚成为国际上备受欢迎的自驾游目的地绝非偶然。总体上得益于其丰富的旅游资源[6]、优良的自然生态环境[7]、稳定的社会环境、包容的文化环境[8]、完善的基础设施和旅游服务体系[9]。

---

① Australian Bureau of Statistics，"International Tourism Snapshot as at 31 December 2017," *International Tourism Snapshot*, 2018.

② Australian Bureau of Statistics，"International Tourism Snapshot as at 31 December 2017," *International Tourism Snapshot*, 2018.

③ Liu C. "The Motivations and Experiences of Young Chinese Self-drive Tourists," Asian Youth Travellers. Springer. 2018: 135 – 152.

④ Lepp A, Gibson H.，"Tourist Roles, Perceived Risk and International Tourism," *Annals of Tourism Research*, 2003, 30（3）: 606 – 624.

⑤ RACQ. *Crash Risk of International Visitors to Victoria*. RACV Research Report. 2014.

⑥ Hall C M. *Introduction to Tourism in Australia*: *Impacts, Planning and Development*. Longman Cheshire, 1991.

⑦ Austalian Government. *Our Natural Environment*. Austalian Government. 2018.

⑧ Hutton D, Connors L. *History of the Australian Environment Movement*. Cambridge University Press, 1999.

⑨ McKercher B.，"Some Fundamental Truths About Tourism: Understanding Tourism's Social and Environmental Impacts," *Journal of Sustainable Tourism*, 1993, 1（1）: 6 – 16.

（一）丰富的旅游资源

位于南半球的澳大利亚幅员辽阔，国土面积 768 多万平方公里，四面环海并有若干岛屿。澳大利亚大陆地貌构成上包括山地、高原、平原、荒漠、沙漠和丹霞地貌。相对平坦的澳大利亚内陆，还分布着不同的河流和湖泊。澳大利亚的气候类型则有典型的热带气候、亚热带气候、温带气候和地中海气候。① 澳大利亚多样的地形地貌与其不同的气候类型组合非常适合旅游开发。仅就澳大利亚拥有丰富的海岸线旅游资源而言，其阳光、沙滩和海水的组合就已经提供了进行观光、休闲、垂钓、潜水和冲浪等丰富的旅游活动的条件。② 广袤的澳大利亚国土上还分布着数量众多的国家森林公园以及丰富而极具特色的动植物资源。很多森林公园中有袋鼠、考拉和鸸鹋等。除了丰富的自然旅游资源外，澳大利亚典型的西方文化、独特的土著文化和近几十年政府大力扶持的多元移民文化，也成为旅游业发展的重要资源，吸引各国游客前往。澳大利亚不仅旅游资源丰富，而且善于将基础设施和地方产业开发成国际知名的旅游资源。例如，澳大利亚大洋路是由参加第一次世界大战的退伍老兵们修建的沿海公路，迄今已经发展成举世闻名的自驾游路线，沿途很多自然景观也被恰如其分地赋予了文化内涵，比如大洋路的"十二门徒"景点③，就是将典型的海蚀地貌与澳大利亚主要宗教基督教中的人物有机结合的典范。澳大利亚的主要葡萄酒产区，也已在全球范围内成为负有盛名的景区，每年吸引众多国际游客到各个酒庄进行观光休闲，也是自驾游的重要旅游景区。④

① Braganza K, Church J A. *Observations of Global and Australian Climate.* CSIRO Publishing: Victoria, Australia, 2011.

② Booth D. *Australian Beach Cultures: The history of Sun, Sand and Surf.* Routledge, 2012.

③ Cheer J M, Lew A A. *Tourism, Resilience and Sustainability: Adapting to Social, Political and Economic Change.* Routledge, 2017.

④ Alebaki M, Iakovidou O., "Market Segmentation in Wine Tourism: A Comparison of Approaches," *Tourismos*, 2011, 6 (1).

（二）优良的旅游环境

澳大利亚拥有优质的自然环境。用青山、绿色、蓝天、白云和鸟语花香来形容澳大利亚的自然环境，实不为过。澳大利亚自然环境优良的原因主要是，整个澳大利亚的规模化开发历史并不长。200多年的开发历史进程，在短短几十年内产业结构就实现了从以农业为主导向以第三产业为主导的转变，其间工业化进程迅速而短暂，而且污染性工业并没有发展成主导产业。加之澳大利亚地广人稀，环境保护与可持续发展的理念在全社会范围内迅速得到普及，并将环境保护与可持续发展的理念广泛贯彻到自然资源的开发利用之中。在旅游开发方面，澳大利亚一直是国际上生态旅游与可持续发展旅游研究与实践的先导。① 在社会环境方面，完善的法制体系和良好的社会治安环境，为旅游业的发展创造了良好条件。特别是澳大利亚的移民政策与发展多元文化的国策，使其成为备受国际游客青睐的旅游目的地。

（三）完善的基础设施

依托高度发达的经济，澳大利亚的基础设施建设也非常完善，特别是政府非常重视交通道路的维护。澳大利亚各级政府会定期检查公路路面质量、监控道路车流量，并进行维护或升级改造。澳大利亚的道路建设总体上安全实用。政府力求使道路的质量与其实用情况相匹配，做到确保行车安全，道路畅通。因此，很多远离主要城市的高速公路，就变成了普通的双车道。很多高速公路既没有护栏也没有隔离带，为便于超车只在合适路段增加了一条专门的超车道。在澳大利亚的内陆腹地，不少公路是单车道，因此在会车时双方需各自保留一侧车轮行驶在路面上，同时需要减速慢行通过。更有甚者，当小型车辆遇到大型载重车辆时，小型车需要完全驶离道路，需等大型车辆安全通过后再上路行驶。除硬化的公路外，澳大利亚很多农村地区还有大量的砂石路和简易土路，只有合适的车型才能顺利通

---

① Fennell D A. *Ecotourism*. Routledge, 2014.

过。当然，澳大利亚的绝大多数道路的标识非常明确。在相应路段，明确标示路段的主要风险因素、限速等诸多安全信息提示。对于一些路况很差的路段，通常会有各种警示标志，并建议适合通过的车型。澳大利亚的高速公路通常是不收费的，只有在少数大型城市的城区为缓解城市交通压力而修建的快速路，会象征性地收取很少的费用，在这种情况下游客仍可以选择完全避开收费道路。

家庭汽车在澳大利亚作为交通工具的普及率很高，因此，与配置相对简单的高速公路相比，高速公路沿线服务设施十分完善。道路沿途设置了不同休息区，为游客的短暂停留提供休憩和补给之便。而在旅游景区内部或者附近，则会规划建设若干露营地，为游客的房车提供安全的停靠点。该类营地通常配有电源和生活用水，甚至提供薪柴，营地使用者仅需支付少量费用。

（四）完善的自驾游旅游服务体系

澳大利亚汽车租赁业务非常发达，几乎主要的城镇和机场都会有汽车租赁公司服务点。大型连锁汽车租赁公司通常会提供各种不同车型供客户选择，而且租车价格也非常透明，所有租赁手续和付费完全可以在网上完成预定。其中很重要的是，租车公司提供异地还车业务，为自驾游创造了便利条件。

（五）多元化的信息服务和营销宣传

澳大利亚高度重视旅游服务中心建设。每个大型城市通常会设有若干游客服务中心，稍微大的城镇，不管多么偏远，政府都会设为游客服务的网点，免费提供当地的旅游地图，并为游客提供力所能及的帮助。地方政府或者景区管理者也将当地旅游资源非常详尽地发布在网站上。适应中国游客日益增多的发展趋势，很多澳大利亚的旅游网站还配有中文信息。鉴于中国游客在澳大利亚旅游中的经济贡献非常大，很多州开始针对中国游客进行专门的营销宣传，比如聘请中国娱乐明星进行专门的广告宣传。

（六）成熟的自驾游路线

自驾游在澳大利亚非常普及，各州都专门就自驾旅游线路进行了较为系统的规划，并将成熟的自驾游线路公布在网站上供游客参考。澳大利亚自驾游线路的开发，已经由沿海地区转向广大内陆地区。自驾游线路的设计也呈现多样化的趋势，游客可以轻松选择各种不同的观光线路或者以美食、文化、运动和探险为目的的自驾游路线。

（七）完善的保险体系

在澳大利亚的游客中，西方游客和当地游客的保险意识非常强。澳大利亚完善的保险体系，不仅包括机动车保险，保额高达 2000 万澳元，而且包括车中的财产、旅程、医疗。购买保险虽然增加了旅游成本，但是澳大利亚的服务和医疗等非常昂贵，购买保险能为人们安全旅游提供最大限度的保障。相对来说，澳大利亚的保险索赔简单。

（八）高效的救援系统

澳大利亚的救援体系非常完善，其海陆空一体化的救援体系专业高效，即使是在非常偏远的地区，其救援网络也有所覆盖，但是澳大利亚的救援成本极其昂贵，因此，购买保险的必要性就更为突出。

（九）多样的住宿设施

澳大利亚的宾馆主要集中在城市和规模较大的城镇，相较而言，汽车旅馆分布则更为广泛。稍大的城镇都有若干汽车旅馆，即使在很小的镇上也有若干提供食宿的地方。近几年随着分享经济的崛起，很多旅游区的当地人也开始通过"爱彼迎"等平台，将家中闲置的房间租给游客。多元化的住宿服务为自驾游游客提供了多样选择。

（十）高质量的食品和饮食

澳大利亚的饮食颇具特色，属于典型的西方饮食结构，加之多元的移民

文化，澳大利亚主要城市都能很容易获得来自世界各地的特色食品。澳大利亚自然环境优美，农业发达且海洋渔业资源丰富，不少州还将优质食品开发成美食作为特色旅游产品来推广。

（十一）澳大利亚成为中国公民国际旅游目的地的重要因素

一是中澳贸易。中澳贸易合作的加强是澳大利亚成为中国游客国际旅游目的地的重要原因。中澳之间的矿产和农产品贸易，澳大利亚作为中国主要的国际投资目的地以及中国企业家在澳大利亚的大量投资，都为澳大利亚旅游业带来了大量客源。

二是留学生。澳大利亚一流的国际教育水平，每年吸引数万名国际留学生，据统计，在澳洲的国际留学生达 54 万名之多，其中，中国旅游生高达 16 万。[1] 国际留学生群体本身就是澳大利亚自驾游的重要客源。不仅如此，留学生还成为宣传澳大利亚旅游业和吸引亲友来澳大利亚的重要因素。

三是双边合作。为扩展游客市场，澳大利亚适时开展双边国际合作，通过旅游推介促销吸引国际游客。比如，2007 年"中澳旅游年"活动的开展就极大地促进了两国游客互访，尤其是中国赴澳旅游人数的增加。

四是航班。中澳新航线的开辟，特别是中澳两国主要城市间的直航，促进了游客互访，到 2017 年底，由中国直接飞往澳大利亚的航班已达每周190 班[2]，是所有国家直航澳大利亚最多的国家，航班运力的提升为两国游客互访的增加提供了重要条件。

五是汇率与支付方式。人民币对澳元大幅度升值，客观上使中国公民赴澳旅游的成本大幅降低，进一步激发了中国游客出游澳大利亚的热情。加上在支付方式上，澳大利亚率先接受银联卡，并及时采用支付宝和微信支付方式，为中国公民赴澳旅游增添提供了便利。

---

① 《澳大利亚留学生数量创新高 中国留学生占比最大》，人民网－澳大利亚频道，2018。

② Australian Bureau of Statistics，"International Tourism Snapshot as at 31 December 2017," *International Tourism Snapshot*，2018。

六是简化签证与季节性。获取签证便利与否是中国公民规划出国游时考虑的重要因素之一。澳大利亚对中国公民赴澳旅游签证政策的改革，使中国公民获取赴澳旅游签证更为便捷。同时，中澳两国位于南北不同半球的位置特点，使两国在四季分布上正好相反。这种反季也是中澳两国互为国际旅游目的地的重要因素之一。

二　澳大利亚自驾游风险识别

澳大利亚各州政府，特别是其旅游、交通管理部门和保险公司非常重视对交通安全的研究。澳大利亚自驾游的主要风险，对国际游客的威胁更为突出。毕竟国际游客对当地交通规则、路况、自然与社会环境相对陌生，加上可能存在的语言障碍，就进一步增加了自驾游的风险。总体来看，在澳大利亚，自驾游的主要风险可能出现在如下几个方面。

（一）行车规则

澳大利亚的机动车行驶规则为左侧行驶，右侧驾驶；而世界主要国家是右侧行驶，左侧驾驶。驾车规则的迥异，在道理上很容易理解，但是由于长期形成的驾车习惯，当遇到应急路况时通常得不到及时有效的处理，则大幅增加了行车风险。当前澳大利亚对游客的驾驶执照的要求并不严格，通常只要有合法驾照的翻译件就能驾驶，不少当地社区居民对此颇有微词，而且不少交通事故确实是由交通规则方面的因素引起的。

（二）交通规则

尽管国际上的交通规则都非常相似，但是澳大利亚的让行规则与很多国家和地区不同。不熟悉让行规则是重大交通事故发生的重要原因之一。另外，澳大利亚有很多特有的交通标识，不熟悉交通标识，不仅容易发生交通事故，而且是交通违法的重要原因，比如在学校附近超速，在超车时出现超速，对紧急救援车辆不能及时避让等。

（三）疲劳驾驶

绝大多数自驾游游客想充分利用有效时间旅游，往往会出现赶路的情况，因此，疲劳驾驶也是事故发生的重要原因之一。同时，澳大利亚的大城市以外，人口稀少，道路景观相对单调，加之驾驶员对自然环境，特别是强烈阳光照射的不适应，非常容易产生疲劳，稍有疏忽就容易造成交通事故。

（四）野生动物

澳大利亚的野生动物非常之多。野生动物对行车安全威胁很大，特别是袋鼠等，由于数量多、体型大，对行车威胁很大。袋鼠在黎明和黄昏时刻最为活跃，夜间活动也极为频繁，因此，在澳大利亚城际的广大农村地区都会尽量避免夜间驾车。另外，澳大利亚野生动植物资源很丰富，有一些本身就可能会对游客造成威胁，例如，在水中有鲨鱼、鳄鱼和剧毒海蜇，在陆地上有各种剧毒的蛇类和蜘蛛等。

（五）路况

澳大利亚高速公路一个重要的特点就是，多数路段没有中间隔离带。高速公路，既有宽阔平坦的路段，也有蜿蜒盘旋的山路。而路上车的数量并不多，非常容易导致驾驶员在行驶中放松警惕，很多事故的发生恰恰是驾驶员的疏忽所导致。在澳大利亚的很多地区有大量的加长货车，当地称为"陆地火车"，长达50米，很多游客都低估了超车的难度和所需时间，加上澳大利亚的高速公路绝大多数仅为双车道，稍有不慎就有引发交通事故的风险。

（六）自然灾害

澳大利亚的天气变化快，很多河流穿过间歇性河流，由暴雨引起的突发洪水时有发生，不同路段随即被洪水淹没的情况常有报道。暴风雨也经常发生。在澳大利亚，大风引发危害还与其广泛分布的桉树有关。桉树在大风中非常容易折断，对行人和车辆造成危害。澳大利亚每年都有山火发生，与其干旱高温的气候有关。这些自然灾害，对自驾游游客而言，轻则耽误游客的出行，重则威胁人身和财产安全。

（七）通信

及时有效的通信方式是保障游客人身和财产安全、规避旅途风险的重要手段，特别是及时联系救援的有效途径。在无线通信已经覆盖中国每个角落、手机已经成为民众最普通的通信方式的今天，似乎很难想象，澳大利亚作为发达国家，其无线通信网络的覆盖情况却不尽如人意。事实上，澳大利亚无线通信网络由不同公司运营，其网络覆盖范围差异很大，甚至在主要大城市之间的高速公路沿线，无线通信网络的覆盖也不好，可能会遇到盲区，而在广大的内陆地区实现有效的通信往往要借助专用无线设备或者卫星电话。

（八）交通堵塞

尽管澳大利亚总体上地广人稀，但是在主要城市交通堵塞也非常严重，加上不定时的道路维护，容易造成交通不畅。尽管交通堵塞很少对游客的行车安全造成影响，但是往往会耽误自驾游的行程。

（九）当地法律、风俗文化

澳大利亚是典型的多样文化区域，本地人对游客的行为包容性很高，但是，由于法律体系和价值观体系的差异，在中国很多司空见惯的行为，在澳大利亚却有可能是严重的违法行为。比如，因琐事而发生争执，简单的言语攻击可能惹上性别和种族歧视的官司。澳大利亚法律极力保护弱者，有的游客因不了解澳洲法律，恋人或家人之间的不当争执被路人误以为欺凌而报警，造成不必要的麻烦。

三 规避旅游风险、提升游客旅游体验的对策和建议

(一)政府采取的举措

为规避自驾游风险,澳大利亚政府积极采取措施。以自驾游最受欢迎的维多利亚州为例,州政府所采取的主要措施包括[1]:利用游客交通事故数据库,对事故产生的原因进行深入研究,力求找出其中的规律;向相关社区居民进行咨询,试图从不同利益相关者角度对问题进行深入探讨;对国际驾照使用许可增加附加条件;加强道路行车安全宣传等;为增加安全行车宣传教育的有效性,特别就宣教内容和宣传方式和平台进行优选。

(二)针对自驾游游客的建议

一是出游规划。旅游行程和活动规划的重要性非常容易被忽视。一方面,不少传统游客习惯于随团出游,旅游路线和活动都已经由旅行社安排妥当,而自驾游则完全不同,包括吃、住、行、游等各项活动都需要自行安排。在自助出游安排经验不足的情况下,难免会有疏忽。另一方面,对于初次到异国进行自驾游的游客,其对出游风险和面临的挑战往往低估。自驾游旅途中任何考虑不周的地方,都可能会对旅游体验带来负面影响。自驾游目的地不同,游客对自驾游的旅游体验期望值也迥异,因此,出游规划因人因地而异。一个基本原则是,行程和活动安排相对紧凑但绝不紧迫,随时做好替代旅游方案,确保旅途中有效利用时间。要充分利用各种电子地图和旅游目的地的网站,对旅游路线进行规划,并选择合适的车型以适应不同的路况。

二是出游准备。游客要提前了解旅游目的地的主要风险因素,并做好相应的风险规避预案,以确保旅途中人身和财务安全。在这方面,特别要意识

---

① RACQ. *Crash Risk of International Visitors to Victoria*. RACV Research Report. 2014.

到购买适当保险的重要性。澳大利亚是全球范围内生活成本位于前列的国家，稍有意外就可能产生巨额账单。澳大利亚的保险项目非常全面，包括医疗、行车、旅程安排都可以购买相应的保险来保障。尽管保险也是一笔不小的支出，却是确保旅游体验的重要因素。

三是出游中保持高度警惕。旅途中疏忽大意、放松警惕也是自驾游的主要风险因素。在澳大利亚自驾游时，要充分利用当地的游客服务中心，听取当地人的意见和建议。另外，自驾游游客要严格遵守旅游地的安全提示，比如在指定的标志海域游泳，参与山地徒步务必按规划路径进行等。除此之外，时刻关注天气变化，根据天气对自驾行程做出适当调整。同时，将自驾游的计划、路线和进展定时通知亲属和朋友。自驾游游客一旦迷失方向，可靠的救援线索能最大限度地缩小搜救范围，及时实施救援行动。

参考文献

于海波、吴必虎：《国外自驾游研究进展》，《旅游学刊》2011 年第 3 期。

刘欢：《国内自驾游研究进展》，《经济研究导刊》2011 年第 18 期。

Australian Bureau of Statistics，"International Tourism Snapshot as at 31 December 2017，" *International Tourism Snapshot*，2018.

Liu C. "The Motivations and Experiences of Young Chinese Self-drive Tourists，" *Asian Youth Travellers. Springer.* 2018：135 – 152.

Lepp A，Gibson H.，"Tourist Roles，Perceived Risk and International Tourism，" *Annals of Tourism Research*，2003，30（3）：606 – 624.

RACQ. *Crash Risk of International Visitors to Victoria.* RACV Research Report. 2014.

Hall C M. *Introduction to Tourism in Australia：Impacts，Planning and Development.* Longman Cheshire，1991.

Austalian Government. *Our Natural Environment.* Austalian Government. 2018.

Hutton D，Connors L. *History of the Australian Environment Movement.* Cambridge University Press，1999.

McKercher B.，"Some fundamental truths about tourism：Understanding tourism's social and environmental impacts，" *Journal of Sustainable Tourism*，1993，1（1）：6 – 16.

Braganza K，Church J A. *Observations of Global and Australian Climate.* CSIRO Publishing：

Victoria，Australia，2011.

　　Booth D. *Australian Beach Cultures*：*The history of Sun*，*Sand and Surf*. Routledge，2012.

　　Cheer J M，Lew A A. *Tourism*，*Resilience and Sustainability*：*Adapting to Social*，*Political and Economic Change*. Routledge，2017.

　　Alebaki M，Iakovidou O.，"Market Segmentation in Wine Tourism：A Comparison of approaches，" *Tourismos*，2011，6（1）.

　　Fennell D A. *Ecotourism*. Routledge，2014.

　　《澳大利亚留学生数量创新高 中国留学生占比最大》，人民网－澳大利亚频道，2018。

G.21
韩国人休闲活动发展趋势

玄银池 著　李保荣 译*

摘　要: 随着国民收入和生活水平的提升、产业结构的调整以及工作时间的缩短,韩国人的闲暇时间也呈增加趋势。国家的相关政策要兼顾提高经济效益与国民生活水平。休闲是 21 世纪国家竞争力的核心要素。韩国即将迈入人均 GDP 3 万美元的门槛,国民对于休闲的认识和价值观也在发展。同时,各种媒介的出现以及智能手机的普及丰富了休闲活动的形态,国民对休闲生活的需求也更加旺盛。

关键词: 韩国　国民休闲　经济环境

一　韩国人休闲生活的演变

(一)休闲意识逐步确立

在韩语中,人们讲到"休闲(余暇)"的时候,通常会联想起"休息、旅行、游戏"。"休闲(余暇)活动"指的是"利用业余时间进行的活动,或者是有时间富余的时候进行的活动",具体所指也因人而异。2012 年,韩

---

* 玄银池,观光学博士,教授,旅游企业理事,韩国龙仁大学文化观光系客座教授,研究重点为韩国旅游发展趋势,韩国旅游企业发展动向,中韩旅游市场发展趋势,国家旅游发展政策;李保荣,中国驻首尔旅游办事处主任,研究方向为国家文化旅游政策与国际营销方面的研究与实践。

国全面实施了每周 5 天工作制，每周 5 天工作制度安排和其他社会经济要素影响相互叠加，带来了国民对休闲认识的变化。具体的社会经济因素包含居民收入增加、生活品质提升、大众文化发展、低出生率、老龄化、网络和智能手机的普及等。

比较明显的认识变化是人们开始明确区分工作和休闲活动的安排，认识到休闲是提升生活品质和个人满足度的重要因素，有意识地抽出时间主动享受休闲生活。同时，在国家管理层面，韩国政府提出"国民幸福时代"的主张，重视延长劳动者的休息时间，鼓励休闲需求的释放，于 2014 年 9 月开始实施"顺延公休日"制度（即法定假日与周末重叠的情况，允许周一顺延休息）。国民普遍认可充足的休息有助于提升劳动效率，对休闲生活的期待日益高涨。

（二）韩国休闲环境的变化

伴随国民收入水平不断提高、劳动时间逐步缩短，获得了更多自由时间的人们或是走近大自然体验人与自然的交融，或是在城市景观中享受快乐氛围。韩国社会重视生活价值、重视休闲活动的文化逐步形成并普及。与之相伴的是，那些可以提升休闲活动品质的体育、娱乐活动也大量走入大众的生活。随着国民休闲意识的增强，韩国休闲生活以家庭为中心、注重参与性的特点凸显。每周 5 天工作制实施后，人们的出游时间变得更长，出行距离也变得更远。

1. 韩国每周5天工作制的实施过程

韩国开始实施每周 5 天工作制的时间相对较晚，虽然劳动者长期与资本方开展斗争和谈判，不断争取这项权益，但国家在经济发展过程中一直让步于企业对经营效益的追求，在修改相关法案方面迟迟没有突破。1997 年突发的金融危机及其带来的社会就业风险，却意外成为韩国劳动机制变革的关键推手。

1953 年，韩国制定了《劳动基本法》，规定劳动者每天工作 8 小时，每周工作 48 小时。1989 年，《劳动基本法》做了稍许修改，每周的劳动时间缩短为44小时,其后,一直没有进展。尽管社会上劳工组织争取进一步缩短劳动时间的努力持续不断,但企业经营者对此予以坚决反对,相关法案迟迟无法通过。1997年爆发的亚洲金融危机,重创了韩国经济,社会上失业者大量出现。为恢复经济增长,解决社会就业问题,缩短劳动工作时间成为"改善生活质量"的选项。

2000年,韩国成立"缩短劳动时间特别委员会",借鉴外国的先进经验,明确将"缩短劳动时间,改善工作、休假制度"作为改革目标,但劳资双方围绕具体的实施方案不断展开拉锯战。劳资双方反复协商,历经两年数十次谈判交涉,将结果于2002年10月以政府单独法案的形式提交国会进行立法审议。事实上,韩国每周5天工作制从国会立法通过到全面实施也经历了比较长的渐进扩展过程。

韩国劳动部依据《劳动基本法》修正案,于2004年7月开始从大型企业、公共部门入手,分步骤扩大实施范围,尽可能减少对韩国制造业的影响。全面实施从推动到完成用了将近7年时间(见表1)。

表1 韩国每周5天工作制实施进程

实施时间	实施对象
2004年7月	金融保险、公共部门以及1000人规模以上企业
2005年7月	300人及以上规模企业
2006年7月	100人及以上规模企业
2007年7月	50人及以上企业
2008年7月	20人及以上企业
2011年	20人以下企业以及国家、地方政府机关

2.韩国休闲环境的变化

当前,休闲已经成为21世纪的国家核心竞争力。随着韩国人均GDP收入迈入3万美元的门槛,国民对休闲的认识和价值观也逐渐发展。得益于多种多样的休闲形式的出现以及智能手机的普及,国民对休闲生活的需求更加旺盛。在这种日益发展的社会、经济、法律背景下,休闲出现新的发展潮流(见表2、表3、图1、图2)。

表2 韩国社会、经济、政策环境的变化

社会环境的变化	经济环境的变化	政策环境的变化
人口结构的变化 劳动时间的减少 智能化机器出现	进入低速增长社会 劳动时间的变化	政策基调的变化(供给者为主→需要者为主) 增加休息时间的制度规定

表3 全部产业月平均工作天数和周工作时间趋势

单位:天,小时

年份	2004	2005	2006	2007	2008	2009	2010	2011	2012	2013	2014	2015	2016	2017
月平均劳动天数	23.7	23.2	22.7	22.3	21.7	22.5	22.2	21.6	20.9	21.1	20.9	21.1	20.9	20.6
总劳动时间	197.2	195.1	191.2	188.4	184.5	189.0	187.0	180.8	173.7	178.1	177.1	178.4	176.9	173.3

资料来源:韩国劳动雇佣部,各年度《劳动雇佣统计年鉴》。

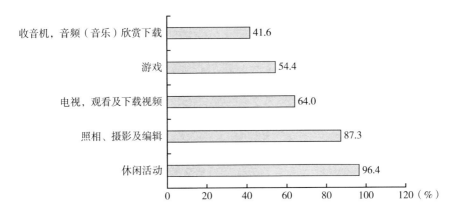

图1 利用手机终端上网的休闲活动 (多选)

资料来源:韩国网络振兴院,2015年利用手机终端上网调查。

3.韩国关于延长休息时间的制度规定变化

本着改善劳动者生活质量的目的,韩国政府自2014年9月开始实施"顺延休假制"。就是当公休日与周六或周日重叠时,休息时间可以顺延到下周一进行补偿。按照这个制度,韩国劳动者可以享有从周六到周一的三天休假,对韩国的旅游以及电影等产业产生了不小的波及效应。

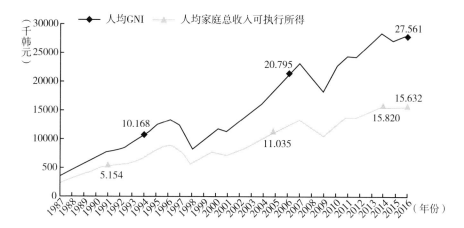

图2 人均国民收入趋势

资料来源：韩国统计厅，《经济活动人口调查》。

2004年，韩国的部分学校开始执行每周5天授课制度。到2012年，韩国的大部分小学、初中和高中（99.6%）实现了每周5天授课制度。由此，学生的休息时间增加，有力地推动了韩国以家庭为中心的休闲活动。

二 韩国人休闲活动状况及动向

（一）韩国人的休闲活动状况

1. 休闲活动的类型

根据韩国文化体育观光部发布的调查统计报告，2016年韩国人的休闲活动总体情况如下："休息活动"占56.7%，接下来分别是"兴趣、娱乐活动"（25.8%），"参与体育活动"（8.7%）。其中，"兴趣、娱乐活动"的比重从2014年的21.1%增长到25.8%，"参与体育活动"的比重则从2014年的7.6%增长到8.7%（见图3）。

2. 韩国人进行最多的10种休闲活动

如图4，韩国《国民休闲活动调查（2016年）》报告显示，休闲方式单项选择的顺序为"看电视"（46.4%），"上网"（14.4%），"打游戏"

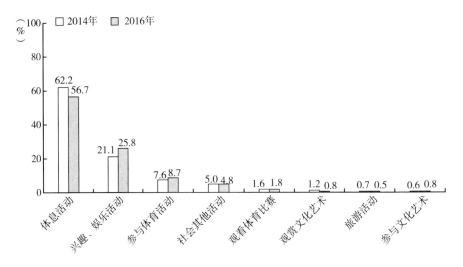

图 3　韩国人休闲活动变化情况（2014 VS 2016）

资料来源：韩国文化体育观光部，《国民休闲活动调查（2016 年）》。

（4.9%），"散步"（4.3%）。

多项选择由高到低的顺序是"看电视"（72.7%），"上网"（39.1%），"散步"（29.9%），"闲聊/煲电话"（26.7%），"打游戏"（15.1%）。

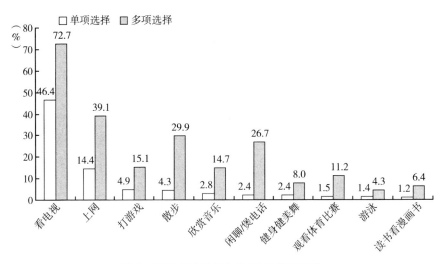

图 4　韩国人进行最多的 10 种休闲活动

资料来源：韩国文化体育观光部，《国民休闲活动调查（2016 年）》。

3. 休闲生活中智能手机的使用

如表4，据统计，韩国人平时平均每天使用智能手机的时间为1.3 小时，周末或放假时则为 1.6 小时；每天使用智能手机的比重为 42.2%，周末或放假时则为31.9%。从使用者的年龄上来看，15～19 岁的人群平时每天休闲时间的73%在使用智能手机，而70岁及以上人群使用智能手机的休闲时间则仅占5.5%，使用智能手机的时间与年龄呈反比关系。

表4　休闲活动时间与智能手机使用时间统计

		周一至周五			周末或放假		
		休闲活动时间(小时)	使用智能手机的时间(小时)	智能手机使用比重(%)	休闲活动时间(小时)	使用智能手机的时间(小时)	智能手机使用比重(%)
	全体	3.1	1.3	42.2	5.0	1.6	31.9
性别	男性	2.9	1.4	46.7	5.1	1.7	32.8
	女性	3.3	1.3	38.3	4.9	1.5	31.0
年龄段	15～19岁	2.7	2.0	73.0	5.1	2.6	50.6
	20～29岁	2.9	1.9	65.3	5.3	2.5	47.2
	30～39岁	2.8	1.6	58.0	4.8	1.9	39.9
	40～49岁	2.8	1.4	49.4	4.7	1.6	33.7
	50～59岁	2.9	1.2	40.9	4.8	1.4	29.4
	60～69岁	3.6	0.7	19.1	5.1	0.8	15.5
	70岁及以上	4.7	0.3	5.5	5.7	0.3	5.7

资料来源：韩国文化体育观光部，《国民休闲活动调查（2016年）》。

在使用智能手机进行的休闲活动中，最多的是"上网"（48.8%），其次分别是"SNS 网络社区交流"（19.0%）、"游戏"（16.2%）（见图5）。从性别区分来看，男性相比女性花更多时间玩游戏，而女性相比男性花更多时间进行"SNS 网络社区交流"。从年龄段来看，15～19 岁以及20～29 岁的人群更多进行"SNS 网络社区交流"和"游戏"，30岁及以上的人群则更多进行"上网"。

4. 休闲活动的目的

参加休闲活动最主要的目的是"个人的欢愉"（37.1%），其次分别是

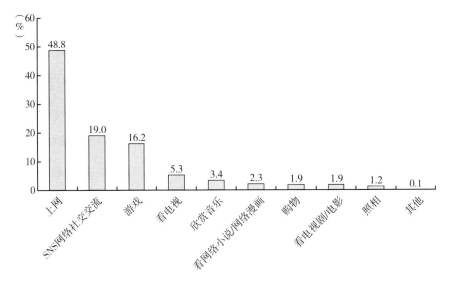

图5 休闲活动中智能手机的使用类型——智能手机使用者

资料来源：韩国文化体育观光部，《国民休闲活动调查（2016年）》。

"平复心情和休息"（16.9%）、"减少压力"（14.0%）、"健康"（10.3%）
（见图6）。

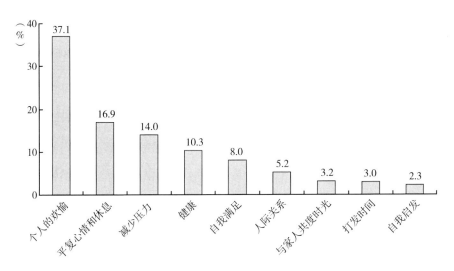

图6 休闲活动的目的

资料来源：韩国文化体育观光部，《国民休闲活动调查（2016年）》。

5. 休假期间的休闲活动

2016 年，韩国人在休假期间进行最多的休闲活动是"游览名胜和自然风景"（33.8%），此外分别是"在国内野营"（24.7%）、"温泉/海滨浴场"（21.4%）、"购物/外出用餐"（20.2%）（见表5）。

表5　休假期间的休闲活动（多选）——享受休假者（前10位）

单位：人，%

		案例数	游览名胜和自然风景	在国内野营	温泉/海滨浴场	购物/外出用餐	访问文化遗迹	国外旅游	去主题公园/游乐园植物园	看电视	参加地区庆典	森林浴
全体		6262	33.8	24.7	21.4	20.2	15.7	14.6	13.7	11.7	11.2	9.9
性别	男性	3110	31.9	27.2	19.1	16.0	14.9	12.9	12.4	12.4	11.9	9.3
	女性	3152	35.9	22.0	23.8	24.7	16.5	16.4	15.0	10.8	10.5	10.7
年龄段	15～19岁	395	27.5	30.5	18.2	18.2	11.6	9.3	17.7	10.4	7.4	2.7
	20～29岁	1027	23.8	31.8	21.0	20.3	9.3	18.9	19.2	6.2	8.2	6.7
	30～39岁	1309	33.3	30.2	19.2	20.5	14.0	13.5	21.2	11.0	9.0	8.1
	40～49岁	1456	32.1	26.3	21.3	21.4	16.3	14.5	14.1	13.0	13.8	11.8
	50～59岁	1201	39.5	17.6	21.1	20.3	18.8	14.0	5.3	14.4	12.6	12.8
	60～69岁	554	43.3	12.8	26.6	19.0	20.0	14.3	5.1	14.3	14.5	12.7
	70岁及以上	320	48.6	9.5	28.8	17.7	28.0	12.9	2.6	14.4	12.9	13.0

资料来源：韩国文化体育观光部，《国民休闲活动调查（2016年）》。

6. 观光活动

旅行游览是韩国人最期盼的休闲活动之一。根据韩国《国民休闲活动调查（2016年）》报告，"旅行游览"（89.5%）是韩国人休假期间所做最多的休闲选择，接下来依次是"兴趣娱乐活动"（39.4%）、"休息"（23.9%）（见图7）。

（1）常态化（反复进行）的休闲活动

常态化（反复进行）的休闲活动是指除掉休息，每天/每周/每月的休闲活动中持续（定期）参与的休闲活动。在常态化的休闲活动中，"参与体

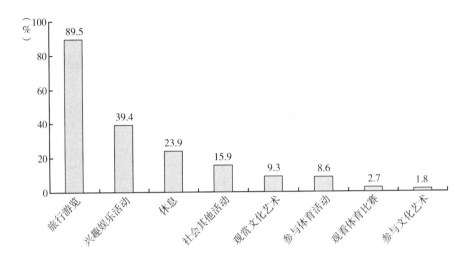

图7 休假期间的休闲活动类型（多选）——享受休假者

育运动"的比重最高，为44.9%，其次是"兴趣娱乐活动"（30.2%）和
"社会及其他活动"（13.4%）（见表6）。

表6 常态化（反复进行）的休闲活动

单位：%

		观赏文化艺术活动	参与文化艺术活动	观看体育运动	参与体育运动	观光游览	兴趣娱乐活动	社会及其他活动
全部		4.0	5.0	1.3	44.9	1.3	30.2	13.4
性别	男性	3.1	2.5	2.3	46.6	1.3	34.7	9.5
	女性	5.0	7.8	0.2	43.1	1.3	25.0	17.7
年龄段	15~19岁	8.4	9.2	0.8	29.8	0.5	46.8	4.6
	20~29岁	10.3	5.0	2.0	43.4	0.3	28.9	10.2
	30~39岁	4.0	3.9	0.8	53.6	2.1	26.5	9.1
	40~49岁	2.9	2.0	1.6	53.1	1.9	26.7	11.9
	50~59岁	1.0	3.7	1.8	44.4	1.3	31.8	16.0
	60~69岁	1.2	7.9	0.6	38.7	1.1	31.9	18.6
	70岁及以上	0.7	11.2	0.3	28.8	1.2	29.2	28.6

资料来源：韩国文化体育观光部，《国民休闲活动调查（2016年）》。

（2）同好会活动

15 岁及以上的韩国人中有 13.4% 于 2016 年参加了同好会活动，相比 2014 年增加了 1.7 个百分点。从年龄段来看，除了 20 ~ 29 岁的人群外，参与率均呈增加趋势（见图 8）。

图 8　2016 年同好会活动参与情况

资料来源：韩国文化体育观光部，《国民休闲活动调查（2016 年）》。

同好会进行的活动以体育锻炼等活动为主，如"登山"（12.3%），"篮球、排球、棒球、足球"（10.0%）等（见图 9）。

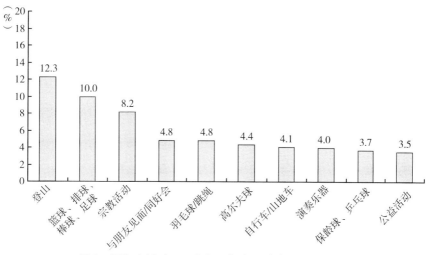

图 9　同好会活动——参与同好会活动者（前 10 位）

资料来源：韩国文化体育观光部，《国民休闲活动调查（2016 年）》。

（二）韩国人休闲活动动向

1. 伴随劳动时间缩短产生的休闲时间变化

休闲资源是指能引发休闲情趣的自然、人文、社会经济事物及现象。人们根据休闲资源或休闲活动进行休闲生活的评价。韩国人认为在休闲生活里，获得休闲时间是重要的前提条件。这种情况下，与每周 5 天工作制以及每周授课 5 天制的实施相伴，企业的劳动环境得以改善。作为每周 5 天工作制的实施对象，韩国人最积极的变化就是更多地选择了"增加与家庭成员在一起休闲的时间"（见图 10）。

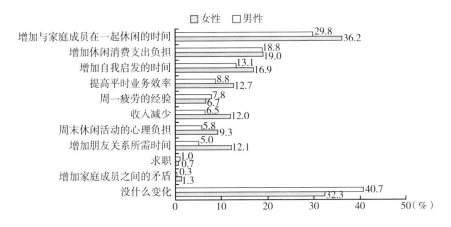

图 10　每周 5 天工作制实施后的生活变化

资料来源：韩国文化体育观光部，《国民休闲活动调查（2016 年）》。

如表 7，每周 5 天工作制实施后，韩国各年龄段选择参与休闲活动的同伴并不相同。按照从高到低的顺序，15 ~ 19 岁以及 20 ~ 29 岁的人超过 70% 选择"独自活动"，30 ~ 39 岁的人群选择"与家人一起"的比重相对更大，而 15 ~ 19 岁以及 20 ~ 29 岁的人选择"与朋友一起"的比"与家人一起"的更多。

与 2014 年的调查结果相比，在休闲活动中"独自活动"的比重增大了，"与家人一起"、"与单位同事一起"和"与同好会会员一起"的比重小幅减小。30 ~ 59 岁的人群选择"与家人一起"的比重最高。由此看出，每周 5 天工作制应该是"以家庭为中心的休闲活动"增加的背景原因。"与单位同事一起"和"与同好会会员一起"的比重减少以及"独自活动"的比重渐渐增加,是因为个人的休闲活动增加。

表 7　休闲活动的同伴

单位: %

		独自活动	与家人一起	与朋友一起	与同好会会员一起	与单位同事一起	其他
	全体	59.8	29.7	8.8	1.0	0.8	0.0
性别	男性	59.4	29.3	8.8	1.3	1.2	—
	女性	60.1	30.0	8.8	0.7	0.4	0.0
年龄段	15~19 岁	76.2	8.0	15.5	0.2	0.1	—
	20~29 岁	74.7	10.4	13.7	0.9	0.3	—
	30~39 岁	61.5	30.0	5.9	1.1	1.5	—
	40~49 岁	53.1	37.9	6.4	1.4	1.2	0.0
	50~59 岁	52.9	36.4	8.6	1.2	0.9	0.0
	60~69 岁	51.4	40.6	7.1	1.2	0.3	—
	70 岁及以上	57.5	33.1	8.5	0.7	0.2	0.0

资料来源:韩国文化体育观光部,《国民休闲活动调查(2016 年)》。

2. 韩国国民对休闲的认识变化

2016 年,满 15 岁以上的韩国人日平均休闲时间为平日 3.1 小时,周末及假日 5.0 小时。相比 2014 年分别减少了 0.5 小时和 0.8 小时(见图 11)。2010 年,月平均休闲花费金额为 16.8 万韩元,2016 年月平均休闲花费金额为 13.6 万韩元(约合 120 美元),比 2014 年的花费金额(13 万韩元)增加了 6000 韩元左右(约合 5.5 美元)(见图 12)。

3. 信息化休闲类型的增加

韩国智能手机的普及率为 88%,位居世界第一,韩国全境实现了随时连接互联网。智能手机的使用带动了信息化休闲的快速发展。

与过去模拟型休闲需要直接体验或经历才能获得满足不同,数字信息化类型的休闲是通过利用虚拟技术,提供想象体验来使人获得快感。同时,数字信息化类型的休闲可以使人同现实世界剥离开来,具有体验自我表现进而消除疲劳的功能。

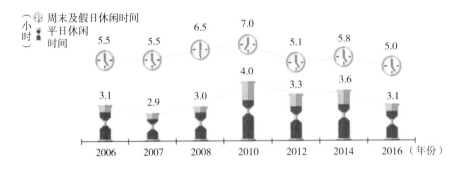

图11　休闲时间的变化趋势

资料来源：韩国文化体育观光部，《国民休闲活动调查（2016年）》。

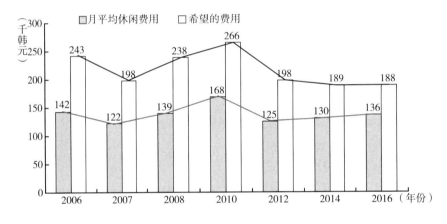

图12　休闲费用的变化趋势

资料来源：韩国文化体育观光部，《国民休闲活动调查（2016年）》。

4. 休闲运动的普及

每周5天工作制在韩国完全实施后，利用周末及公休日为子女教育进行的学习体验旅行和以家庭为单位的休闲体验旅行日益增加。同时，以身体健康为核心目标的"健康生活理念"普及开来，深入影响社会各个阶层，包括年轻人。在这个背景下，休闲体育运动以劳动之余的休息和再充电的方式出现，实现了产业化，并逐步带动了现代韩国社会的变化。

5. 高龄化时代带来的老年休闲活动变化

医学技术的发展和生活环境的改善，带来韩国人平均寿命的延长。因为退休后休闲时间比过去延长，所以可以帮老年人愉快而健康地度过老年时光的休闲活动日益受到关注。老年人参加休闲活动的目的中，"个人的愉悦"位居榜首，其次分别是"安静的心情和休息""健康"（见表8）。由此可见，参与休闲活动的目的并不局限于个人的愉悦，还有通过休闲活动获得心情的安静和休息，以增进健康。

表8　老年人参与休闲活动的目的

单位：%

		个人的愉悦	安静的心情和休息	消除压力	健康	个人关系和交际	自己的满足	打发时间	跟家人共度时光	自我发展
年龄	60岁	33.4	20.7	8.3	18.7	4.4	7.0	4.3	1.4	1.7
	70岁以上	31.8	19.8	6.1	19.5	4.9	6.3	9.1	1.0	1.4

资料来源：韩国文化体育观光部，《国民休闲活动调查（2016）》。

6. 社会网络形成带来的休闲活动花费变化

目前在韩国形成社会网络结构的活动与日俱增，人们利用社会网络参加休闲活动。该休闲活动可分为社会性休闲活动和同好会休闲活动。

社会性休闲活动是参与者追求社会公益价值的休闲活动，参与者愿意为此付出自己的休闲时间，可以使自己的生活更有意义，比如志愿服务活动、防范活动、农村清洁活动、社区活动、受灾地区救助、才艺奉献等。同好会活动是具有相同休闲活动兴趣和目的的人们自发组织参与的，共享信息、促进友谊，以达到使之不断持续开展目的的团队活动，比如文化艺术同好会、生活体育同好会、兴趣娱乐同好会等。

参考文献

《GOLFZONE》，《大韩民国高尔夫白皮书》（2013）。

〔韩〕김유선：《缩短劳动时间方案》（2017），韩国劳动社会研究所。

〔韩〕김의진等：《每周5天授课制实施后中学生参与家庭休闲状况，休闲意识以及

休闲态度分析》，《休闲学研究》（2013）。

〔韩〕김형수：《近期休闲环境变化和国内度假村产业展望》（2010），KIS Credit Monitor。

《手机网络使用状态调查》（2015），韩国网络振兴院。

〔韩〕문순덕：《济州特别自治道的休闲振兴政策方案》（2015），济州发展研究所。

《体育旅游营销研究》（2012），韩国观光公社。

〔韩〕지우석等：《休闲文化的新趋势》（2013），韩国京畿开发研究院。

〔韩〕진혁·안세경：《每周5天工作制实施后周末休闲形态和旅行特征的革命性变化》（2004），国家课题会议。

〔韩〕최진석：《每周5天工作与休闲活动变化带来的环境影响》（2002）。

《露营基地的休闲发展方案研究——以改善法规制度为中心》（2012），韩国文化体育观光部。

《家庭式度假村的概念变化趋势》，韩亚金融研究所。

《经济活动的人口调查》，韩国统计厅。

《2013 休闲白皮书》，韩国文化体育观光部。

《2013 国民休闲活动调查》，韩国文化体育观光部。

《2014 体育白皮书》，韩国文化体育观光部。

《国民休闲活动调查（2016 年）》，韩国文化体育观光部。

《2012 年全国高尔夫球场营业利润分析》，GM 咨询集团休闲经营研究所（2013）。

Abstract

Annual Report on China's Leisure Development 2017 – 2018, known as Green Book of China's Leisure No. 6, is compiled annually by Tourism Research Center, Chinese Academy of Social Science (CASSTRC). It has been one of the key reports in the "Yearbook Series" published by the Social Sciences Academic Press. This book consists of one general report and more than 20 special reports.

The general report points out that leisure is an important part of a good and better life. The principal contradiction facing Chinese society has evolved. What we now face is the contradiction between unbalanced and inadequate development and people's ever-growing needs for a better life. In the context of attaching top priority to meet the growing needs of the people, leisure development is facing both important opportunities and deficiencies. Such as leisure time is unbalanced, inadequate and unfree, insufficient supply of leisure public goods, obvious regional differences and urban-rural differences in leisure public facilities and services, ignored leisure needs of special groups and absence of leisure public policy. During 2017 – 2018, governments at all levels have made positive efforts to promote leisure development, especially in the provision of public leisure facilities and services. At the strategic level, human development is the main line of national strategy. At the law level, it has been continuously improved, as well as enacted *Law of the People's Republic of China on Public Libraries*. Through institutional reform, a new mechanism for leisure development is established. Policies and plans to promote leisure development in various fields have been formulated. Low-cost or free opening of various facilities is to improve leisure public service. The State encourages and provides diversified investment to promote various types of leisure supply. The pace of equalization of public services in leisure related fields has been accelerated. New industry classification standards was issued. By comprehensively

deepening reform, the production factors will be revitalized and the momentum of development will be activated. Facing the future, we should focus on solving the following problems such as : to integrate leisure development into national strategy; to establish the coordination mechanism of leisure development corresponding to the major system reform; to build a well-rounded leisure development system and policy system around a better life; to construct evaluation of leisure development and performance appraisal system ; to implement multi-sectoral linkages, and the system of paid-leave in a real and comprehensive way; to increase efforts to transfer payments to the central government to address the shortage of leisure and public facilities and services in underdeveloped and rural areas; to strengthen the function of local government's supply of leisure public goods ; to pay attention to the protection of the leisure rights of different groups and the satisfaction of leisure needs; to organize the classification , census and statistics of leisure related industries.

The other 20 special reports belong to "core industries", "leisure supplies", "leisure needs", "exploration and discussion", "overseas observation", are related respectively to China's health services, cultural leisure, sports leisure, public leisure services, leisure city construction, leisure space, leisure and life quality of the urban and rural residents, leisure satisfactions etc. The research and analysis of the urban public leisure services, the leisure development of Beijing, Hangzhou and other places, as well as the leisure life of the middle class, the elderly and the children provide first-hand materials so as to help the readers understand the changes in leisure needs. The well-known scholars' analysis on the experience of leisure development in foreign countries such as the United States, Canada, Australia, South Korea and other countries is also quite inspiring.

As the earliest year book in leisure research, this book can be a choice for government, researchers and the public to gain the forefront information of leisure development in China.

Contents

Abstract:: Leisure is an important part of good and better life. In the
context of attaching top priority to meet the growing needs of the people, leisure
development is facing both important opportunities and deficiencies. During
2017 − 2018, governments at all levels have made positive efforts to promote
leisure development, especially in the provision of public leisure facilities and
services. Facing the future, we should focus on solving the following problems such
as : to integrate leisure development into national strategy; to establish the
coordination mechanism of leisure development corresponding to the major system
reform; to build a well-rounded leisure development system and policy system
around a better life; to construct evaluation of leisure development and
performance appraisal system ; to implement multi-sectoral linkages, and the system
of paid-leave in a real and comprehensive way; to increase efforts to transfer
payments to the central government to address the shortage of leisure and public
facilities and services in underdeveloped and rural areas; to strengthen the function
of local government's supply of leisure public goods ; to pay attention to the
protection of the leisure rights of different groups and the satisfaction of leisure

needs; to organize the classification , census and statistics of leisure related industries.

Keywords: A Good and Better Life; Public Leisure Facilities and Services; Uneven and Inadequate

II Core Industry Reports

G. 2 Create a New Era of Health Service Industry

Xia Jiechang , Zhang Yingxi / 029

Abstract: Health is the need of all and the fundamental development of a country and a nation. The health service industry is not only concerned with economic development and the well-being of people's livelihood , but also represents the development level and the level of civilization of a country and a nation . The health service industry is a typical " happiness industry" , which is an important source of satisfying people's better life needs and also has the most potential for development and the least likely to be replaced . This paper analyzes the main driving factors that promote the development of China's health industry in the future , based on summarizing current situations and problems about the development of health services in China , the population structure , chronic disease management , consumption upgrade , the medical system reform , the popularity and application of the Internet technology , etc. In the new stage , the key areas of health service development in China mainly focus on the large-scale operation of specialized private hospitals and doctors group , high-end medical services , mobile medical services and intelligent old-age care . We will foster the health service as the most promising happiness industry . We will push forward the reform, make breakthroughs in policy, and make institutional arrangements in the top-level design.

Keywords: New Era; Health Services Industry; Happiness Industry; The Reform of Medical System

G. 3   Analysis and Prospect of Chinese Cultural Leisure Industry

Zhao Xin, *He Yanqing* / 049

Abstract: In recent years, the development of culture leisure industry has attracted wide attention in society. The constantly optimization of development environment of culture leisure industry, continuous growth of resident income, transformation of consumption structure to cultural leisure industry, continuous promotion of public service, popularization of leisure consciousness in resident, and the support of national finance and social capital have laid the solid foundation in the development of culture leisure industry. As a whole, the scale of culture leisure industry is growing and micro enterprises are energetic. Specifically, the construction of public cultural service system is pushing forward steadily, traditional culture leisure industry is steadily developing, and the new culture leisure industry is developing well. With the effective supervision, the vigorous development of culture leisure industry could not only help to improve the cultural confidence, but also plays an important role in the implementation of the national strategy of revitalizing the country. The future of the industrial development would be more worthy of expectation.

Keywords: Cultural Leisure Industry; Leisure Consciousness; Public Cultural Service

G. 4   Present Situation and Prospect of Chinese Urban Residents'
Sport Leisure   *Qi Fei* / 064

Abstract: Driven by both demand and supply, sport leisure has become an important life style of urban residents. Activities such as daily exercise, sport tourism and outdoor recreation are now widespread. However, there also exist some problems, for instance, slower consumption growth, relatively high basic

consumption proportion, limited sport leisure awareness and inadequate sport facilities. All these factors still restrict the development, transformation and upgrading of sport leisure of urban residents. In the future, we should grasp the opportunity of supply-side structural reform of sport industry, and choose proper institutional arrangements, facility utilization efficiency, enterprise innovation ability as the entry points to motivate and satisfy the sport leisure demand of urban residents.

Keywords: Urban Residents; Sport Leisure; Supply-side Structural Reform

G. 5   Present Situation and Prospect of Outdoor Sports in China

Li Hongbo, Jiang Shan and Gao Lihui / 079

Abstract: As people's understanding of outdoor sports becomes more and more scientific, participation rate becomes higher and higher. The outdoor sports in our country are developing vigorously. Generally speaking, the outdoor sports are diversified, individualized and popularized, the sports equipment is refined and the associations, clubs and network platforms have emerged constantly. Meanwhile, there are also problems such as lack of strong brands and competitive of outdoor products in China, uniform production standards and awareness of danger of people in outdoor activities and more occurrence of accidents, etc. , which should be optimized in future development.

Keywords: Outdoor Sports; Public Policy; Technology Factors

Ⅲ   Supply Reports

G. 6   The Current Situation, Problems and Trends of the Equalization of Urban Basic Public Leisure Services in China

Cheng Suiying, Zhang Yue / 094

Abstract: The contradiction between the rapid growth of public leisure service demand of urban residents and the slow growth of public leisure service supply is increasingly prominent, which causes the lack of public leisure service and the phenomenon of inequality. All kinds of data show that the level of urban public leisure service in China is obviously lower. In addition, influenced by the level of regional economic development, the population size and structure , intergovernmental fiscal relations, the public leisure service between the four major economic regions and all provinces of China is obviously different. Therefore, the government should further improve the supply level and equalization of urban public leisure service by constructing the legal mechanism of leisure service supply, coordinating the fiscal relationship between government and introducing market mechanism properly.

Keywords: Urban; Basic Public Leisure Services; Supply Differentiation; Equalization

G. 7 Study on the Construction of Leisure Cities in China

Lou Jiajun, Xu Aiping / 114

Abstract: The main contradictions of our society in the new era have changed into the contradiction between the demand of the people's good life with the unbalance and the inadequate development, and the construction of the leisure city can effectively meet the growing leisure needs of the residents. With the building of a well-off society into a strategic decisive period, leisure city construction has become an important way to enhance urban competitiveness and release residents' consumption potential. Starting with the background of the development of leisure city and taking urban leisure as the evaluation standard, analyze the development status and basic characteristics of the construction of 36 leisure cities in China. On the basis of this, put forward the upgrade path of leisure cities in future.

Keywords: Leisure City; LCI; Construction Status; Upgrade Path

 休闲绿皮书

G. 8　Evaluation of Urban Public Recreation Space：A Cluster
Analysis on Beijing's Major City Parks　*Ma Congling* / 126

Abstract：As one of important Urban Public Recreation Space，Urban Park plays an important role in urban recreation of citizens. The scale，historical and Cultural Value，connection to transportation network decide the degree of recreation use. However，the formation and evolution of Urban Public Recreation Space depends on a series of factors as urban redesigning，industry shift，mega-event and population flowing. Therefore，this paper analyzed the Recreation use status of 46 national and municipal Parks in Beijing，and discussed how to improve the efficiency of the recreation use of urban park.

Keywords：Urban Public Recreation Space；Urban Park；Recreation Use

G. 9　Study on Cultural Atmosphere Building of Urban Leisure
Space Based on the Theme of Historic Building
Heritages-the Experiences and Lessons of the
Construction of Historic Conservation Areas in Hangzhou

Jiang Yan / 139

Abstract：There are some experiences and lessons in the renewal of urban leisure space in Hangzhou，a model leisure city. Some questions were discussed，such as the status quo and problems of the 13 registered historic conservation areas in Hangzhou，and the different and common features among them. There are some challenges in development，such as the small scale of urban public leisure space limited by the historic building pattern，the convergence of different urban leisure areas，and the conflicts between private space and public space. The article put forward that the cultural atmosphere of leisure space should be created according to historic building heritages，such as clarifying the value of historic building heritages, modernizing historic building heritages, rebuilding community cultural features, and integrating and expanding urban leisure space based on the theme of historic building heritages.

Keywords: Historic Building Heritages; Urban Leisure Space; Historic Conservation Area

Abstract: On March 5, 2017, the State Council premier Li Keqiang indicated that China government would be actively to promote a deep-cooperation among the mainland, Hong Kong, and Macao, to play the unique advantages of Hong Kong (H. K) and Macao, and to elevate their position and function in national economic development and opening to the world. The construction of the large bay area of Guangdong, H. K and Macau was upgraded to a national strategy, and its development prospect will be attention. As a major part of the bay area construction, the public service will be the basic guarantee to realize the planning objectives. The construction of public leisure space is the important embodiment of the public services, and will be directly related to the residents leisure life of the big bay urban agglomeration. Therefore, drawing lessons from Tokyo, New York, San Francisco, the three bay areas'experience, playing their own advantages, clarifying future direction, and building the green public leisure space, is of great significance to the harmonious development of the large bay area of Guangdong, H. K and Macau.

Keywords: Guangdong, Hong Kong and Macau; Big Bay Area; Public Service; Space for Leisure Sports; Urban Agglomeration

 休闲绿皮书

Ⅳ   Needs Reports

G. 11   Leisure and Life Quality in China

Zhang Liangliang , Liao Hongjun ∕ 166

Abstract: This paper exhibits the association between leisure and life quality in both urban and rural localities of China by exploiting household survey data extracted from China Family Panel Studies (CFPS) during 2014. The main findings are as follows: (1) leisure is the key determinant which affects household's life quality; (2) respondents' happiness and life satisfaction showed an upward trend during 2010 – 2014. However low income constrain binds the expansion of leisure demand; (3) though households living in urban areas consume more leisure as compared to people in rural areas but still have lower satisfaction, so establishing a healthy way of leisure is of vital importance.

Keywords: Leisure; Happiness; Life Satisfaction

G. 12   Study on the Satisfaction of Beijing Residents' Vacation

Wang Qiyan , Wei Jiajia ∕ 182

Abstract: Based on the survey data of the National Vacation System Reform conducted by the Research Center of Leisure Economy of the People's University of China in 2017. It was found that the leisure needs of residents in Beijing are becoming more and more prosperous, but only 34. 2% of the population can enjoy all days of vacation, and the implementation rate of paid leave is only 62. 9% . . Residents urgently need more leisure time. The length of the weekly rest period will affect the residents' satisfaction with the weekly rest system; the short holiday time in Spring Festival makes people unsatisfied about the statutory holiday system; insufficient enforcement of paid vacations is a key factor that employees believe affects the satisfaction of paid vacations. Finally, the medium and long-term plan for the reform of China's vacation system is proposed, that is, to implement the "three-step" strategy for paid vacations, extend the Spring Festival and implement the "four-three-off" system in 2030.

Keywords: Paid Vacation; Leave System; Satisfaction

G. 13   Study on the Behavior of Leisure Tourism for the Elderly
         Residents in China   *Wang Mingkang* / 194

Abstract: Under the background of the obvious trend of the population aging in China, the silver hair group has become an important force in the leisure tourism market. The elderly leisure tourism industry has provided an effective way to improve the old people's life quality in the later years and meet their needs for a better life. Based on the survey of Chinese tourism and leisure in 2016, this paper explored the behavior characteristics of the elderly residents' leisure tourism, showing that the travel frequency and consumption level of elderly residents were higher and their consumption was mainly concentrated on the transportation and catering, and other behavior characteristics included preference for the family trip, emphasis on comfort and benefits of the accommodation facilities and the static and ornamental tourism products and higher evaluation of the public service of the destination. Based on above characteristics, the pertinent suggestions and measures were proposed to effectively stimulate the consumption potential of leisure tourism for the elderly.

Keywords: Elderly Residents; Leisure Tourism; Behavior Characteristics

休闲绿皮书

G. 14   Square Dancing: A Study Based on Leisure Perspective

Shen Han, Wang Peng / 213

Abstract: Community leisure space plays an important role in the interpersonal relationship, life pattern and leisure quality of community residents in modern cities. Through field observation and interviews, this paper studies square dance, which is popular in the community, and analyzes the leisure activities and social relations in the community space. This paper conducts an empirical study on the interpersonal relationship of square dance community from the perspective of urban public space and non-commercial leisure space, studies the current situation and problems of square dance and analyzes the characteristics of the interpersonal relationship constructed by square dance. From the angle of social culture, this paper puts forward the new proposals for the development of urban leisure space and the management strategy of community leisure space.

Keywords: Square Dance; Social Interaction; Leisure Space; Middle-aged and Elderly Groups

V   Exploration Reports

G. 15   Leisure and Health Promotion

Qing Qianlong, Zeng Chunyan / 223

Abstract: Leisure, an important determinant for health, has a positive impact on one's health. Not only can it sooth one's mental pressure, enhance both psychological and physical health and lower risk of disease, but also strengthen one's fitness and resistance to disease. Hence, leisure is an investment in health, relieving the medical burden by lowering the health costs. Therefore, the nation shall from a strategic height fully recognize the significance of leisure in promoting national health, make feasible policies and measures to guarantee the people's leisure right, and improve people's awareness in leisure and their leisure participation.

Keywords: Personal Leisure; Sports Activities; Health Promotion

G. 16　The Development of Urban Leisure Industry under
　　　　the Perspective of Mutual Construction

Wu Jinmei, Zhouwu Xuehan / 232

Abstract: As China is stepping into a new era of socialism with Chinese characteristics, people now have ever-growing needs for a better life. The leisure demand of people presents some new characteristics, which is diversified, multileveled and multifaceted. Represented by urban leisure, the leisure industry has developed rapidly. On the development of urban leisure industry, administrators, industry, the behavior of consumers are relevant. Because of the interaction effects, multi-subjects are under the same condition, and they have the similar trend of changes. From the perspective of mutual construction, this essay will deeply discuss the questions about embedding relationship, revolution, legality, autonomy and the participation of multi-subjects under the development of urban leisure industry, taking the administrators, industry, consumer as the research subjects.

Keywords: Mutual Construction; Urban Leisure Industry; Development System

G. 17　Leisure Development of Middle-class Tourism in China

Wang Xiaoyu / 244

Abstract: With the transformation of the economic and social development, the middle class is becoming core strength in the tourism market. Based on the demand, focusing on middle-class tourism demand, this paper provided the

difference characteristic of the growing tourism demand trends toward leisure of middle class at home and abroad and micro-analysis of tourism demand of the middle class in China. The growing tourism demand of middle class will promote the great development of the tourism destination and tourism products in the future.

Keywords: Middle Class; Tourism Demand; Tourism Product

G. 18 Children's Economy and Parenting Paradise-Research Report of China *Wei Xiang, Jiang Jingjing / 256*

Abstract: In recent years, with the rise of early childhood education market, how to intervene children's cognitive ability and non-cognitive ability in leisure has become a topic of concern for scholars and parents. Foreign studies on early childhood education are more in-depth. Heckman has formed a mature theory. Domestic research is relatively lagging behind. The functions of children's playgrounds are mainly based on leisure, neglecting children's different personality traits, and lack of guidance for parents, and they are still relatively weak in early childhood personality interventions. Although there are certain problems, the domestic children's market has been rapidly developed. The future direction of development is the laying and operation of professional children's equipment in the community, as well as the matching of professional children's houses or urban children's professional parks. Based on the theory of Heckman's research, the report puts forward the concept of leisure and amusement park aiming at the current situation of the domestic early childhood education market, and believes that the development of children's leisure and amusement parks should be guided by the government, enterprises should innovate and jointly promote domestic children. The development of the early education market.

Keywords: Early Childhood Education; Children's Paradise; Heckman Theory

Ⅵ   Overseas Observation Reports

Abstract: With China's entry into the post-industrial era and the proposal of the National Fitness Strategy, the Chinese leisure sport industry will usher in new opportunities. This study selected three American high-quality leisure sport products, namely, watching sport games, Topgolf and P. E. classes in elementary school, which were considered as the representatives of those products belonging to each of the three different categories of leisure: casual leisure, project based leisure and serious leisure. Based on the analysis of these three products and the actual situation in China, this study offers four suggestions in terms of guaranteeing leisure rights, structural reform of management, product development and talent cultivation.

Keywords: United States; Leisure Sport; High-quality Products; Comparative Analysis

Abstract: Australia is one of the most popular international tourist destinatons at the global level. The self-drive tourism has long been developed in Australia, however, with the surging number of international tourists' involing in self-drive torism several fetal traffic accidents happened due the faults of international motorists which triggered debates towards the neccecity of managning international self-drive tourists. Australian government then took a series of actions to address this issue at both the national and state levels based on systematic research. Once preventive

measures were developed and put in place, this issue has been effectively controlled. It is expected that the presentation of the Australian self-drive tourism system, along with identified risk factors and key measures that government has taken will not only benefit self-drive tourism development in China but also to facilitate informed decons among Chinese self-drive tourists in Australia.

Keywords: Self-drive Tourism; Australia; Risk Aversion; Enhanced Travel Experience

G. 21   Report on Leisure Trends in Korea

Eun Jihyun, Li Baorong / 299

Abstract: In modern society, where time is available due to improvements in income levels and living standards, changes in industrial structure and shortening of working hours, various policies are needed to improve economic efficiency and quality of life. Leisure has become the core of nation's competitiveness in the 21st century, and with Korea's per capita income reaching US $30000, people's perceptions and values about leisure are changing. In addition, as new forms of leisure activities such as the emergence of various media and the popularization of smart devices are emerging, people's demand for various leisure activities is increasing.

Keywords: Korea; National Leisure; Economic Environment

皮书系列

✤ 皮书起源 ✤

"皮书"起源于十七、十八世纪的英国，主要指官方或社会组织正式发表的重要文件或报告，多以"白皮书"命名。在中国，"皮书"这一概念被社会广泛接受，并被成功运作、发展成为一种全新的出版形态，则源于中国社会科学院社会科学文献出版社。

✤ 皮书定义 ✤

皮书是对中国与世界发展状况和热点问题进行年度监测，以专业的角度、专家的视野和实证研究方法，针对某一领域或区域现状与发展态势展开分析和预测，具备原创性、实证性、专业性、连续性、前沿性、时效性等特点的公开出版物，由一系列权威研究报告组成。

✤ 皮书作者 ✤

皮书系列的作者以中国社会科学院、著名高校、地方社会科学院的研究人员为主，多为国内一流研究机构的权威专家学者，他们的看法和观点代表了学界对中国与世界的现实和未来最高水平的解读与分析。

✤ 皮书荣誉 ✤

皮书系列已成为社会科学文献出版社的著名图书品牌和中国社会科学院的知名学术品牌。2016年，皮书系列正式列入"十三五"国家重点出版规划项目；2013~2018年，重点皮书列入中国社会科学院承担的国家哲学社会科学创新工程项目；2018年，59种院外皮书使用"中国社会科学院创新工程学术出版项目"标识。

中国皮书网

（网址：www.pishu.cn）

发布皮书研创资讯，传播皮书精彩内容
引领皮书出版潮流，打造皮书服务平台

栏目设置

关于皮书：何谓皮书、皮书分类、皮书大事记、皮书荣誉、
皮书出版第一人、皮书编辑部

最新资讯：通知公告、新闻动态、媒体聚焦、网站专题、视频直播、下载专区

皮书研创：皮书规范、皮书选题、皮书出版、皮书研究、研创团队

皮书评奖评价：指标体系、皮书评价、皮书评奖

互动专区：皮书说、社科数托邦、皮书微博、留言板

所获荣誉

2008年、2011年，中国皮书网均在全
国新闻出版业网站荣誉评选中获得"最具
商业价值网站"称号；

2012年，获得"出版业网站百强"称号。

网库合一

2014年，中国皮书网与皮书数据库端
口合一，实现资源共享。

权威报告・一手数据・特色资源

皮书数据库
ANNUAL REPORT(YEARBOOK)
DATABASE

当代中国经济与社会发展高端智库平台

所获荣誉

● 2016年，入选"'十三五'国家重点电子出版物出版规划骨干工程"

● 2015年，荣获"搜索中国正能量 点赞2015""创新中国科技创新奖"

● 2013年，荣获"中国出版政府奖・网络出版物奖"提名奖

● 连续多年荣获中国数字出版博览会"数字出版・优秀品牌"奖

成为会员

　　通过网址www.pishu.com.cn访问皮书数据库网站或下载皮书数据库APP，进行手机号码验证或邮箱验证即可成为皮书数据库会员。

会员福利

　　● 使用手机号码首次注册的会员，账号自动充值100元体验金，可直接购买和查看数据库内容（仅限PC端）。

　　● 已注册用户购书后可免费获赠100元皮书数据库充值卡。刮开充值卡涂层获取充值密码，登录并进入"会员中心"—"在线充值"—"充值卡充值"，充值成功后即可购买和查看数据库内容（仅限PC端）。

　　● 会员福利最终解释权归社会科学文献出版社所有。

数据库服务热线：400-008-6695
数据库服务QQ：2475522410
数据库服务邮箱：database@ssap.cn
图书销售热线：010-59367070/7028
图书服务QQ：1265056568
图书服务邮箱：duzhe@ssap.cn

社会科学文献出版社 皮书系列
SOCIAL SCIENCES ACADEMIC PRESS (CHINA)

卡号：542299232192

密码：

S 基本子库
UB DATABASE

中国社会发展数据库（下设 12 个子库）

全面整合国内外中国社会发展研究成果，汇聚独家统计数据、深度分析报告，涉及社会、人口、政治、教育、法律等 12 个领域，为了解中国社会发展动态、跟踪社会核心热点、分析社会发展趋势提供一站式资源搜索和数据分析与挖掘服务。

中国经济发展数据库（下设 12 个子库）

基于"皮书系列"中涉及中国经济发展的研究资料构建，内容涵盖宏观经济、农业经济、工业经济、产业经济等 12 个重点经济领域，为实时掌控经济运行态势、把握经济发展规律、洞察经济形势、进行经济决策提供参考和依据。

中国行业发展数据库（下设 17 个子库）

以中国国民经济行业分类为依据，覆盖金融业、旅游、医疗卫生、交通运输、能源矿产等 100 多个行业，跟踪分析国民经济相关行业市场运行状况和政策导向，汇集行业发展前沿资讯，为投资、从业及各种经济决策提供理论基础和实践指导。

中国区域发展数据库（下设 6 个子库）

对中国特定区域内的经济、社会、文化等领域现状与发展情况进行深度分析和预测，研究层级至县及县以下行政区，涉及地区、区域经济体、城市、农村等不同维度。为地方经济社会宏观态势研究、发展经验研究、案例分析提供数据服务。

中国文化传媒数据库（下设 18 个子库）

汇聚文化传媒领域专家观点、热点资讯，梳理国内外中国文化发展相关学术研究成果、一手统计数据，涵盖文化产业、新闻传播、电影娱乐、文学艺术、群众文化等 18 个重点研究领域。为文化传媒研究提供相关数据、研究报告和综合分析服务。

世界经济与国际关系数据库（下设 6 个子库）

立足"皮书系列"世界经济、国际关系相关学术资源，整合世界经济、国际政治、世界文化与科技、全球性问题、国际组织与国际法、区域研究 6 大领域研究成果，为世界经济与国际关系研究提供全方位数据分析，为决策和形势研判提供参考。

法律声明

　　"皮书系列"（含蓝皮书、绿皮书、黄皮书）之品牌由社会科学文献出版社最早使用并持续至今，现已被中国图书市场所熟知。"皮书系列"的相关商标已在中华人民共和国国家工商行政管理总局商标局注册，如LOGO（　）、皮书、Pishu、经济蓝皮书、社会蓝皮书等。"皮书系列"图书的注册商标专用权及封面设计、版式设计的著作权均为社会科学文献出版社所有。未经社会科学文献出版社书面授权许可，任何使用与"皮书系列"图书注册商标、封面设计、版式设计相同或者近似的文字、图形或其组合的行为均系侵权行为。

　　经作者授权，本书的专有出版权及信息网络传播权等为社会科学文献出版社享有。未经社会科学文献出版社书面授权许可，任何就本书内容的复制、发行或以数字形式进行网络传播的行为均系侵权行为。

　　社会科学文献出版社将通过法律途径追究上述侵权行为的法律责任，维护自身合法权益。

　　欢迎社会各界人士对侵犯社会科学文献出版社上述权利的侵权行为进行举报。电话：010-59367121，电子邮箱：fawubu@ssap.cn。